우화의 힘, 문학의 힘

라 퐁텐(Jean de La Fontaine) 우화 연구

이 저서는 한국외국어대학교 교내 연구비 지원을 받은 것임

우화의 힘, 문학의 힘

라 퐁텐(Jean de La Fontaine) 우화 연구

원종익 지음

HUEBOOKs

일러두기

- 이 책은 그 동안 필자가 여러 학술지에 실은 논문을 전문가는 물론, 일반 독자도 쉽게 읽을 수 있도록 수정, 보완한 것이다. 또한 일부(「우화란 무엇인가」와 「라 퐁텐의 생애와 그의 시대」)는 새롭게 써서 우화와 라 퐁텐에 대한 기본 지식을 독자에게 전달함과 동시에 단행본으로서의 체제를 갖추고자 하였다.
- 본문 중에 라 퐁텐의 우화를 인용할 경우, 우화 제목 뒤에 괄호를 하고 로마 숫자와 아라비아 숫자를 표기하였다. 라 퐁텐은 세 번에 걸쳐, 총 열 두 권의 우화집을 발간했는데 로마 숫자는 바로 이 권수를, 아라비아 숫자는 그 권에서 몇 번째인가를 나타낸다. 예를 들면, 「목동과 사자(VI-1)」는 여섯권째 우화집에서 첫 번째로 나오는 작품이다.

JEAN DE LA FONTAINE

머리말

우리는 흔히 우화라 하면 두 가지를 떠 올린다. 하나는 우화의 시조라 할 수 있는 '아이소포스(Aisopos)'란 이름으로, 거의 모든 우화를 이 사람이 지었다고 생각한다. 아니 좀 과장되어 말하면, 우화란 단어는 아이소포스와 동격으로 사용된다고 말할 수 있다. 특히 아이소포스는 영어식 이름인 '이솝(Aesop)'이란 이름으로 너무도 우리에게 익숙해져 있어서 시중에 숱한 종류의 '이솝 우화'가 나와 있는 것이 사실이다. 다른 하나는 우화는 동물들이 등장인물로 나오는 장르로 이는 주로 어린아이들을 위한 이야기라는 것이다. 서점에 가면 '이솝 우화'란 제목으로 겉표지에는 의레 사자, 여우, 토끼 등의 동물들이 재미나는 표정으로 아이들을 맞이하는 것을 쉽게 볼 수 있다.

그러나 우화는 그리 간단한 장르가 아니다. 아이소포스 외에도 숱한 우화 작가들이 존재하며, 또한 우화에는 동물만 나오는 것이 아니라 사람, 무생물, 심지어 추상 명사가 등장인물로 나오기도 한다. 게다가 어린아이들이 읽기에는 너무 어려운 우화가 있는가 하면, 교육적인 측면에서 어린아이들에게 해가 될 수 있다고 여겨지는 우화도 쉽게 발견할 수 있다.

우화의 이러한 다양한 면모에도 불구하고 아이소포스 우화가 우화의 거의 모든 것을 대신하는 것은 그만큼 우화에 대한 다양한 소개나 연구가 없었기 때문이다. 그러나 외국 특히 프랑스에 가면 사정은 달라진다. 아이소포스가 우화에서 존재감을 과시하는 것은 사실이지만 프랑스에서는 우화하면 떠올리는 인물이 라 퐁텐(Jean de La Fontaine)이다. 라 퐁텐은 우리나라로 치면 조선시대에 해당하는 17세기에 활동한 작가이지만 프랑스에서는 아직도 가장 인기 있는 작가 중의 한 명이다. 라 퐁텐의 우화는 어린 학생들의 프랑스어 교재로도 쓰이지만 중·고등학교 교사 자격시험을 볼 때에 주요 주제로 나오기도 한다. 그렇다면 우화가 어린아이만을 대상으로 한다는 생각은 분명 문제가 있는 것이며, 적어도 라 퐁텐의 우화는 중요한 문학 텍스트로 인정받음을 증명한다.

간단히 말하면 라 퐁텐은 프랑스가 자랑하는 뛰어난 문학 작가이며, 그의 우화는 프랑스 문학사를 빛내는 걸작 중의 하나이다. 게다가 라 퐁텐의 명성은 프랑스에만 국한되는 것은 아니다. 아이소포스 이후 프랑스만이 아니라 서구 여러 나라에서 많은 작가들이 우화에 손을 대었지만 아직까지 라 퐁텐의 명성을 따라잡을 작가는 없다. 우화의 역사는 라 퐁텐에 와서 정점을 찍었다고 해도 결코 과장이 아니다. 라 퐁텐 이후, 서구의 우화 작가들에게 라 퐁텐은 넘어야 할, 그러나 넘을 수 없는 거대한 준봉으로 자리 잡는다.

아직 국내에 라 퐁텐에 대한 본격적인 소개서가 없는 상황에서, 이 책은 우선 라 퐁텐의 우화 세계에 대한 일차적인 안내서가 됨을 목적으로 한다. 라 퐁텐의 우화를 통하여 인간이란 무엇인지, 세상은 어떻게 살아야 하는 것인지, 이에 대한 교훈을 얻는 것은 당연하다. 특히, 이 책에서 신경을 쓴 것은 절대왕정이라는 전제 군주 체제에서, 그리고 작가란 신분으로는 재정적 독립을 하기 어려운 상황에서, 라 퐁텐의 글쓰기가 어떠한 행태를 보이는지를 추적하는 것이다. 더불어 여기서는 과연 우화가 무엇인지, 우화 자체에 대한 탐색도 덧붙여 보았다. 우화도 필경 문학의 영역으로 들어가는 바, 우화가 어떤 식으로 문학성을 획득하는지가 문제가 된다.

라 퐁텐의 우화 세계를 가장 무난하게 볼 수 있는 방법은 그의 우화 작업을 시간 순서로 따라 가는 것이다. 그는 대략 30년에 걸쳐 세 번에 걸쳐 우화집을 발간했는데, 각기의 우화집은 나름대로의 특성과 작가의 변화를 담고 있어서 시간적 순서를 따르는 것이 일견 가장 좋은 방법으로 여겨진다. 그러나 240편에 달하는 라 퐁텐의 우화는 복잡다단한 인간사의 만화경인데다가 한 편의 우화에도 너무도 다양한 의미가 담겨져 있는 경우가 다반사이기 때문에 시간적 순서를 따르는 경우, 오히려 같은 주제를 반복해서 자칫 논리 전개가 어수선해질 우려가 있는 것이 사실이다. 따라서 여기서는 라 퐁텐의 우화를 몇 개의 중요한 주제로 묶어서 설명하였다. 그리고 책의 앞부분에 「라 퐁텐의 생애와 그의 시대」란 항목을 간단하게 만들어서 독자로 하여금 라 퐁텐 우화의 전체적인 조망을 할 수 있도록 하였다.

그럼에도 불구하고 간혹 눈에 띄는 중복 현상은 무척 아쉬운 점이고 특히 몇 개의 주제로 한정하다보니 라 퐁텐의 과학, 철학 및 종교 사상, 그리고 라 퐁텐이 펼쳐대는 광대한 그리스 로마 시대의 신화 세계를 제대로 다루지 못하였다. 그런데 아마도 가장 큰 아쉬움이 있다면, 이는 주제의 문제가 아니라 라 퐁텐의 뛰어난 글쓰기를 제대로 감상할 수 없다는 점이다. 사실 라 퐁텐의 위대한 업적은 새로운 우화를 만들어낸 것이 아니라 기존의 여러 우화들을 우아하고 세련된 프랑스 시로 바꾸어 놓았다는 사실이다. 결국, 라 퐁텐 우화의 진정한 맛을 보려면 프랑스어 원문을 제대로 이해할 수 있어야 한다는 결론에 도달한다. 그런데 필자의 능력으로는 라 퐁텐의 프랑스어가 지니는 재치, 우아함, 그리고 풍자를 일반 독자에게 제대로 전달하기가 참으로 쉽지 않음을 인정하지 않을 수 없다. 부득이 후반부에 그의 글쓰기의 미학을 간단히 소개하고, 한 편의 우화를 감상함으로써 이 아쉬움을 달래고자 하였다.

우화의 힘, 문학의 힘

라 퐁텐(Jean de La Fontaine) 우화 연구

목차

JEAN DE LA FONTAINE

I

우화란 무엇인가

I. 우화란 무엇인가

"태초에 말씀이 있었다."라고 시작하는 요한복음의 첫 구절은 장중하고도 신비스런 분위기와 더불어 대체 여기서의 말은 무엇인가 하는 의문을 갖게 한다. 생명체가 있기도 전에 말이 있다는 이 말의 뜻은 무엇인가. 이는 곧 세상의 창조는 말로써 이루어진 것이니 말은 세상의 알파요 오메가임을 뜻한다. 당연히 이때의 말은 인간의 말이 아니라, 하나님의 말이요, 세상사의 근원이요, 원리이자 본질의 말이다. 우리는 이러한 말을 흔히 로고스(logos)라고 하는데 이는 곧 진리의 말을 뜻한다. 구체적으로 말하자면 성경의 말이나 이야기는 거짓이나 꾸며대는 말이 아닌 진리의 말이니, 요한복음의 저 장중한 말은 곧, 성경의 언어는 빛이요, 생명이요, 진리의 말, 즉 하나님의 말씀이니 그대로 믿고 곧이 행동하라는 엄중한 메시지인 것이다.

그런데 우리는 이 움직일 수 없는 거대하고 진리의 말씀 숲 속에 종종 꾸며 낸 이야기가 산재하고 있음을 알 수 있다. 사무엘하권에 보면 다윗이 자기 부하 우리아의 아내인 밧세바를 취하기 위하여 우리아를 전쟁터를 보내 죽게 만드는 부분이 나온다. 아무리 왕이라 하지만 범죄와 다름없는 다윗의 이러한 처사를 선지자 나단은 '부자와 가난한 자'란 이야기로 빗대어 꾸짖는다. 부자가 자신의 재산을 아끼고자 손님 접대를 할 때, 자신의 양이 많음에도 불구하고 가난한 사람의 유일한 재산인 새끼양을 잡아 대접한다는 이야기를 나단이 들려주자 다윗은 화를 내며 이런 못된 인간은 마땅히 죽여야 할 것이라고 분노한다. 그러자 나단은 즉석에서 다윗에게 바로 그 죽어야 할 인간이 당신이라고 말한다.

1. 우화는 허구의 이야기이다.

바로 이 나단의 이야기는 우화의 가장 모범적인 표본을 제시한다. 나단의 이야기는 다윗의 잘못을 지적하기 위하여 만들어 낸 이야기인데 우화는 이처럼 꾸며낸 이야기(fiction)라는 사실이 중요하다. 우화를 나타내는 단어 'fable'의 어원 자체가 '말하다'라는 뜻의 라틴어 동사 'fari'에서 파생된 'fabula'에서 온 것임을 생각하면 우화란 말로 이루어진 모든 이야기를 뜻한다. 이는 동시에 우화가 얼마나 오래 된 형태인지를 알려주는 것이기도 하다. 즉, 인간이 말을 할 때부터 우화가 존재했음을 추측할 수 있다.

우화가 꾸며 낸 이야기라는 대단히 포괄적인 정의에서 출발하고 있기 때문에 이 단어는 애매모호하고 광범위하게 사용되었다. 라 퐁텐과 동시대에 활동했던 퓌르티에르(Furetière)가 만든 프랑스어 사전을 보면 우화를 다음과 같이 정의하고 있다.

1) 둘 또는 그 이상의 동물이나 무생물이 벌이는 꾸민 이야기(fiction)

2) 서사시, 극작품, 소설의 이야깃거리가 되는 꾸민 이야기.

3) 완전히 잘못된 것. 이교도가 자신들이 받드는 신들에 대하여 말하는 모든 것들.

4) 속담으로 예를 들어 "어떤 사람이 사람들의 우화가 된다."고 하면, 이는 사람들에게서 놀림 받고 멸시 받는 것을 뜻함.

우리가 여기서 살펴 볼 것은 궁극적으로 첫 번째의 정의가 될 것이지만 두 번째 의미도 대단히 많이 쓰여서 우화는 이야기(프랑스어 histoire, 영어의 history), 혹은 줄거리(intrigue)란 단어하고도 함께 쓰였다. 당시에는 콩트(conte)라는 단어도 단순히 이야기를 뜻하였기 때문에 이 역시 우화와 혼용되었다.

이처럼 우화가 꾸민 이야기, 허구의 이야기를 뜻하기 때문에 위의 퓌르티에르의 정의 중에서 세 번째와 네 번째의 경우처럼 우화에는 믿기 어렵고 과장되어 허무맹랑한 거짓말이라는 부정적인 의미도 담겨져 있다. 여기서 재미있는 것은 위에서 보다시피 우화는 허구의 이야기이요, 과장된 이야기 나아가 거짓의 이야기인데 이것이 바로 우리가 현재 말하는 문학과 동일시된다는 사실이다. 이는 결국 당시 사람들이 보기에 문학이라는 것은 허황된 거짓말의 산물이며, 심지어 한 걸음 더 나아가 허구의 이야기를 만드는 사람들, 즉 문학 창작을 하는 사람들은 거짓말을 하는 사람들임을 의미한다. 문학에 대한 이러한 부정적 생각 때문에 실제로 당시의 귀족이나 신분이 높은 사람들은 가명을 사용하거나 또는 익명으로 문학 작품을 발표하는 경우가 비일비재하였다. 그런데 사실 이는 새삼스러운 일이 아니다. 이미 플라톤은 시인 곧, 오늘날의 문학 창작가는 거짓말을 일삼기 때문에 국가에서 쫓아내야 한다고 주장한 바 있다. 그러나 이는 플라톤의 이야기이고 좋게 말하면 이 허구라는 것은 창작이라는 이름으로 우리의 삶을 풍요롭게 하는 것도 사실이다. 용어의 정의는 어느 하나로 고정되는 것이 아니라 생명을 가지고 움직이게 마련이고 같은 시대에서도 이를 어떤 각도로 보느냐에 따라 바뀌기 마련이다. 하물며 인간의 정신적이고 내면적이며 감성을 건드리는 문학의 세계에서는 더 말 할 나위가 없을 것이다.

그렇다면 허구가 아닌 것은 문학이 아니냐는 반론이 나올 수 있다. 그러나 참으로 문학의 영역은 넓다. 흔히 논픽션이라는 것도, 일기라는 것도, 자서전이란 것도 문학의 범주에 들어가기 마련이다. 종종 역사 소설이나 드라마에서도 이야기가 작가의 상상에서 나온 허구의 세계인지, 아니면 실제 있었던 역사적인 사실인지를 놓고 논쟁이 있는 것을 생각하면 이 허구라는 것, 문학이라는 것의 범위가 어디까지인지, 그 정의가 무엇인지는 별도의 길고 긴 설명과 때로는 논쟁이 필요할 성 싶다.

2. 우화에는 교훈이 담겨 있다.

그렇다면 우리는 우화가 '꾸며낸 이야기'라는 정의를 폭 넓고 쉽게 정리할 필요가 있다. 이는 적어도 수학 공식이나 자연 현상을 언급한 글이 아니라, 적당한 등장인물들이 등장해서 어떤 행동을 하고 사건을 만들어내는 글이다. 그런데 이는 사실 소설 장르 등에서 흔히 볼 수 있는 문학 이야기의 보편적인 정의이기도 하다. 이는 위에서 언급한대로 우화가 문학의 범주에 포함되기 때문에 너무도 당연한 현상이기도 하다. 때로는 누보로망(nouveau roman)처럼 등장인물이나 사건이 없는 이야기도 있다고 하지만 이 자체가 벌써 등장인물이나 사건을 전제로 하고 있음을 뜻하기 때문에 자꾸 말꼬리 잡기 식의 논리에 매달릴 필요는 없다.

이제 우화를 다른 문학 장르와 차별화 할 수 있는 잣대를 찾아보자. 이 역시 나단의 이야기에서 쉽게 발견할 수 있다. 나단의 이야기에는 위대한 힘이 있다. 다윗이라는 한 나라의 권력자를 일깨울 수 있는 힘, 바로 이 힘이 우화에는 존재한다. 가르치고 깨우치는 교훈성, 우화는 이를 전면에 내세운다. 이미 퀴르티에르는 자신의 우화집의 제목을 '교훈적 우화'라고 명명하면서 우화의 생명은 교훈에 있음을 강조하였는데, 그 서문에 인용하고 있는 것이 바로 위에서 언급한 나단의 예이다. 우리가 다루고자 하는 작가인 라 퐁텐은 17세기 작가치고는 상당히 세련되게 우화가 무엇인지를 밝히고 있는데 이는 현대의 어느 이론가 못지 않은 정의이다. 그는 "우화는 두 부분으로 구성되는데, 하나는 몸뚱이요 또 하나는 영혼이다. 여기서의 몸뚱이는 허구의 이야기요, 영혼은 교훈성을 뜻한다."라고 깔끔하게 정리한다. 라 퐁텐의 이 말은 교훈을 좀 더 강조한 느낌은 들지만 여하튼 우화의 본질을 꿰뚫는 정의가 될 것이다.[1)]

그런데 이 교훈이라는 말이 반드시 옳고 그름을 구분하고, 선을 행하고 좋지 않은 일은 하지 말라는 도덕 교과서의 내용만은 아니라는 사실을 알아 둘 필요가 있다. 플라톤이 거짓말로 사람들을 혹세무민하는 시인들을 나라에서 추방해야 한다고 말하면서도 예외적으로 아이소포스의 우화는 어린아이에게 필요하다고 관용을 베푼 것은 우화의 도덕적이고 교육적인 측면을 보고 있기 때문이다. 그러나 이상적인 도시국가를 꿈꾸는 이 철학가는 결국은 이상의 세계만을 보고 있지 현실 세계는 잘 보지 못하는 것 같다. 우화는 인간의 꿈을 이야기한다기보다는 현실을 말한다. 인간의 탐욕과 사회의 추악한 면을 보여주고 어떻게 살 것인가를 알려주는 처세의 글쓰기이다. 이렇듯 우화의 역사에는, 플라톤처럼 우화가 도덕경의 역할을 해야 한다는 주장이 있는가 하면, 우화를 현실의 만화경으로 간주하는 두 경향이 존재한다. 이러한 두 흐름이 존재한다는 자체는 이미 우화가 반드시 도덕 교과서 역할만을 하는 것이 아니라는 확실한 증거가 된다.

---

1) 라 퐁텐의 정의를 원문대로 옮겨 보자. "L'apologue est composé de deux parties, dont on peut appeler l'une le corps, l'autre l'âme. Le corps est la fable ; l'âme, la moralité." 여기서 라 퐁텐은 우화를 fable이라고 하지 않고 아폴로그(apologue)라고 했는데, 이는 fable이라고 쓸 경우, 위에서 우리가 언급한 대로 당시에는 fable이 매우 다양한 의미로 쓰였기 때문에 혼동을 빚을 수 있기 때문이다. 아폴로그란 퀴르티에르가 언급한 fable의 여러 의미 중에서 첫 번째만을 가리킨다. 라 퐁텐이 우화(apologue)의 몸뚱이를 언급하면서 사용한 우화(fable)는 '꾸민 이야기'를 뜻한다.

3. 우화는 빗대어 이야기한다.

우화를 다른 문학 장르와 구별할 수 있는 또 하나의 중요한 특징은, 우화는 효과적인 의미 전달을 위하여 다른 것에 빗대어 이야기를 한다는 것이다. 나단의 이야기만 보더라도 나단은 다윗을 직접 거명하는 것이 아니라 부자의 이야기를 함으로써 결국은 다윗을 표적으로 삼는다. 이렇듯 우화가 에둘러 말하는 방식을 택하는 이유는 자명하다. 듣는 이로 하여금 거부감을 갖지 않도록 하고, 쉽게 이야기에 동화되어서 자신의 잘못을 스스로 깨닫게 할 수 있기 때문이다. 한 걸음 더 나아가 이는 이야기를 하는 사람에게 안전망을 입히는 역할도 한다. 더욱이 상대방이 자신보다 우월한 위치에 있는 경우, 직설적인 표현은 때로는 화를 부를 수도 있음을 생각하면 우화는 일석이조의 효과를 거둘 수 있는 이야기의 형태이다. 나단이 왜 우화를 사용했는가는 여기서 잘 설명된다. 일단은 권력자 다윗이 자신의 잘못을 스스로 깨우치게 하는 가장 큰 효과를 거둔다는 측면과 나단 자신도 만약에 있을지 모르는 다윗과의 불화를 사전에 예방하는 여분의 맛도 있기 때문이다. 나단이 비록 하나님의 선지자이긴 하지만 현실적으로는 일단 다윗의 신하인데 가급적 몸을 낮추고 말을 돌려 하는 것이 최소한의 보험을 들어두는 셈이 될 것이다. 반면에 다윗이 자신의 잘못을 시인하고 난 후의 나단의 책망은 얼마나 준엄한가. 나단은 우화 속의 부자가 바로 다윗 자신임을 지적하고는 여호와께서도 당신의 죄를 사하셨으니 당신이 죽지는 않겠지만 이로 인하여 다윗이 낳은 아이가 죽음을 당하리라는 여호와의 말씀을 전한다. 만약 나단이 우화를 사용하지 않았다면 다윗이 쉽사리 잘못을 인정하고 회개할 수 있었을까? 설사 뉘우침이 있었다 할지라도 그 과정은 너무도 밋밋하였을 것이다. 자칫 다윗의 성미를 건드려서 회개는커녕 나단을 감옥에 가두고 하나님의 명을 어기는 결과를 가져왔을지도 모르는 일이다. 우화는 다윗을 올바른 길로 이끄는 교훈적 기능을 다 하고 있을 뿐 아니라, 등장인물들 사이의 분위기를 부드럽게 하면서도 극적 순간을 준비하고 이야기를 정점에서 멋들어지게 떨어뜨림으로써 성경을 훌륭한 문학 텍스트로 만든다.

아랫사람의 말도 올바른 말에는 귀를 기울여야 한다는 것이 옛날 현인의 말이긴 하지만 이를 실행하는 것은 쉬운 일이 아니다. 그래서 나이 든 사람의 고집은 예사롭지 않은 법이며 권력자의 주위에는 끊임없이 아첨꾼만 득실대는 것이 현실이다. 우화는 이런 경우 대단한 힘을 발휘할 수 있다. 나단의 경우는 대단함을 넘어서 위대한 힘을 보여준다. 우화는 힘이 약한 사람이 강한 사람을 상대로 자신의 몸을 보호하면서 사용할 수 있는 충언, 혹은 비판이 될 수 있다. 우리가 흔히 우화의 시조로 알고 있는 아이소포스나 그 뒤를 잇는 로마 시대의 파이드루스(Phaedrus)는 공교롭게도 모두 노예 출신이다. 이들이 우화를 애용하였다는 사실은 우화가 어떤 경우에 효과적으로 쓰일 수 있는지를 암시하는 좋은 예라고 할 수 있다.

우리말의 "아 다르고 어 다르다."라는 말이 있고 "말 한 마디로 천 냥 빚을 갚는다."라는 속담에서 보듯이 언어는 말 자체로 그치는 것이 아니고 상황을 바꾸고 운명을 바꾸기도 한다. 우화는 이러한 언어의 크나 큰 힘을 아주 효과적으로 적절히 이용하는 장르이며 우화의 에둘러 말하는 법은 다른 장르에서 볼 수 없는 독특한 기법이기도 하다. 우화의 이런 특성 때문에 우화를 정의하면서 "우회적인 방식으로", "간접적으로", "알레고리의 형식을 빌어서", 때로는 투박하고 직설적이지만 "동물로 가장하여"라고 덧붙이는 경우가 상당수 있다. 18세기 초, 프랑스 작가인 라 모트(La Motte)는 『우화론(*Discours sur la fable*)』이란 책에서 우화를 "어떤 행동을 알레고리 형태로 위장해서 표현한 교훈"이라고 정의하고 있다.[2)]

우화의 빗대어 표현하는 방식은 교훈성과 더불어 분명 다른 문학 장르와의 차별성을 나타내는 중요한 특징이다. 그러나 이를 전면에 드러내 놓기에는 멈칫한 부분이 있다. 이럴 경우 우화는 독립된 문학 장르가 아니라 하나의 글쓰기의 방법, 혹은 수사학의 한 영역으로 간주될 수 있기 때문이다. 지금도 우화가 소설이나 연극처럼 주요 장르로서 인식되지 못하는 것이 사실이지만 예전에는 단순히 글쓰기의 기법으로 취급되어지는 경향이 많았다. 그러다보니 나단의 이야기에서 볼 수 있듯이 우화는 다른 글의 중간에 삽입되어 있는 경우가 종종 있었고, 특히 우화의 길이가 짧다보니 이런 현상은 더 빈번하게 나타나곤 하였다. 라 퐁텐과 동시대에 활동하였던 부알로(Boileau)가 그의 『시학(*L'Art poétique*)』 속에서 다양한 문학 장르를 다루면서도 우화나 라 퐁텐에 대해서는 일체 언급을 하고 있지 않다. 이는 라 퐁텐이 당시 우화로 얻고 있던 명성을 생각하면 참으로 많은 추측을 낳게 하는데 그 중의 하나는 우화 자체에 대한 무관심이라는 설도 나름

2) 여기서의 행동(action)은 사건이나 이야기로 확대 해석하는 것이 더 좋을 것이다. 결국 행동이 모여서 하나의 사건이나 이야기가 되기 때문이다.

대로 타당성을 지닌다.[3)]

우화가 독립적인 장르로 인정받지 못한다고 해서 우화의 빗대어 말하는 양식을 우화의 특성에서 배제한다는 것은 어찌 보면 우화를 다른 장르와 구별할 수 있는 가장 큰 특성을 버리는 것일 수도 있다. 우화가 소설이나 연극과 같은 주요 장르로 취급받지 못하거나 혹은 종속적으로 다른 장르에 삽입되는 경우가 있다 할지라도 이에 너무 구애 받을 필요는 없다. 왜냐하면 이러한 부정적 특성은 관점에 따라 얼마든지 우화의 큰 장점으로 부각될 수 있기 때문이다. 길이가 짧은 덕택으로 남을 설득시키거나 깨우치고자 할 때, 혹은 비꼬고 공격하고 싶을 때 우화는 어떤 종류의 글에서도 쉽게 자리를 차지할 수 있다. 게다가 우화는 다른 글보다는 모방이나 패러디를 손쉽게 할 수 있어서, 그 모습을 카멜레온처럼 바꾸는 데에도 큰 문제가 없다. 우화의 이런 특성으로 인하여 17세기 프랑스 소설에서나 유명 인사들의 편지에서도 우화는 심심찮게 등장하고, 16세기 라블레(Rabelais)도 우화를 인용한다.[4)] 거슬러 올라가 로마 시대의 호라티우스(Horatius)의 작품에서도 우화를 발견하는 것은 그다지 어려운 일이 아니다.[5)]

3) 두 작가의 사이가 별로 좋지 않아서 부알로가 언급을 하지 않았다는 설도 나름대로 설득력이 있다.
4) 라블레의 『제4서』를 보면 도끼를 잃어버린 나무꾼의 우화가 나온다.
5) 호라티우스는 우화를 애용한 작가이다. 그의 『풍자시집』에는 도시 쥐와 시골 쥐의 이야기가, 그리고『서간시집』에도 몇 편의 우화가 실려 있다.

4. 우화는 짧은 이야기이다.

이제 잠정적이긴 하지만 '비유적인 형식을 빌어서 교훈을 목적으로 쓴 이야기'를 우화의 정의로 할 수 있을지 모른다. 마지막으로 여기에 분량의 문제를 덧붙여 보자. 잘 꾸민 이야기에다가 아무리 빗대어서 교훈을 전달한다 해도 분량이 너무 길어서 수 백 쪽이 넘는 이야기도 우화라고 할 수 있을까. 적어도 우화는 너무 길어서는 안 된다. 너무 긴 경우는 이야기는 될지 몰라도 교훈성을 드러내기는 쉽지 않기 때문이다. 게다가 너무 길면 상대방이 싫증내기 마련이어서 교훈을 전달하기가 더 더욱 어려운 법이다. 그 한도가 어느 정도인가는 상대적이긴 하지만 우화가 길어지면 그것은 오히려 소설에 가까워질 것이다. 그렇다고 너무 짧은 것도 문제가 된다. 이론적으로는 한 문장도 가능할지 모르고, 교훈 전달이라는 측면에서는 오히려 이것이 더 강력하고 효과적이 될 수 있다. 그러나 이 경우 이야기를 만들기는 거의 불가능하다. 이는 우화라기보다는 오히려 속담이나 잠언의 영역에 들어갈 것이다. 가급적 우화는 짧아야 하지만 그 안에 최소한의 이야기를 담아야 한다.

여하튼 우화가 가급적 짧아야 하는 것은 당연하다. 이는 우화의 교훈을 확실하게 전달하기 위함이다. 실제로 우화의 역사를 살펴보면 극단적인 간결함을 취하는 우화도 있다. 그러나 이 경우, 이야기 전달 측면에서 문제가 있기 때문에 그림으로 보충설명을 하는 경우가 상당히 많다. 그림은 이야기를 요약하는 기능을 갖기 때문이다. 이런 점에서 삽화 작가들이 우화에 관심을 갖는 것은 당연한 일이다.

5. 우화의 등장인물

그런데 우리는 우화를 정의하면서 제일 먼저 떠오르는 가장 일반적인 특성을 빼놓고 있는데 이는 바로 동물이 나오는 이야기라는 사실이다. 이는 어떻게 보면 우화를 다른 장르와 구별 짓는 가장 큰 특징일 수도 있다. 몇 몇 학자들이 우화를 정의하면서 우화에 동물이 등장인물로 나오는 것을 종종 언급하는 경우가 있다. 이희승 편저『국어대사전』만 보더라도 우화(寓話)를 "교훈적인 내용을 다른 사물, 주로 동물에 비겨 나타낸 이야기"라고 정의하고 있는 것만 보아도 우화와 동물과는 떼려야 뗄 수 없는 관계인 것처럼 보인다. 동물이 나오는 경우 우선적으로 상대방에게 친근감과 호기심을 줄 수 있는 장점이 있다. 사자가 왕으로 군림하면서 뭇 동물들을 호령하고, 여우가 꾀를 부려서 늑대를 속이고, 사람이 동물들과 서로 말을 주고받는 것은 참으로 유쾌하고 재미있는 일이다. 특히 동물들을 좋아하는 어린아이들에게 우화의 세계는 더할 나위 없는 친밀감을 줌과 동시에 상상력을 마음껏 키울 수 있는 공간이 되기도 한다.[6] 게다가 먼 옛날의 경우, 지금처럼 기계문명이 발달되지 않았던 시절의 동물들은 인간과 아주 밀접한 관계를 맺고 있었음을 상기하자. 지금처럼 그림책이나 동물원에 가서 동물을 보는 것이 아니라 때로는 이로운 존재로, 때로는 무서운 존재로 일상생활에서 늘 함께 할 수 있는 존재가 바로 동물이었다. 따라서 사람들은 비록 과학적

6) 그러나 또한 이 때문에 우화는 어린아이들을 위한 것이라는 선입견을 갖게 된다.

으로 규명된 것은 아닐지라도 동물의 습성이나 외양에 대하여 관습적으로나 경험적으로 많은 것을 알 수 있었다. 바로 이 때문에 인간의 세계를 동물의 세계로 바꾸어 표현하는 것은 그다지 어려운 일도 아니고 아주 그럴듯한 작업이었음에 틀림없다.

게다가 인간 세계를 동물 세계로 바꾸어 표현한다는 것은 빗대어 교훈을 전달한다는 우화의 속성과도 잘 맞아 떨어진다. 그러나 우화의 등장인물이 반드시 동물이어야 할 필요는 없다. 단적으로 말하자면 등장인물의 문제는 우화에서 본질적인 것은 아니다. 동물은 물론 식물이나 심지어 돌이나 바다, 구름처럼 같은 무생물도 능히 등장인물로 나올 수 있다. 상상력의 산물인 문학의 세계에서 어떤 것이 등장인물로 나오든 아무 상관이 없다. 아이소포스의 우화만 보더라도 많은 등장인물이 동물이기는 하지만 동물이 나오지 않는 경우도 상당수 있다. 단지 위에서 언급한 이유 등으로 인해서 습관처럼 우화는 동물을 선호한다는 정도로 이해하면 좋을 것이다. 예전과 달리 몇 몇 애완동물을 제외하고 전체적으로 동물과의 사이가 멀어진 요즘 같아서는 동물 대신에 다른 등장인물이 얼마든지 우화의 세계를 채울 수 있다. 단 이 경우도 우리가 여우의 간교함, 사자의 용맹함 등 비록 과학적은 아닐지라도 일반적으로 동물의 속성을 고려하여 등장인물을 설정하듯, 대상의 일반적인 속성을 잘 포착하여 등장인물로 취하는 것이 필요하다. 이는 바로 빗대어 말하고자 하는 효과를 극대화하는 첩경이 되기 때문이다.

이제 우화란 무엇인가에 대한 답을 다시 한 번 정리해보자. 우화란 '비유적인 형식을 빌어서 교훈을 목적으로 쓴 짧은 이야기'가 나름대로의 정의가 될 것이다. 어떤 이는 여기에 글이 재미있어야 한다든가, 또는 톡 쏘는 맛이 있어야 한다고 덧붙이기도 한다. 그러나 이런 경우는 잘 쓴 우화라는 평을 듣는 것으로 그치는 것이지, 톡 쏘는 맛이 없다고 우화가 아니라고는 할 수 없는 일이다. 게다가 톡 쏜다는 것도 너무나 주관적인 기준이라 할 수 있다. 이는 마치 사람의 조건으로 맘이 착해야 하고, 얼굴이 잘 생겨야 한다는 전제를 다는 것과 같다. 얼굴이 못났다고 사람의 범주에서 밀어낼 수 없는 노릇이고, 게다가 잘 생겼다는 판단 또한 지극히 주관적인 문제일 뿐이다.

6. 우화와 인접 장르들

지금까지 대략 우화가 무엇인지 정리를 했지만 몇 가지 짚고 넘어가야 할 부분이 있다. 우화와 상당히 비슷한 몇 몇 주변 장르가 있기 때문이다. 우선 비유(프랑스어 parabole, 영어 parable)란 것을 살펴보자. 비유는 무언가를 말하고자 할 때 이와 유사한 것으로 대신하여 말하는 것이다. 비유하는 것과 비유되는 것과의 유사 관계는 비교적 명확하게 드러난다. 상대방에게 메시지를 가급적 빨리 알려주어야 하기 때문인데, 그 만큼 듣는 상대가 바로 앞에 있는 경우가 많다. 비유는 성경, 그 중에서도 신약성서의 복음서에 많이 나타난다. 특히 마태, 마가, 누가의 소위 공관복음은 비유가 많은 것으로 유명한데 이 중에서도 마태복음은 비유의 천국이라 할 만하다. 솔로몬의 잠언도 비유라고 흔히 말하는데, 비유가 이처럼 성경에서 많이 쓰이는 까닭으로 비유가 우화보다 더 고귀하고 소중한 진리를 나타낸다고 차이를 설명하는 사람들도 있다. 그러나 사실 비유가 단순한 비유로 그치는 것이 아니라 이야기의 형식을 지니고 있다면 넓은 의미의 우화에 속한다고 해도 큰 무리는 없을 것이다.

진짜 의미를 숨기거나 위장해서 표현하는 알레고리 역시 우화와 비슷하다. 흔히 우화를 알레고리 기법을 사용한 이야기라고 정의하는 경우가 빈번한 것은 바로 이처럼 알레고리의 속성이 우화 안에 존재하고 있기 때문이다. 알레고리는 전통적으로 하나의 장르라기보다는 수사학적 기법으로 취급되어 왔다. 이 점에 있어서 알레고리는 우화보다도 더 수사학적인 영역에 속한다고 볼 수 있다. 그렇지만 알레고리는 로마 시대의 많은 수사학자들, 특히 신학자들이 남들이 쉽게 이해할 수 없는 특권 의식을 가진 성경 해석을 하면서 애용하였고 중세에는 아예 알레고리를 고도로 약호화한 많은 문학 작품이 나오게 되었다. 중세는 알레고리 문학이 가장 성행한 시대인데 『장미 이야기(*Roman de la rose*)』는 알레고리 문학의 대표적인 작품이라 할 수 있다. 현대에는 알레고리라는 말을 잘 쓰지 않는다. 알레고리는 그 의미의 함축성이 더욱 복잡해지고, 논리에 치우침에 따라 상징(symbol)에 자리를 내어 놓는다. 이는 무엇보다 현대인이 상징이 지닌 풍요로움과 깊이에 더 매력을 느낀 것이며, 상대적으로 알레고리의 편협성과 너무도 인위적인 면에 염증을 느낀 결과이다. 좀 더 정확히 말하자면 중세 학자들이 자신들만이 아는 편협한 알레고리의 약호화를 꾀한 것이 더 큰 문제일 것이다. 물론 알레고리의 폭을 더 넓히지 못한 현대 비평가들의 책임도 무시할 수는 없다. 그런데 사실 알레고리는 우화는 물론이고 비유하고도 겹치는 부분이 많다. 이 때문에 차별화를 위해서라도 더욱 더 비유

(parabole)를 성경 안의 것으로 국한시켜 말하기도 한다.

모든 정의가 다 그러하듯 우화가 무엇인가를 한 마디로 규정하기는 결코 쉬운 일이 아니다. 우화는 위에서 살펴 본 것처럼 인접 장르와 끊임없이 혼동을 야기하고, 애매함 속에서 이리저리 방황한다. 게다가 짧고 모방이 쉬운 장르 속성상 끊임없는 변신을 하기 때문에 정확한 모습을 포착하기 어렵다. 무엇보다 장르의 벽을 허무는 것은 천재들의 글쓰기다. 아무리 장르를 규정하고 틀을 세워 놓아도 천재들은 개의치 않는다. 규범이 그들을 구속하는 것이 아니라 규범이 그들을 따라간다. 라 퐁텐 역시 마찬가지이다. 그의 작품 중에는 엄밀히 따져서 상당수가 전통적인 우화의 범주에 속하지 않는다. 그러나 이러한 것들도 버젓이 우화 목록에 들어가서 우화 행세를 한다. 아마도 이것이 문학과 같은 창작의 세계에서 통할 수 있는 '힘 있는 자의 횡포'라고 말할 수 있을 것이다.

JEAN DE LA FONTAINE

II

라 퐁텐의 생애와 그의 시대

II. 라 퐁텐의 생애와 그의 시대

1. 라 퐁텐의 생애

라 퐁텐이 태어난 해는 1621년이고 죽은 시기는 1695년이다. 연대기적 관점에서 보자면 그는 완벽한 17세기 사람인데 이 시기는 흔히 프랑스에 있어서 위대한 세기(Grand siècle)라고 불린다. 왜 이 시기를 위대하다고 하는가. 루이 13세와 태양왕(Roi-Soleil) 루이 14세를 거치면서 프랑스는 봉건 제도의 잔재를 소멸시키면서 절대 군주 치하의 중앙집권체제를 확립한다. 이 기간에 프랑스는 정치, 군사 뿐 아니라 문화와 예술에 있어서도 유럽의 중심으로 군림한다. 파리 한 가운데에서, 그리고 파리 외곽에서 지금도 위용을 뽐내고 있는 루브르와 베르사유 궁전은 루이 14세와 불가분의 관계를 맺고 있는, 그의 영광과 위세를 한 눈에 보여주는 건축물이다. 특히 루이 14세의 본격적인 통치가 시작되던 17세기 중반 이후는 프랑스 역사상 유래를 찾기 어려운 영광과 번영의 시대였다. 문학으로만 국한하더라도 프랑스 국민이 지금도 사랑하고 자랑하는 라신(Racine), 몰리에르(Molière), 부알로, 그리고 라 퐁텐 등의 작가들이 함께 어깨를 나란히 하고 활동을 한 시기이기도 하다.

프랑스가 절대왕정의 틀 안에서 문화를 꽃 피운 것은 당시 작가들을 이해하는 데 대단히 중요하다. 아직 독립적인 작가의 신분으로는 생계를 유지할 수 없었던 작가들은 필연적으로 귀족이나 권세가를 후견인으로 하여 글을 쓸 수밖에 없었는데 특히 루이 14세가 절대 군주로서의 위용을 과시하던 시기에는 국왕을 중심으로 문화가 형성되는 것이 당연한 일이었다. 따라서 이 시대의 문학은 국왕이 거주하는 파리, 그리고 그의 궁정을 중심으로 한 일종의 귀족 문학의 성격을 띠게 된다. 라 퐁텐의 우화 역시 이 궁정 문화의 틀에서 크게 벗어나지 않는데, 우화와 같은 자연발생적인, 얼핏 보면 서민 문학의 성격이 더 강해보이는 이 소박한 장르가 궁정 문화에서 꽃을 피웠다는 자체가 무척 모순되게 보일 수도 있다. 하지만 이는 뒤집어 말해서, 들꽃 같은 장르를 우아한 궁정 문학의 정원에서 만개할 수 있도록 한 라 퐁텐의 재능을 반증하는 것으로 볼 수 있다.

라 퐁텐이 태어난 곳은 파리에서 동쪽으로 약 100Km 떨어진 샤토 티에리(Château-Thierry)라는 자그마한 마을이다. 마른(Marne) 강가에 위치한 이 마을은 그저 바라보기만 해도 한없는 졸음에 빠질 만한 한적한 곳이다. 라 퐁텐이 태어난 집은 현재 라 퐁텐을 기념하는 박물관으로 바뀌어서 이 마을의 거의 유일한 볼거리로 남아 있다. 워낙 관광객이 많지 않은 곳이다 보니 이 박물관의 분위기 역시 차분하기 그지없다. 수려하다고는 할 수 없지만 평화로운 풍광의 이 마을을 보노라면 여기서 태어나 어린 시절을 보낸 라 퐁텐이 왜 굳이 우화를 택해서 그 속에 나오는 동물들과 대화를 나누고자 했는지 나름대로 고개를 끄덕이게 된다. 게다가 그의 아버지는 이 지방의 산림과 하천을 담당하는 감독관이었고 후에 라 퐁텐 역시 한 때이긴 하지만 아버지의 직업을 이어 받게 되니 라 퐁텐이 우화를 택한 것은 어쩌면 그의 운명일지도 모른다.

17세기 작가들에 대한 기록은 그다지 많이 남아 있지 않다. 라 퐁텐의 경우도 마찬가지여서 그의 어린 시절을 세세하게 파악할 수는 없다. 대략 그는 12살 정도까지 고향에서 학교를 다닌 것으로 알려져 있다. 이 기간 동안 그는 평생 동안 우정을 나누게 될 모크루아(Maucroix)를 만난다. 모크루아의 말에 따르면 라 퐁텐은 "착하고 영리하고 겸손한 아이"였다고 하는데 이는 대략적으로 라 퐁텐이 성인이 되어서의 보여 준 성격과도 일치한다. 성격 무난하고, 남과 다투지 않고, 조금은 우유부단한, 책 읽기 좋아하는, 아마도 이런 것이 라 퐁텐에게 맞는 수식어가 될 것이다.

1635년 경 라 퐁텐은 파리로 가서 공부를 계속한다. 그는 우선 신학을, 다음으로 법학을 공부한다. 이는 별로 특별한 경력이 아니라, 당시 부르주아 계급의 자식들이 거의 관행처럼 거치는 두 가지 사회 진출법이다. 특별히 신앙심이 두터워서 신학을 하는 것이 아니라 당시 부와 권세를 지니고 있던 교회에 몸을 맡긴다는 것은 최소한의 사회적 품위와 생계를 보장 받을 수 있음을 뜻한다. 법학도 마찬가지이다. 법 공부를 통하여 관리로 나설 수 있기 때문에 이 역시 신분의 상승과 부를 축적하는 가장 전형적인 관문이라고 할 수 있다. 그러나 이 두 가지 모두 라 퐁텐의 마음을 끌지 못 하였던 것 같다. 그는 대신 '원탁의 기사들'이라는 문학 동아리에 들어가서 젊은 문학도들과의 교제를 통한 독서와 토론에 더 집중한다.

젊은 시절 파리에서의 삶은 그의 문학적 토양을 풍요롭게 하는 중요한 기간이라 할 수 있다. 그리스 로마 시대의 작품은 물론이고 아리오스토(Ariosto)나 세르반테스(Cervantes)와 같은 이탈리아나 스페인 작가들의 작품도 그의 독서 목록에 자리를 잡는다. 또한 그는 동시대의 프랑스 작가들에게도 관심을 기울인다. 특히, 현재는 프랑스 사람들이 거의 읽지 않지만 당시에 폭발적인 인기를 끌었던 뒤르페(Honoré d'Urfé)의 『아스트레(*L'Astrée*)』와 같은 소설에 매료된다. 소설 뿐 아니라 말레르브(Malherbe)나 라캉(Racan), 부아튀르(Voiture) 같은 시인들의 작품도 그의 문학적 재질을 키우는 데 큰 역할을 한다. 더불어 그의 영원한 고향 친구인 모크루아를 비롯하여 퓌르티에르, 파트뤼(Patru), 콩라르(Conrart), 샤플렝(Chapelain) 등과의 교제는 이제 그가 한 걸음 더 문학의 길로 가까이 접어들었음을 보여준다.

하라는 공부는 하지 않고 한량처럼 파리와 고향을 오가며 친구들과 책이나 읽고 다니던 라 퐁텐도 26살 되던 해 결혼을 하게 된다. 신부는 이제 14살이 조금 넘은 소녀였는데 당시의 결혼은 당사자의 문제가 아니라 집안의 문제이고 부모의 뜻이 우선하던 시대였기 때문에 라 퐁텐의 결혼 역시 사랑으로 맺어진 결혼과는 거리가 있었다. 비록 둘 사이에 자식은 하나 있었지만 부부의 금슬은 그다지 좋은 것 같지는 않았다. 라 퐁텐은 결혼 후에도 파리와 고향을 왔다 갔다 하면서 그의 한량 생활을 계속하였고, 아버지의 뒤를 따라 산림치수관의 직책을 맡아서도 그의 삶에는 이렇다 할 큰 변화가 없었다.

1654년, 그 동안 습작 활동만 하던 라 퐁텐은 마침내 그의 첫 작품 『환관(*Eunuque*)』을 세상에 선보인다. 로마 시대 작가인 테렌티우스가 지은 동명의 작품을 각색한 라 퐁텐의 이 극작품은 유감스럽게도 별로 인정을 받지 못하고, 라 퐁텐은 이로 인한 좌절 때문인지 몇 년 간 더 이상의 작품을 내놓지 못한다. 그가 로마 시대의 작품을 다시 손 본 것 역시 당시의 유행에서 나온 것이다. 흔히 고전이라 불리는 그리스 로마 시대의 작품들을 모방한다는 것은 당시 작가들에게 너무도 당연한 일이었기 때문이다. 또한 라 퐁텐이 그의 첫 출발을 극작품으로 한 것은 당시에는 연극이 가장 인기가 있었을 뿐 아니라, 작가로서 인정받기에 가장 확실하고 빠른 장르였기 때문이다.

1657년 혹은 1658년 초, 라 퐁텐은 당시 권세가인 푸케(Foucquet)를 만난다. 이 만남은 라 퐁텐을 실질적인 작가의 길로 들어서게 만든 중요한 사건으로 기록된다. 푸케는 라 퐁텐의 시를 높게 평가하였고, 라 퐁텐은 푸케에게 『아도니스(Adonis)』라는 시를 바치고 그 대가로 돈을 받는다. 이제 푸케는 라 퐁텐의 후견인이 되고 라 퐁텐은 푸케의 궁에서 궁정 시인으로서의 역할을 수행한다. 1658년부터 1660년까지 라 퐁텐의 삶은 더할 나위 없이 행복하였다. 그는 푸케의 궁에서 당시의 뛰어난 작가들과 예술가와 교제를 할 수 있었고 귀족들, 특히 귀부인들과도 자연스럽게 만날 수 있었다. 푸케에게 바치는 라 퐁텐의 시에는 화려한 궁정 생활에서 나오는 사랑과 쾌락의 향기가 가득하였다.

그러나 라 퐁텐의 행복은 그리 오래 가지 못한다. 1661년, 푸케의 세력이 너무 커지는 것을 못마땅하게 생각한 루이 14세는 전격적으로 푸케를 체포하여 감옥에 가둔다. 졸지에 라 퐁텐은 후견인과 수입원을 잃어버리는 참담한 신세가 된다. 이제 부득이 그는 새로운 후견인을 찾아 나서야 했다. 1664년부터 죽을 때까지 라 퐁텐은 오를레앙 공작부인(La duchesse douairière d'Orléans), 라 사블리에르 부인(Madame de La Sablière), 그리고 재력가인 데르바(D'Hervart)의 도움을 받으며 다양한 장르의 작품 활동을 펼쳐 나간다. 평생을 남의 도움 아래서 글을 써야 했던 라 퐁텐은 전업 작가로서 독립 할 수 없었던 당시 작가들의 전형적인 모습을 보여 주는 예가 된다. 그의 작가로서의 명성을 확고하게 해 준 것은 무엇보다 1668년부터 나오기 시작한『우화시집』[1]이지만, 1665년 발간한『콩트와 누벨집』도 그에게 작가로서의 영광을 누리게 해 준 작품으로 기록된다. 비록 통속적이고 외설적이고 반종교적이라는 비난이 있었지만 운문으로 된 이『콩트와 누벨집』은 라 퐁텐이 운문으로 글을 쓰는 데 얼마나 뛰어난 작가인가를 여실히 보여준다. 라 퐁텐의『우화시집』을 프랑스 언어의 보물 창고라고 말한다면,『콩트와 누벨집』은 바로 이 보물 창고의 토대를 세우는 작업으로 간주해도 무방하다.

---

1) 우리가 본문에서 라 퐁텐의 우화집을 굳이『우화시집』이라고 하는 것은 그가 우화를 운문으로 바꾸어서 우화를 시의 경지로 끌어 올렸기 때문이다. 무엇보다 라 퐁텐은 17세기 프랑스의 가장 뛰어난 시인임을 기억할 필요가 있다.『우화시집』을 말할 때만 제외하고는 편의상 그의 작품은 다른 우화와 마찬가지로 모두 우화라고 말 할 것이다.

라 퐁텐의 『우화시집』은 약 30년에 걸쳐 세 번에 나뉘어서 발간된다. 1668년, 라 퐁텐은 6권으로 이루어진 첫 번째 『우화시집』을 세상에 내놓는다. 이것이 폭발적인 성공을 거두자 라 퐁텐은 총 5권으로 된 두 번째 『우화시집』을 1678년과 1679년에, 그리고 마지막으로 한 권으로 된 세 번째 『우화시집』을 1693년(인쇄 연도는 1694년으로 되어 있다)에 발간한다. 이 기간 동안 라 퐁텐은 1683년 아카데미 프랑세즈의 회원으로 선출되어 당시 문단의 중심인물로 인정받기도 하는데 이는 바로 그가 『우화시집』으로 얻게 된 놀라운 성공의 결과임은 두 말 할 나위가 없다.

삶의 여정만큼이나 오랜 기간을 걸쳐 완성된 라 퐁텐의 『우화시집』은 발행된 세월의 간격만큼이나 많은 변화를 보여 준다. 첫 번째 『우화시집』은 아이소포스의 우화를 비롯한 전통 우화를 간략하면서도 상큼하게 시로 바꾼 작업이다. 작가 스스로도 아이소포스의 우화를 운문으로 바꾼 것이라는 소박한 제목을 붙인 것을 보면 라 퐁텐은 전통의 범주에서 그다지 멀리 떨어져 있지는 않는 듯싶다. 그러나 라 퐁텐의 재능은 이야기를 새로 만들어내는 데 있는 것이 아니라 있는 이야기를 우아하게 만드는 데 있다. 그는 전통적인 이야기를 당시 사람들의 취향에 맞게 각색할 줄 알았고 무엇보다 이들이 음미하고 암송할 수 있도록 감칠맛 나는 언어로 바꾸는 데 놀라운 재능을 갖고 있었다. 그리고 이 힘은 수 백 년이 지난 오늘날에도 지속되어서 프랑스 사람들은 라 퐁텐의 우화를 즐겨 외우고 또 이를 통하여 그들의 언어를 배우고 있다.

첫 번째 『우화시집』에서의 라 퐁텐이 전통에 의지한 겸손함을 보이고 있다면 약 10년 후에 나온 두 번째 『우화시집』에서의 라 퐁텐은 좀 더 야심적으로 변신한다. 우선 그는 제재의 폭을 넓혀서 인도를 비롯한 여러 나라의 이야기에서, 그리스 로마 작가들의 작품에서 혹은 자기 시대의 여러 이야기에서 제재를 취한다. 몇 몇은 작가 자신의 창작인지, 출처가 불분명 한 것도 포함되어 있다. 라 퐁텐은 제재만 다양하게 한 것이 아니라 여기서는 자신의 사상과 철학, 그리고 현실에 대한 냉정한 관찰과 사회에 대한 예리한 풍자를 담는다. 폭과 깊이에서 한층 성숙한 라 퐁텐은 명실상부 당대의 대표적 작가로서의 자리를 굳건히 한다. 우화의 길이도 한결 길어져서 우화가 짧아야 한다는 기존 통념을 깨뜨린다. 이는 작가가 우화를 통하여 세상에 대하여 이야기하려는 꿈이 더욱 커진 결과로 보는 것이 합당하다. 죽기 얼마 전에 나온 그의 마지막 『우화시집』은 자신의 인생을 돌아보듯 한층 차분하고 명상적이 된다. 다양함은 아직도 라 퐁텐의 특허 전유물이지만 마지막 권은 다른 작품에 비해 상대적으로 내면 일기적인 성향이 짙게 풍긴다. 그런데 마지막 『우화시집』의 몇 편은 차라리 콩트라고 할 정도로 길이가 상당히 늘어나 있는데 이는 이전의 두 『우화시집』에 비하여 분량이 너무도 적은 마지막 『우화시집』의 분량을 늘이고자 작가가 고의로 집어넣은 것으로 여겨진다.

2. 왜 우화인가?

라 퐁텐은 우화 외에도 문학의 모든 장르에 손을 댄 작가이다. 그의 작품 세계는 그 만큼 방대한데, 그렇다면 작가는 왜 우화에 손을 댄 것일까? 작가 스스로가 이를 직접 해명하고 있지는 않지만 우리는 이를 다음과 같이 추론할 수 있다. 우선 작가로서 성공해야 한다는 명제 아래서 이루어진 탐색의 결과라는 당연한 답을 내릴 수 있다. 연극에서 이미 실패를 맛 본 라 퐁텐은 푸케의 보호 아래서는 시를 써서 나름대로 인정을 받는다. 아마도 라 퐁텐은 여기서 자기의 재능이 시에 있음을 발견한 것 같다. 그는 이제 모든 것을 운문으로 쓰기 시작하는데 여기서 작가로서의 첫 명성을 얻은 것이 콩트이다. 그는 운문으로 쓸 것, 그리고 분량은 길지 않을 것, 다음으로는 당시의 다른 작가들이 그러하지만 그리스 로마 시대 작가들을 모방하는 것을 마음에 두었으리라 여겨진다. 그러다보니 라 퐁텐은 자연스레 우화에 눈을 돌린다. 우화는 일견 위의 조건들을 다 갖추고 있을 뿐 아니라, 나아가 교훈과 재미를 함께 주는 장르이다. 교훈과 재미를 준다는 것, 이는 당시의 문학, 즉 후세에 고전주의 문학이라고 불리는 문학이 두 개의 큰 원칙으로 삼고 있는 대명제이다. 작가로서의 출세의 길을 찾는 과정에 만난 우화는 마치 라 퐁텐을 기다리고 있었다는 듯 길목을 지키고 있다가 그를 낚아채서는 죽을 때까지 함께 하는 운명의 장르가 된다.

우화가 라 퐁텐을 사로잡은 또 하나의 매력은 이미 당시에 우화가 유행하고 있었다는 사실이다. 어떤 이는 라 퐁텐이 당시에 죽어 있던 우화를 살린 개척자로 말하는 경우도 있지만 엄밀히 말하자면 라 퐁텐은 유행하던 우화를 새롭게 더 가꿔서 폭발적으로 유행시킨 인물이다. 적어도 우화의 분야에서 라 퐁텐은 개척가라기보다는 개혁자, 혹은 혁명가라고 말하는 것이 맞다. 그러고 보면 라 퐁텐은 위험을 무릅쓰고 모험 삼아 우화에 도전한 것은 아니다. 이미 검증되어 유행하고 있던 것, 그는 이를 이용한 것이다. 그렇기 때문에 1668년의 첫 『우화시집』에 있는 작품들은 그가 모두 새롭게 만들어서 한꺼번에 내놓은 것이 아니다. 그의 우화 작업은 대략 1660년 전후로 하여 이미 시작되었다. 필사본으로 그의 작품은 여기저기 돌아다녔고 사람들은 이를 돌려 읽는 쏠쏠한 재미에 빠져 있었다. 이는 라 퐁텐의 첫 번째 『우화시집』의 서문을 보더라도 쉽사리 짐작할 수 있다. 그는 사람들이 자신의 우화에 보여주었던 관심에 대하여 고마움을 표시하고 새로 나오는 우화집에도 같은 성원을 보내줄 것을 기대한다고 적고 있다. 이러고 보면 1668년의 성공은 나름대로 철저한 준비를 바탕으로 이루어진 것이다.

물론 라 퐁텐이 우화에 접근할 때 문제가 없었던 것은 아니다. 가장 큰 걸림돌은 우화를 운문으로 만드는 것이었다. 비록 우화가 당시에 유행하였기 때문에 이를 따라 한다는 것은 어느 정도 성공을 미리 보장 받는 것이기도 했지만, 이는 자칫하면 유행만 추종하는 특색 없는 일이 될 수 있다는 위험도 동시에 내포한다. 어떻게 하면 유행을 이용하면서도 새로움을 부여할 수 있을까. 이제 라 퐁텐은 우화를 시로 만들기로 한다. 이는 산문보다는 운문에 강한 자신의 능력을 믿음과 동시에 나름대로 상당한 모험일 수 있다. 왜 모험일까, 왜 이토록 우화를 시로 만드는 데 장벽을 느끼는 것일까. 라 퐁텐은 이를 그의 『우화시집』 서문에서 밝히고 있다. 그는 당시의 뛰어난 문필가 중의 한 사람이 우화를 운문으로 바꾸는 것을 반대한다고 말하면서 그 문필가의 의견을 인용한다.[2] 그 문필가의 견해를 따르자면, 원래 우화는 꾸밈없이 간결해야 하는데 만약 이를 운문으로 한다면 시가 지니는 형식적 제약을 지키기 위하여 우화에 쓸데없는 장식을 많이 하게 될 것이라고 한다. 게다가 프랑스어 자체가 제약이 많은 언어이기 때문에 우화는 더욱 군더더기가 많아져서 이야기의 본질이라고 할 수 있는 간결함이 크게 손상된다는 것이다. 라 퐁텐은 이러한 주장에 대단히 신경이 쓰였던 모양이다. 그는 우화를 운문으로 만드는 일이 결코 자신의 무모함에서 나온 것이 아니라 역사적으로도 근거가 있는 것임을 밝힌다. 그는 자신의 시도에 정당성을 부여하기 위하여 소크라테스가 우화를 운문으로 만든 일화를 인용한다.[3] 소크라테스는 죽음을 맞이하기 전날, 자신을 찾아 간 케베스에게 자신의 꿈 이야기를 들려준다. 소크라테스에 따르면 죽기 전에 음악에 전념하라는 하늘의 계시를 꿈에서 수차례 받았다는 것이다. 소크라테스는 대체 이 꿈이 무엇을 의미하는지 알 수가 없었다. 그는 곰곰 생각하다가 마침내 하나의 결론에 도달한다. 즉, 음악은 곧 시(詩)와 대단히 밀접한 관계를 맺고 있기 때문에 음악에 전념하라는 말은 시를 지으라는 말과 동일하다. 그런데 시라는 것은 소크라테스와 같은 진리를 다루는 철학가가 할 수 있는 성격의 장르가 아니다. 그렇다면 어떻게

2) 이 사람은 라 퐁텐과 가까운 사이였던 파트뤼라고 추측되는데 파트뤼 자신이 우화 몇 편을 산문으로 쓴 적이 있다.

3) 이 에피소드는 플라톤의 『파이돈』에 나온다.

할 것인가. 소크라테스는 절충안을 찾아낸다. 진리를 담고 있는 우화, 예를 들면 아이소포스의 우화 중 몇 개를 골라서 이를 운문으로 바꾸면 될 것이다. 소크라테스는 삶의 마지막 순간을 아이소포스의 우화를 운문으로 바꾸는 일에 몰두한다.

라 퐁텐은 소크라테스를 인용하면서 우화와 운문이 결코 양립하지 못할 관계가 아님을 주장한다. 그가 우화를 운문으로 바꾸면서 그의 우화는 자연스레 시의 영역으로 승격되고 그는 프랑스 고전주의의 대표적인 시인으로 높임을 받는다. 만약 그가 우화를 산문으로 썼다면 그의 우화는 문학사에 등장도 못했을 것이고 본인 스스로도 이류 작가로 남았을 것이다. 그런데 이는 라 퐁텐 개인 차원의 문제가 아니라 프랑스어의 위상하고도 맞물린다. 위에서 어떤 문필가가 말한 프랑스어의 제약이란 무엇인가. 지금은 프랑스어가 우아하고 세련되고 아름다운 언어라고 칭송을 받고 있지만 당시에는 라틴어에 눌려서 기를 못 펴고 있을 때임을 생각할 필요가 있다. 프랑스어는 어휘도 풍부하지 못하고 다듬어지지 않아서 시나 우화 같은 간결함을 생명으로 하는 장르에는 전혀 합당하지 않다는 뜻이다. 따라서 라 퐁텐 우화의 성공은 프랑스어의 위상을 한 단계 끌어 올린 의미심장한 사건이기도 하다. 이것이 바로 라 퐁텐 우화가 지닌 또 다른 힘이다.

3. 라 퐁텐 당시의 우화

우화는 라 퐁텐 자신에게는 작가로서의 성공을, 프랑스어에는 풍요로움과 자유스러움을 부여하였다. 또 하나 혜택을 받은 존재가 있다면 이는 바로 우화 장르 자체이다. 그 때까지는 시나 연극에 비해 주변 장르로 인식되거나, 혹은 독립된 장르라기보다는 삽화적 장르의 성격을 갖고 있던 우화는 단숨에 시와 어깨를 나란히 하게 된다. 우화도 두툼하게 한 권의 시집 형태로 나올 수 있다는 사실 자체가 하나의 사건이었다. 물론 당시 우화는 위에서 언급한대로 많은 사람의 사랑을 받고 있었지만 이것이 독립된 문학 장르로서 인정을 받는다는 의미는 아니다.

당시 우화의 인기는 광범위하게 퍼져 있었지만 그 중에서도 우화는 학생들의 교재로 가장 많이 사용되었다. 학생들은 아이소포스의 우화를 통해 그리스어를 배우고, 파이드루스의 우화를 통해서는 라틴어를 익혔다. 당시 가장 대표적인 책은 1610년 네블레(Névelet)가 편집하여 세월을 두고 판에 판을 거듭한 것으로, 여기에는 그리스어로 된 아이소포스의 우화, 그리고 이를 라틴어로 번역한 것, 그 외에도 바브리우스(Babrius), 아프토니우스(Aphtonius), 아비아누스(Avianus), 압스테미우스(Abstemius)등의 여러 작가들의 우화가 실려 있었다. 또한 이러한 우화들을 프랑스어로 번역한 것도 인기였는데 이중 멜리에(Jean Meslier)가 1629년 편집한 우화집은 그리스어, 라틴어, 프랑스어로 되어 있을 뿐 아니라 유익한 주석도 담고 있어서 언어 공부 외에도 우화를 이해하는 데 많은 도움을 주었다. 한편 우화를 재미있게 그림 또는 판화로 표현한 것도 많아서 실로 우화는 사람들의 삶 속에서 자연스레 볼 수 있는 친근한 장르였다. 다만 이러한 유행에도 불구하고 우화가 독립된 문학 장르로 인정받지 못하였음은 위에서 언급한 바와 같다.

JEAN DE LA FONTAINE

III

라 퐁텐의 우화 세계

JEAN DE LA FONTAINE

III. 라 퐁텐의 우화 세계

사실 라 퐁텐이 우화를 독립된 문학 장르로 승격시켰다면, 그리고 그의 우화가 뛰어난 시로 인정받는다면, 당연히 우리는 그가 어떤 어휘와 음절, 운율을 선택했는지를 직접 감상해야 한다. 게다가 라 퐁텐 우화의 대부분은 남의 것을 모방한 것이기 때문에 이를 어떤 식으로 해서 시로 만들었는지는 살펴보는 것은 참으로 중요한 일이다. 이것이야말로 그가 지닌 우화의 힘이 어떤 것인지를 가장 몸으로 느낄 수 있는 일이다. 그러나 불행하게도 우리는 여기서 이를 전적으로, 그리고 자세히 다룰 수 없다. 그의 언어는 프랑스 언어요, 아무리 번역을 잘 한다 하더라도 라 퐁텐의 프랑스어를 그 맛 그대로 옮기기는 결코 쉬운 일이 아니다. 차라리 우리말로 라 퐁텐의 우화를 개작하는 편이 나을지도 모른다. 따라서 우리는 이 부분은 잠시 접어 두기로 하고, 라 퐁텐 우화의 내용을 중심으로 그 맛을 살펴보기로 한다. 그리고 이 과정에서 필요하다면 틈틈이 그 시의 감칠맛을 음미하도록 하자.

1. 현실 속의 우화

사람이 현실 속에 살고 있는 이상 어느 문학이고 현실을 이야기하지 않는 경우가 없겠지만 우화만큼 철저히 현실에서의 삶을 중시하는 장르도 없다. 이는 우화가 자연 발생적으로 생겨난 만큼, 우화 자체가 이미 사람들의 삶과 함께 아우러져 있기 때문이다. 비록 동물들이 나오기도 하고 비현실적인 이야기가 나올지라도 그것은 오히려 현실을 향한 예리한 비유일 뿐이다.

라 퐁텐의 거대한 세계를 시작하는 작품은 너무도 유명한 매미와 개미의 이야기이다. 아이소포스의 작품으로 알려져 있는 이 이야기는 그 뒤로 숱한 모방작들을 양산하였고 라 퐁텐도 간결한 리듬의 프랑스어로 이를 다듬고 있다. 이 우화를 중심으로 우화의 세계를 대략적으로 알아보자.

우화는 보통 두 주인공의 대비, 혹은 대립으로 이루어진다. 이는 대부분의 경우 「매미와 개미」처럼 제목에서부터 뚜렷하게 나타난다. 매미는 그리스 시대 이후부터 많은 작가들에게 있어서 음악과 시를 사랑하는 동물로 여겨져 왔다. 얼핏 보면 무척 낭만적이기도 하지만 결국 매미는 배고픔이라는 현실의 어려움에 직면한다. 반면 개미는 어려움을 대비하여 열심히 일을 한다. 두 동물의 비교는 게으름과 부지런함, 배고픔과 풍요로움의 대립으로 쉽게 발전한다. 매미와 개미는 위치적으로도 대립되어 있다. 매미는 여름철, 팔자 좋게 나무 위에서 노래하고 있지만 개미는 땀 뻘뻘 흘리며 땅바닥을 기어 다닌다. 이는 이상과 현실의 차이를 말하는 것일 수도 있다. 일견 매미가 높은 자리에 있는 것 같지만 그 위치가 바뀌는 것은 눈 깜짝 할 사이이다. 우화의 대립은 등장인물에만 그치는 것이 아니다. 여름과 겨울, 계절의 대립 역시 뚜렷하고 이는 곧 여름의 풍요로움과 겨울의 삭막함으로 확대된다. 한 번 더 나아가 여름에 풍요로움을 느꼈던 매미는 곧 바로 겨울의 빈곤으로 넘어가고 여름에 쉴 새 없이 일하던 개미의 힘든 계절은 겨울이 되자 곧 바로 안락함으로 바뀐다. 우화는 이 극명한 대립의 세계를 통하여 독자에게 아주 산뜻하고 신속한 교훈을 전달한다.

아이소포스는 교훈 전달이 우화의 생명임을 말하려는 듯 아예 우화의 끝에 부자일 때 내일을 대비하지 못하는 사람은 어려움이 올 때 궁핍함을 겪는다는 말을 덧붙인다. 그러나 라 퐁텐은 교훈을 전혀 언급하지 않는다. 라 퐁텐의 우화는 이렇게 끝난다. 개미는 먹을 것을 얻으러 온 매미에게 대체 여름엔 무엇을 했느냐고 묻자, 매미는 노래만 했다고 대답한다. 그러자 개미는 "노래를 하셨다구요? 기분 좋은 일이네요 / 그럼 이젠 춤이나 추시지요."하고 쏘아 붙인다. 성깔 있는 매미라면 한 바탕 덤벼들어서 싸움이라도 할 정도의 냉정한 대답이다. 대체 우화는 무엇을 말하는 것일까. 확실한 것은 매미는 게으름으로 인해 겨울 내내 고생을 해야 한다는 사실이다. 그렇다면 개미는 어떨까. 아마 겨울에 편안히 잘 살 것이다. 그러나 한편으로 개미는 참으로 매정하고 구두쇠라는 생각도 든다. 작가도 개미의 성격을 "남에게 잘 빌려주지 않는"이란 형용사를 사용하여 표현한다.

교훈이 무엇인지, 왜 작가가 교훈을 직접 언급하고 있지 않는지는 차치하고, 중요한 것은 이 우화가 현실을 적나라하게 보여준다는 사실이다. 그렇다면 어떤 현실을 보여준다는 말인가. 현실은 먹고 놀 수 없다. 땀 흘려 일하는 자만이 먹고 살 수 있는 세상이 바로 현실이다. 그런데 만약 개미가 매미에게 먹을 것을 빌려주었다면 어떻게 될까? 그런 현실도 가능하지 않을까. 서로 돕고 사는 세상 말이다. 그렇다면 세상은 더 아름답고 살 만할 텐데, 저렇듯 야박한 세상은 너무도 어둡지 않은가. 그렇다, 우화의 현실은 어둡다. 그것은 엄밀히 말해 우화의 세상이 어두운 것이 아니라 바로 현실이 어두운 것이다. 여름 내내 놀기만 한 사람에게 쉽게 먹을 것을 꾸어 줄 사람은 많지 않다. 이번에 꾼 사람은 필경 내년에도 놀기만 할 것이다. 그리고 또 손을 내밀 것이다. 만약 이를 알고도 꾸어준다면 이 사람은 분명 특별한 사람이다. 그러나 평범한 사람이라면 어떤 핑계를 대든 꾸어주진 않을 것이다. 누가 자신이 땀 흘려 모은 것을 쉽게 내놓겠는가. 우화의 세계는 이렇듯 보편적인 사람을 이야기한다. 보편적 세상의 평범한 사람, 이것이 우화의 세계이고 굳이 그 색채를 말하라면 밝다기보다는 어두운 편에 가깝다. 그러나 위 우화의 세계가 마냥 어두운 것만은 아니다. 이 정도면 충분히 견딜만하게 어두운 것이다. 노력해서 일을 하면 되는 것이지, 굳이 못 살 세상은 아니다.

라 퐁텐 『우화시집』의 두 번째 작품 역시 우리에게 잘 알려진 까마귀와 여우의 이야기이다. 아이소포스와 파이드루스도 같은 우화를 남기고 있는데, 까마귀가 물고 있는 치즈를 빼앗아 먹기 위해 아첨을 떠는 여우와 어리석게도 이 꼼수에 넘어가서 먹을 것을 빼앗기는 까마귀의 이분법 구도가 다시금 눈에 들어온다. 라 퐁텐의 우화에 나오는 여우의 아첨을 들어 보자.

안녕하세요, 까마귀 씨
너무 예쁘시네요! 얼마나 아름다우신지!
거짓말 하나 안 보태고,
목소리가 어쩌면 깃털과 너무 잘 어울리세요.

이 말에 너무도 들뜬 나머지 까마귀는 입을 벌려 노래를 하고, 그 사이 치즈는 땅에 떨어져서 여우의 몫이 된다. 여우는 잽싸게 치즈를 가로채고 한 마디 한다. 이는 바로 이 우화의 교훈이기도 하다.

착하신 양반
알아 두세요, 모든 아첨꾼은
아부를 들어주는 사람을 제물로 삼아 먹고 산답니다.

아이소포스는 단지 이 우화가 어리석은 인간에게 적용된다고만 적고 있다. 그런데 라 퐁텐은 여우의 입을 통해서 세상의 진리를 깨우치고 있다. 이 진리는 우리가 추구해야 하는 그런 진리가 아니라 이 땅위에 펼쳐지는 인간 사회의 적나라한 모습이다. 매미는 일을 안 했으니까 당연히 굶어야한다. 그것은 충분히 이해가 가는 논리이다. 가난은 나라도 못 구한다는 말이 있지 않은가. 그런데 여우는 일도 안하고 여유 있게 남의 먹을 것을 빼앗아 간다. 그렇다면 이 우화는 어리석은 사람에 대한 충고가 아니라 '살기 위해서는 남에게 아첨하라'는 또 다른 메시지를 담고 있는 것은 아닐까. 우화를 단순히 보이는 것으로 해석하지 말라는 라 퐁텐의 말을 한 번 되새길 필요가 있다.[1] 그렇다면 세상은 매미와 개미에서보다 훨씬 어둡다. 이웃을 의지하지는 못할망정 그 말을 의심해야 하고, 심지어 먹고 살기 위해서는 아첨과 거짓말을 해야 한다니.

묘하게도 매미와 까마귀 모두 노래를 부르다 먹을 것을 벌지 못하거나 잃어버린다. 반면 여우는 말을 잘해서 원하는 바를 얻는다. 말이 노래보다 힘을 지닌 것일까. 노래는 겉보기에 그럴듯하고 듣기 좋을지 모르지만 실속이 없다. 17세기 소렐(Sorel)이란 작가는 매미를 젊은 시절 귀족들의 비위를 맞추기 위하여 노래를 부르는 가난한 시인으로 비유한다. 시인은 결국 아무것도 얻지를 못한다. 그가 자신의 어리석음을 깨달았을 때는 이미 늙음이 목전에 와 있을 때이다. 언어는 힘이다. 비록 그것이 부도덕할지라도 말이다. 그러나 언어가 노래보다 우월하다는 속단은 함부로 하지 말자. 노래 자체도 언어에 속할 수 있기 때문이다. 다만 언어든 노래든 때를 가려 하는 게 중요하다. 매미는 일해야 할 때에, 까마귀는 자기 몫을 챙겨야 할 때 노래를 하다가 배고픔을 겪어야 했다. 인생의 시간은 늘 흐르는 것인데, 어느 순간 무엇을 할 것인가를 아는 것이 삶의 지혜이다.

남을 속여서라도 살아야 한다는 세상, 참으로 눈 감으면 코 베

1) 라 퐁텐은 「목동과 사자 (VI-1)」에서 "우화는 보이는 그대로의 우화가 아니다." 라고 말한다.

간다는 세상이 바로 실감나는데 그나마 이것도 어쩌면 괜찮은 세상인지도 모른다. 모든 것을 의심하고 쓸데없는 칭찬에 넘어가지만 않으면 되니까. 하지만 애초에 힘이 없다면 아무런 쓸모가 없다. 그저 속수무책으로 당할 수밖에 없다. 라 퐁텐의 여섯 번째 우화인 「사자와 함께 지내는 암송아지, 암염소, 암양(I-6)」을 보자. 이전 우화보다는 등장인물이 많아졌지만 그다지 복잡한 구도는 아니다. 다만 등장인물이 많아졌다는 것은 이것이 좀 더 사회적인 의미를 갖는다고 해석하면 된다. 그 어느 때인지 모르지만 네 마리의 동물이 손익을 함께 나누며 살고 있었다. 그런데 암염소가 살고 있는 곳에 올가미를 놓았는데 거기에 사슴 한 마리가 냉큼 걸려들었다. 네 마리의 동물이 모두 모여 분배를 하는데 사자가 손가락으로 계산을 하더니만 사슴을 네 등분 하였다. 아마도 넷이 먹어야 하니까 이는 당연할 것이다. 양이나 소가 어찌 육식을 하냐는 질문은 하지 않는 게 좋다. 우리는 새와 사자와 인간이 서로 이야기하는 우화의 세상에 살고 있기 때문이다. 어쩌면 진짜 예전에는 그랬는지도 모른다. 아주 아득한 예전에 말이다. 그래서 이 우화는 "옛날에(au temps jadis)", 그리고 "그렇게 말을 하는데(dit-on)"라는 토를 붙이고 있다.

이제 사자는 먹이를 나누기 시작한다. 우선 사자는 자기 몫으로 하나를 돌린다. 왜냐하면 자기가 이곳의 우두머리이기 때문이란다. 사자는 자기 이름이 사자라는 것을 상기시키며 몫을 취한다. 여기에 대해 그 어느 누구도 이의 제기를 못한다. 사자는 두 번째 토막도 당연히 자기가 가질 권리가 있다고 말한다. "이 권리는 말이야, 너희들도 알다시피 강자의 권리거든." 그리고는 다시 또 하나의 몫을 챙기며 자기가 가장 용맹하기 때문에 이 역시 당연하다고 한다. 마지막으로 사자는 이렇게 말하며 모든 것을 강탈한다. "네 놈들 중 어느 한 놈이라도 네 번째 것에 손만 댄다면 / 내 그 놈 먼저 목을 졸라 죽일게다." 그리고 우화는 아무런 교훈 없이 이것으로 끝난다.

우리가 사는 사회는 얼핏 보면 별 문제가 없어 보인다. 이웃집 사람도 그렇고, 직장 동료도 그렇고, 고만고만하니 평온하게 잘 지내는 듯싶다. 그런데 어느 순간이 되면 관계는 돌변한다. 오직 자기 이익만 챙기려는 이기심이 발동한다. 사이좋던 형제가 갑자기 이를 갈고 싸우기 시작한다. 부모가 남겨 준 유산 때문이란다. 아니면 회사 경영권 다툼이란다. 사자의 욕심은 끝이 없다. 적당히 갖고 나누는 것이 아니라 모든 것을 가져야만 되는 이 철저한 독점욕은 묘하게도 힘없고 가난한 사람보다는 힘 있고 돈 많은 사람이 더 강하다. 우리말에도 "부자가 더 무섭다."라는 말이 있듯이 말이다. "부자 하나면 동네 셋이 망한다."는 말도 힘센 한 명을 위해 약한 사람들이 얼마나 많은 희생을 감수해야 하는지를 잘 보여준다. 이런 명분, 저런 명분 다 들이대다가 마지막에 가서는 말 안 듣는 놈은 죽여 버리겠다고 협박하는 데야 힘없는 동물이 무슨 수로 저항하겠는가. 여기에 라 퐁텐이 어떤 교훈을 덧붙이겠는가. 사자의 말 한 마디가 섬뜩한 교훈으로 남을 뿐이다. 사자는 이 우화에서 참으로 유명한 말을 하나 남긴다. 그것은 "힘센 자의 권리(le droit du plus fort)"라는 것이다. 세상사 불변의 법칙이 있다면 바로 이 말이 아닐까? 권력 있는 자는 자기 밑의 사람들을 철저히 짓밟는다. 그러나 자기보다 더 힘 센 사람 앞에서는 그 사람의 논리에 얼른 고개를 수그린다. 치사하고 잔인한 말이지만 이 말이 진리임은 부정할 수 없다.

이제 너무도 유명한 우화「늑대와 양(I-10)」에서 이 잔인한 명제는 더욱 힘을 발휘한다. 아이소포스와 파이드루스 모두 다루고 있는 이 우화는 라 퐁텐에 와서 완벽한 문학 작품으로 빛을 본다. 라 퐁텐은 위의 다른 작품에서와는 달리 이 우화에서는 교훈을 첫머리에 내놓는다. "힘센 자의 논리가 항상 최고이다(La raison du plus fort est toujours la meilleure)." 바로 위에서 사자가 말했던 그 논리가 여기서는 거창한 명제로 우화의 시작을 알린다. 프랑스어로 이 문장은 12음절로 되어 있는데 이 음절은 흔히 알렉상드랭(alexandrin)이라고 한다. 이 명칭은 알렉산더 대왕의 위업을 노래하는 시를 12음절로 지었다는 데에서 기인하는데 주로 장중하고 거창한 분위기를 나타낼 때 사용된다. 라 퐁텐이 알렉상드랭으로 힘센 자의 논리가 최고라고 선포하는 것은 이 명제가 너무도 진실한 것이어서 감히 어느 누구도 여기에 이의를 제기할 수 없는, 결코 깨지지 않는 불변의 진리라는 뜻이다.

한 마리 양이 맑은 물에서 목을 축이는 것으로 이야기는 시작된다. 그러나 이 평온은 곧 배고픔에 먹을 것을 찾아 헤매는 늑대의 출현으로 깨지고 만다. 늑대는 양에게 시비를 건다. 왜 인사도 없이 다짜고짜 건방지게 자기가 먹을 물을 흐려 놓느냐고. 양은 예의 바르게, 그러면서도 아주 논리적으로 대답을 한다. "폐하 / 노여움을 푸세요 / 생각해 보시길 / 전 목을 축이고 있어요 / 이 물은 말이죠 / 폐하가 계신 곳에서 스무 발걸음 떨어진 하류인데요." 그러나 논리라면 힘의 논리가 최고이다. 늑대는 여하튼 양이 물을 더럽히고 있다고 억지를 피우더니 이제는 작년에 양이 자기를 욕했다고 뒤집어씌운다. 참으로 똑똑한 양, 그러나 순진하기만 이 양은 놀라 말하길, 자기는 작년에 태어나지도 않았다고 항변한다. 게다가 자긴 아직 엄마 젖을 먹는 처지라고 자세하게 덧붙인다. 늑대는 그럼 그게 네 형이었노라고 말하며 연좌제를 적용한다. 아니 전 형제가 없는데요. 그럼 네 친척 중의 하나야. 앞뒤가 착착 맞는 양의 대답, 무식한 늑대의 추궁, 이 대화가 제대로 지속되기는 애초에 무리이다. 그런데 이 대화에는 긴장감이 감도는데 양은 이를 못 느낀다. 자기는 아무 잘못이 없으니까. 그러나 독자는 느낀다. 이는 논리의 문제가 아니라 힘의 문제이며 이제 곧 저 양은 잡아먹힐 것임을 직감한다. 곧 양의 종말이 가까워온다. 늑대는 양 족속 모두를 싸잡아 재판정에 세운다. 그는 오히려 양들이 늑대들을 괴롭혔다고 주장한다. 완전 주객전도의 논리이다. 늑대는 양, 목동, 양 지키는 개, 이 모두를 한통속에 넣어서 그 동안 자기가 당한 것을 갚아야 한다고 말한다. 이것도 자기 말이 아니라 "남들이 자기에게 그리 말했다. (On me l'a dit.)"는 핑계를 댄다. 마침내 늑대는 양을 숲 속으로 끌고 가서 잡아먹는다.

아무 죄 없는 어린 양이 비참한 최후를 맞이하는 이 우화의 잔인함은 라 퐁텐 이전에도 이미 널리 알려져 있는 이야기이다. 17세기 작가인 트리스탕 레르미트(Tristan L'Hermite)의 『은총을 잃은 시동(*Le Page disgracié*)』이라는 일종의 자전적 소설을 보면, 시동이 앙리 4세의 아들인 어린 왕자에게 이 우화를 들려주는 부분이 나온다. 이야기가 진행됨에 따라 점점 양의 최후가 다가옴을 감지한 어린 왕자는 제발 늑대가 양을 잡아먹지 말게 해달라고 울며 애원하고 부득이 시동은 이야기의 결론을 다른 식으로 바꾼다.

라 퐁텐 우화에서의 백미는 두 등장인물간의 대화에 있다. 생생히 살아 움직이는 두 동물의 움직임이 그들이 나누는 대화를 통하여 독자에게 실감나게 전달된다. 만약 트리스탕 레르미트의 이야기에서 시동이 라 퐁텐 식의 대화를 사용하였다면 어린 왕자는 무섭기는 하지만 그래도 어떤 대화가 오고 가는지에 귀를 쫑긋대며 들었을지도 모른다. 혹은 너무도 양의 대답이 사리에 맞는지라 어쩌면 마지막에 늑대가 뉘우치거나 아니면 누군가가 기적처럼 나타나서 늑대를 벌주고 양을 살려주기를 기대했을지도 모른다.

그러나 우화는 그런 아량을 보이지 않는다. 이제 「늑대와 양」과 같은 맥락에서 「매와 꾀꼬리(IX-18)」의 우화를 보자.[2] 재수 없게 매에게 잡힌 꾀꼬리는 살려 달라고 애원을 한다. 노래밖에 할 줄 모르는 자신을 잡아먹어서 좋을 것이 무엇이냐며, 대신 테레우스에 관한 이야기를 노래해 주겠노라고 말 한다. 테레우스의 이야기란 무엇인가. 라 퐁텐의 우화에는 그리스 로마의 신화가 무궁무진 등장한다. 라 퐁텐은 여러 곳에서 내려오는 물길을 한 곳에 모아서 우렁차고 아름다운 폭포로 만드는 놀라운 재주를 가진 작가이다.

테레우스는 트라키아 사람으로 아테네가 위기가 처할 때 이를 구해준 인물이다. 아테네의 왕인 판디온은 이에 대한 보답으로 딸 프로크레를 그에게 준다. 그러나 테레우스는 프로크레와 결혼을 하지만 자기의 처제, 즉 프로크레의 동생인 필로멜라를 범

2) 이 우화는 아이소포스도 다루고 있지만 이미 그리스의 헤시오도스가 쓴 『노동과 나날』에 나타나 있다. 흔히 서양 우화의 역사를 말할 때 최초의 우화라고 말하기도 한다.

하고는 이를 발설하지 못하도록 그녀의 혀를 뽑아 버린다. 이 사실을 안 프로크레는 복수를 꿈꾸고, 테레우스가 가장 사랑하는 아들, 즉 자신의 아들인 이티스를 죽여서 음식으로 만들어 테레우스에게 준다. 사랑하는 아들을 자신이 먹었다는 사실에 거의 실성한 테레우스는 두 자매를 죽이려 쫓아다니다가 프로크레는 숲으로 들어가 꾀꼬리가 되었고, 필로멜라는 지붕 밑으로 가서 제비가 되었다. 테레우스 역시 매 혹은 후투티라는 새가 되었다고 한다.

바로 이 신화에 나오는 꾀꼬리가 자신이 겪은 너무도 잔인한 이야기, 즉 테레우스의 이야기를 해 준다는 것이다. 이 정도면 그 어느 누구도 귀를 기울이지 않을 수 없으련만 매는 무식하기 그지없다. 매는 이야기에는 관심이 없다. 어쩌면 매는 애초에 남의 불행에 대해서는 관심이 없는지도 모른다. 매는 테레우스의 이름을 처음 듣는 모양이다.

> 누구, 테레우스? 그건 나와 같은 매가 먹기 좋은 음식인가?
> 아니랍니다, 그건 왕의 이름인데 그의 광폭한 불꽃이
> 빚어내는 열기가 얼마나 사악한지요.
> 제가 그 이야기를 노래로 불러드리지요,
> 제 노래는 너무도 아름다워서 당신은 푹 빠질 거예요. 제 노래는 모두 좋아하니까.

그러나 매는 꾀꼬리의 말을 듣지도 않는다. 매에게 지금 중요한 것은 배가 고프다는 것, 그리고 그 순간 자신의 앞에 꾀꼬리가 있다는 사실이다.

[...] 만약 왕이 너를 잡거들랑,

그 왕에게 너의 그 멋진 얘기를 들려주렴.

매에게는 말이야, 그건 아무 상관도 없는 거란다.

굶주린 배에는 귀가 없거든.[3]

그렇다. 배가 고픈데 무슨 노래가 중요하단 말인가. 불쌍한 꾀꼬리는 죽임을 당하는데 사실 어쩌면 바로 앞에 있는 매가 바로 그 잔인한 테레우스인지도 모른다. 자기의 욕망을 채우기에만 눈이 어두웠던 테레우스. 라 퐁텐은 우화와 신화의 이야기를 절묘하게 교차시킨다.

위의 우화들은 한결같게 강자가 자기만의 논리로 약자를 억압하고 심지어는 목숨을 앗아가는 끔찍한 현실을 묘사한다. 특히 트리스탕 레르미트의 소설에서 보듯이 때로는 어린아이가 읽기에는 잔인하고 부적절한 면이 있을 수 있다. 만약 아무 죄도 없는 양을 누군가가 구해주고 늑대에게 벌을 내린다면, 혹은 꾀꼬리의 아름다운 목소리를 듣고 매가 마음을 돌린다면 이러한 우화들은 어린아이가 읽기에도 아무런 문제가 없을 것이다. 죄 없고 힘없는 동물이 이토록 비참한 최후를 맞이한다면 아이들이 이 세상을 어떻게 바라볼 것이며 어떤 마음으로 세상을 살아가겠는가. 악행을 벌주고 선행을 장려해도 아이들의 교육이 힘든 현실에서 이런 우화가 아이들의 심성에 어떤 영향을 미칠지 심히 우려가 될 법도 하다.

18세기 계몽주의 사상가인 루소(Rousseau)는 이와 같은 이유로

3) 이 문장은 속담으로 많이 인용하는 말이다.

라 퐁텐의 우화를 어린아이의 교육에는 전혀 맞지 않는다고 비난한다. 배고픔에 시달리는 매미의 애원을 외면하는 매몰 찬 개미, 까마귀의 먹을 것을 빼앗기 위하여 입에 발린 아첨을 하는 여우 등, 루소는 그의 저서 『에밀(*Émile*)』에서 라 퐁텐 우화가 지니는 부도덕한 면을 지적한다.[4] 또한 19세기의 시인인 라마르틴(Lamartine) 역시 우화에서 이기적인 인간의 모습을 발견한다. 정복자 나폴레옹마저도 라 퐁텐의 "힘센 자의 논리가 항상 최고"라는 논리를 반박한다. 설사 현실에서 그런 일이 일어날 수도 있지만 그것은 나쁜 일이며 비난 받아 마땅한 행위라는 것이다. 자신의 아이들을 돌보지 않았던 루소나, 힘으로 세상을 정복하고자 했던 나폴레옹이 이런 점잖은 말을 했다는 것이 참으로 아이러니하지만 여하튼 많은 사람들이 라 퐁텐 우화의 비교육적인 면을 지적하고 있다. 이와 같은 비난은 분명 일리가 있다. 바로 그렇기 때문에 엄밀히 말해서 라 퐁텐의 우화는 어린아이를 위한 것이 아니다. 비록 그의 첫 번째 『우화시집』이 당시 7살 남짓한 왕세자에게 바쳐진 것이지만 이는 그 시대의 관습적인 것이지, 그렇다고 라 퐁텐의 우화를 전적으로 아동용으로 간주할 수는 없다.

무엇보다 라 퐁텐이 말하고 있는 것은 현실의 문제요, 루소나 나폴레옹이 말하는 것은 '그렇게 되었으면 좋은' 이상적인 세계이다. 우화가 현실에 굳건히 발을 디디고 있는 한, 그 색채는 어두울 수밖에 없다. 우화가 선을 권장하고 악을 징계해서 효과를

4) 또 하나 루소가 지적하고 있는 것은 라 퐁텐의 프랑스어가 너무 어려워서 아이들이 이해하기 힘들다는 것이다.

볼 만큼 이 세상이 올바르고 밝은 것은 아니다. 내가 아무리 착해도 상대방이 착하지 않은 이상, 나의 착함은 곧 나의 손해가 된다. 나 역시 부득이 상대방에게 선을 베풀기보다는 상대방을 경계하고, 상대방의 반응을 살펴보아야 한다. 이는 라 퐁텐만의 문제가 아니다. 아이소포스 우화의 대부분 역시 여기에서 크게 벗어나지 않는다. 아이소포스 우화의 가장 권위 있는 판본을 정리했던 샹브리(Chambry)는 이렇게 말한다.

> 대부분의 경우 아이소포스 우화는 사기와 기만에 대하여 우리 눈을 뜨게 해준다. 앞날을 내다볼 줄 모르고 어리석은 인간은 이 사기와 기만의 희생이 되기 십상이다.

한 마디로, 우화가 보는 이 세상에는 정글의 법칙이 존재한다. 먹느냐 먹히느냐의 문제이며, 강자가 철저히 약자를 짓누르고 억압하는 세상의 모습이다. 안타깝게도 이 현실은 어떻게 해도 치유될 수 없다. 그저 그런 현실에서 사는 수밖에 없다. 라 퐁텐의 우화 「두 마리의 물소와 한 마리의 개구리(II-4)」를 보자. 한 마리의 암 송아지를 놓고 두 마리의 들소가 싸우는 것으로 작품은 시작된다. 이들의 싸움을 보고 개구리 한 마리가 한숨을 쉰다. 옆에 있던 다른 개구리는 들소들이 싸우는데 왜 친구 개구리가 한숨을 쉬는지 이해를 할 수 없어서 그 이유를 물어본다. 그러자 개구리는, 저 둘이 저리 싸우다가 필경 어느 한 쪽은 질 터이고, 그 패배한 들소는 풀밭에서 쫓겨나서 개구리들이 살고 있는 늪지대로 와서는 그 무지막지한 발로 힘없는 개구리들을 짓밟고 다닐 것이 아니겠냐고 대답한다. 개구리의 걱정은 현실이 되고,

작가는 “약자는 강자의 어리석은 짓으로 고통 받는다.”란 말을 남긴다. 우리말에 고래 싸움에 새우등 터진다는 말을 상기시키는 이 우화는 당하는 것은 늘 약자인데, 더 비극적인 것은 이 현실을 벗어날 길이 없다는 사실을 적시한다. 개구리보고 힘을 키우라고 아무리 야단쳐도 대책이 없다. 개구리가 사자가 될 수는 없는 노릇이다. 그나마 선견지명이 있는 개구리라면 화를 피할 수도 있지만 이것도 때로는 불가능할 수 있다. 도망칠 곳이 한정되어 있는 경우라면 그저 모든 걸 운에 맡기는 수밖에 무슨 도리가 있겠는가. 들소는 자기 발아래에서 무슨 일이 일어나는지도 모른다. 그는 그저 걷는 것이겠지만 개구리에게는 죽음의 행진곡이 된다.

물론 세상 모두가 이렇듯 어두운 것만은 아니다. 늘 좋지 않은 사건 사고만 전해주는 뉴스에도 때로는 훈훈한 인정의 바람이 불어오듯, 우화에도 밝은 모습이 보이는 경우가 있다. 동물의 왕이라는 사자와 그에 비해 너무도 보잘 것 없는 작은 쥐의 이야기를 들어 보자. 라 퐁텐은 「사자와 쥐 (II-11)」에서 “세상은 자기보다 약한 존재의 도움을 받는 경우가 흔히 있다.”라는 말과 더불어 이야기를 시작한다. 쥐는 어쩌다가 사자의 손아귀에 걸려들지만 사자는 쥐를 살려준다.

> 사자의 이 선행은 헛된 일이 아니랍니다.
> 어느 누구가 생각할 수 있을까요,
> 사자가 쥐의 도움을 받으리라는 것을.

그러나 그 꿈에도 생각하기 어려운 일이 일어난다. 사자가 숲에서 나오다가 올가미에 걸린 것이다. 아무리 사자가 울부짖고 발버둥 쳐도 어쩔 수 없는 일이다. 그 때 잽싸게 쥐가 나오더니 이빨로 그물을 찢기 시작하였다. 이것 역시 쉬운 일은 아니지만 쥐는 마침내 사자를 구하는 데 성공한다. 위의 우화는 아이소포스의 「사자와 은혜를 갚은 쥐」를 원전으로 하고 있는데, 16세기 시인인 마로(Marot)가 친구에게 보낸 편지에 이를 삽입함으로써 더욱 유명해진 우화이다. 사순절의 계율을 어기고 비계를 먹은 죄로 감옥에 갇힌 마로는 친구에게 이 우화를 들려줌으로써 자신을 풀어 달라고 간청한다. 그러고 보면 세상은 살만한 가치가 있고 남에게 가끔은 선을 베풀어서 나쁠 것은 없는 듯하다. 어떻게 보면 선행은 앞날에 대한 최소한의 보험일지도 모른다.

하지만 위 우화에서도 트집을 잡자면 또 얼마든지 가능하다. 사실 사자가 쥐를 놓아준 것은 그다지 대단한 일이 아닐 수 있다. 그까짓 자그마한 쥐를 먹어봤자 무엇을 하겠는가. 게다가 사자는 혹 배가 부른 상태였을 수 있다. 배가 고프다면 사정은 달라질 수도 있다. 이미 우리는 우화 매와 꾀꼬리에서 "굶주린 배에는 귀가 없다."라는 결론을 얻은 바 있다.

이보다 훌륭한 것은 쥐의 태도이다. 비록 사자로서는 하잘 것 없는 관대함이었을지 모르지만 쥐에게는 생명이 걸린 문제이다. 엄청난 은혜를 입은 쥐는 사자가 그물에 잡히자 지체 없이 뛰쳐나와서 자기 이빨이 닳아 없어지도록 그물을 뜯어낸다. 자그마한 쥐가 그물을 사각사각 갉아서 사자를 구해내려면 대체 얼마의 노력이 필요한 것일까. 이 위대한 쥐를 라 퐁텐이 동물의 왕인 사자와 동격으로 "쥐 전하(Sire Rat)"라고 부르는 것은 재미와 위트를 넘어서 경건함마저 갖게 한다. 라 퐁텐은 사자의 아량보다는 쥐의 피나는 노력이 더 값지게 보인 것일까. 우화의 끝에 시인은 불현듯 이런 교훈을 달아놓는다.

> 인내와 기나 긴 시간은 힘이나 분노보다 더 많은 것을 이룬다.

여하튼 사자도 나름대로 칭찬받아 마땅하다. 그가 배가 고프지 않은 상태였는지, 혹은 쥐를 먹잇감으로 별로 좋아 하지 않았는지는 모르지만, 그가 아량을 베풀었다는 자체가 중요하다. 하나를 가지면 둘을 갖고 싶고 결국에는 모든 것을 다 자기 것으로 해야 직성이 풀리는 사회의 가진 사람들이 이렇게 조금만 양보할 줄 안다면 훨씬 세상은 아름다워질 것이고 자기들도 결국은 도움을 받을 것이라는 교훈을 이 우화는 전하고 있다. 당연히 이 말의 배경에는 사회의 어두움은 강한 자들이 주로 만들어 간다는 사실이 깔려 있다. 어쩌면 작가는 우리 인간 사회를 비꼬고 있는지도 모른다. 동물들도 이렇게 도움을 주고받고 사는데 우리네 삶은 어떠한 것인지, 한 번 쯤 생각해 볼 필요는 있을 것이다.

이번에는 「사자와 쥐」의 우화와 쌍을 이루는 「비둘기와 개미(II-12)」를 읽어보자. 이 역시 아이소포스의 작품을 원전으로 하고 있는데 그 내용은 「사자와 쥐」와 대단히 흡사하다. 한 마리 비둘기가 맑은 물에서 물을 마시고 있는데 돌연 개미가 물에 빠지는 사태가 발생한다. 필경 개미에게 이 물은 태평양 바다와도 같은 것이었으리라. 개미는 뭍으로 나오려고 아무리 애를 써 보지만 헛된 노력일 뿐, 비둘기는 곧 자비를 베풀기로 마음먹고 풀잎 하나를 따다가 물에 띄운다. 개미는 바다 위로 난데없이 불쑥 솟아

난 육지를 만난 듯 풀잎에 몸을 맡기고 목숨을 구한다. 시간은 재빨리 흘러서, 어느 날 맨 발의 농부가 우연히 활을 가지고 가다가 비둘기를 발견한다. 옳다구나 저 놈을 잡아다가 파티를 해야겠구나 하는 생각으로 농부는 활을 겨눈다. 순간 개미는 농부의 발뒤꿈치를 따끔하게 깨물었고 농부가 이게 무언가 하고 뒤를 돌아본다. 비둘기는 무슨 소리가 나는 것을 느끼고 잽싸게 날아가 버린다. 미리 김칫국물 마신 농부를 조롱하듯, "농부의 야참은 비둘기와 함께 날아갔지요."하고 시인은 끝을 맺는다.

우화 「까마귀, 영양, 거북이 그리고 쥐(XII-15)」는 라 퐁텐의 우화 중에서는 보기 드물게 동물들의 진한 우정과 사랑이 담뿍 담긴 작품이다. 네 마리 동물은 서로 모여 정답게 살고 있는데 어느 날 영양이 사냥꾼의 덫에 걸리는 사고가 일어난다. 식사 시간이 되어도 영양이 나타나지 않자 까마귀는 영양을 찾으러 나갔다가 덫에 걸려 고통 받는 영양을 보고는 황급히 돌아와 동료들에게 영양의 위급함을 알린다. 까마귀와 쥐는 영양을 구하러 길을 떠나는데 사정이 딱한 것은 거북이다. 그의 느린 걸음으로는 아무 것도 할 수 없기 때문이다. 동료들은 그에게 집이나 잘 지키라고 말하지만 거북이는 영양을 구해야 한다는 절박한 심정으로 자신의 짧은 다리와 등에 달린 무거운 집을 저주하면서 들판으로 향한다. 영양을 구하려는 동료들의 우애가 눈물겹게 펼쳐지는 장면이다. 까마귀와 쥐는 영양이 갇혀 있는 곳에 도착하고, 쥐는 특유의 날카로운 이빨로 올가미를 갉아내어 영양을 구해낸다. 그런데 바로 그 순간 사냥꾼이 나타난다. 동물들은 놀라서 제각기 줄행랑을 친다. 먹이를 놓친 사냥꾼은 잔뜩 화가 나 있는데 마침 저만치 거북이가 느릿느릿 오고 있지 않은가. 사냥꾼은 얼씨구나 저 거북이를 대신 잡아가면 되겠구나 싶어 냉큼 거북이를 자루에 집어넣는다. 그러자 다시 동물들의 거북이 구출 작전이 시작된다. 숨어 있던 영양은 모습을 드러내어 짐짓 다리를 절룩거린다. 이는 필경 내가 다리를 다쳤으니 어서 와서 잡아가라는 신호임에 틀림없다. 사냥꾼은 탐스러운 먹이가 앞에서 알짱거리는지라 거북을 담고 있던 무거운 자루를 내려놓고는 영양을 쫓기 시작한다. 그러자 영양은 언제 내가 다쳤느냐 할 정도로 전속력으로 달아나고 그 사이 쥐는 다시 한 번 솜씨를 발휘해서 거북이를 구해낸다.

작가는 이 아름다운 동물의 세계를 그리면서 결론으로 누구에게 상을 줄 것인가를 반문한다. 그리고는 마음, 즉 서로를 아끼는 마음에게 상을 주어야 한다며 이야기를 마친다. 이 우화는 비록 인간이 사냥꾼으로 등장하여 악역을 맡기는 하지만 동물들의 뜨거운 우정이 도드라지는 작품이다. 분명 여기서 라 퐁텐이 말하고자 하는 것은 우정과 사랑이다. 그런데 또 굳이 여기에 약간의 흠집을 내자면, 이 우화가 인간 사회의 실상을 보여주는 것은 아닐 수도 있다는 사실이다. 작가는 동물들의 이야기를 시작하기 이전에 이 네 마리의 동물들은 인간들에게 좋은 본보기가 되리라는 말을 덧붙이고 있는데 이는 결국 인간들의 심성이 우화에 나오는 동물들과 같지 않음을 전제로 하는 것인지도 모른다. 게다가 작가는 이 우화를 자신의 후견인인 라 사블리에르 부인에게 바치고 있다. 그렇다면 이는 혹 작가의 의도된 계획이 아닐까. 작가인 자신은 누군가의 도움을 받고 살아야 하는 처지, 이 상황에서 자신의 후견인에게 어려움에 빠진 친구를 도와주는 훈훈한 이야기를 들려주는 것은 의미심장한 행동이 아닌가.

이 작품을 읽은 후견인은 내심 느끼는 것이 있지 않을까.

작가의 의도가 어디 있는지는 몰라도 확실한 것은 그의 우화가 대단히 현실적인 교훈을 담고 있다는 사실이며 이는 이미 우리가 확인한 바와 같다. 그런 맥락에서 서로 돕고 살아야 한다는 너무도 당연한 이 말도 거꾸로 말해서 돕지 않으면 자기에게 손해라는 말로도 능히 해석될 수 있다. 라 퐁텐은 「말과 당나귀(VI-16)」의 이야기를 예로 든다. 아이소포스도 다루고 있는 이 우화를 보면, 두 동물이 짐을 지고 함께 여행을 가는데 당나귀의 짐은 무척 무거웠지만 말은 비교적 홀가분한 상태로 길을 걷고 있었다. 짐이 너무 무거워서 힘이 부친 당나귀는 말에게 제발 짐을 좀 나누어 들자고 부탁한다. 그러지 않으면 마을에 닿기도 전에 죽을 것 같다고 당나귀는 애원한다. 그러나 말은 차갑게 거절하고 방귀만 한 방 냅다 뀐다. 그러나 말은 곧 자기의 잘못을 깨닫는다. 당나귀는 마침내 짐에 눌려 숨이 끊어지고 말은 당나귀의 짐은 물론 그 죽은 몸뚱이도 함께 지고 가야 했으니 말이다. 라 퐁텐이 우화 첫머리에 "서로 돕고 살아야 한다. 만약 네 이웃이 죽으면 그 짐이 바로 네게로 떨어질 것이다."라고 말한 것이 실감나는 이야기이다.

이번에는 당나귀가 어리석은 짓을 한다. 「당나귀와 개 (VIII-17)」에서 당나귀는 개와 함께 주인을 모시고 길을 가고 있었다. 주인이 잠이 든 사이 당나귀는 들판에서 풀을 맛나게 뜯어 먹는다. 개는 바구니의 빵을 먹고 싶은데 바구니를 지고 있는 당나귀가 몸을 좀 낮춰 주어야만 먹을 수 있기에 당나귀에게 빵을 먹을 수 있게 해달라고 부탁한다. 그러나 당나귀는 대답도 하지 않고 열심히 먹는다. 당나귀가 두려워하는 것은 입을 한 순간이라도 놀리지 못하게 되는 것뿐이다. 개의 말에 귀를 꽉 막고 있던 당나귀는 대답한다. "주인님이 잠 깰 때까지 기다리라니까. 그러면 틀림없이 먹을 걸 줄 거니까." 그러는 동안 숲에서 굶주린 늑대가 나타난다. 당나귀는 놀라서 개를 부른다. 그러나 개는 꿈쩍도 않고 당나귀에게 말한다. "주인님이 깰 때까지 기다리라니까." 심지어 개는 만약 늑대가 덤비면 늑대의 턱을 깨부수고, 늑대를 완전히 눕혀버리라고 비아냥거린다. 개의 이런 장광설이 계속되는 동안 늑대는 당나귀의 목숨을 앗아간다.

라 퐁텐은 이 우화의 첫머리에 돕고 살아야 하는 것이 "자연의 법칙"이라고 말하고 또한 우화의 끝에 가서, 결론으로 서로 돕고 살아야 한다고 다시 한 번 강조한다. 이웃끼리 돕고 살지 않는다면 이렇듯 목숨까지 잃을 수도 있다니, 돕고 산다는 것은 이제 미덕이 아니라 생존의 법칙이다. 라 퐁텐이 서로 돕고 살아야 함을 이렇듯 강조하는 것은 바로 이 때문이다.

그런데 이 세상 돌아가는 모습을 곰곰이 살펴보면 분명 약육강식의 법칙이 무섭도록 존재하는 것이 사실이지만 이것만 가지고는 모든 것을 설명할 수 없다는 것 또한 사실임을 알 수 있다. 그 어느 누구도 넘볼 수 없는 권력이라 할지라도 한순간 무너지는 것이 현실이요, 평생 가난에 찌든 사람도 대뜸 복권으로 팔자 고치는 것도 현실이다. 노력하면 된다지만 어떤 이는 죽어라 해도 마냥 인생 밑바닥에서 헤어나지 못하는가 하면, 별로 하는 일 없어도 떵떵 대고 사는 것도 현실이다. 그래서 세상은 요지경이라 했는지 모른다.

모든 것을 잃어버린 사내가 하나 있다.[5] 돈도 없고, 요새말로 하면 신용불량자가 되어 어느 누구에게 돈도 얻어 쓸 수 없는 처지의 이 사내가 선택할 수 있는 것은 단 하나, 차라리 스스로 목을 매어다는 것이다. 그렇게 하지 않더라도 어차피 굶어죽을 터이니 이리 죽으나 저리 죽으나 마찬가지라고 생각하였다. 그는 한 낡은 오두막을 무대로 택하였다. 사내는 밧줄을 가져와 벽 윗부분에 못을 박으려 했다. 그런데 벽이 너무도 오래된지라 그만 망치질 몇 방에 무너지고 말았다. 순간 사내는 눈을 의심하지 않을 수 없었다. 벽이 무너지는 순간 보물이 쏟아져 나온 것이다. 입이 헤 벌어진 사내는 밧줄을 내팽개치고는 금을 세어보지도 않고 집으로 돌아왔다. 사내가 나간 후 보물 주인이 돌아왔다. 주인은 기가 막혔다.

대체 이 보물을 잃고 어찌 살 수 있단 말인가.
내가 목이라도 매지 못할 것 같은가? 난 그럴 수 있어.
밧줄만 있으면 말이야.

그런데 이걸 어쩐단 말인가. 바로 그 자리에는 아까 사내가 버리고 간 밧줄이 주인을 기다리고 있지 않은가. 보물 주인은 서슴지 않고 냉큼 밧줄에 목을 매달고 세상을 하직하였다. 시인은 이 황당한 비극을 비꼬듯 노래한다.

아마도 보물 주인에게 위안이 되는 것이 있다면

---

5) 「보물과 두 사내 (IX-16)」

그 대신에 누군가가 밧줄 비용을 지불할 수 있었으리라는 것이요,
돈과 마찬가지로 밧줄도 주인을 찾았다는 것이다.

시인은 계속해서 노래한다. 돈을 쓰지 않고 어딘가에 숨겨 놓는 구두쇠는 결국에 가서는 자신을 위해서 돈을 모으는 것이 아니라 도둑이나 부모를 위하여 모으는 것이라고. 결국은 평생 아끼고 돈을 모아봤자 자신은 쓰지도 못하고 남 좋은 일만 시킨다는 뜻이다. 라 퐁텐은 마지막으로 운명의 여신에 대하여 말한다.

운명의 여신이 저질러 놓은 이 운명의 바꿔치기에 대해서 무어라 말할 것인가?
이 바꿔치기는 여신의 특징이다. 그녀는 그걸 즐긴다.
이 장난이 더 야릇해지면 질수록, 그녀는 더 만족해한다.

실로 우리 인간은 이 변덕스런 운명의 여신의 장난에서 벗어날 수 없다. 그러나 이로 인해 기죽을 필요가 없다. 우리도 그 운명의 장난에 순응하면 된다. 그러니 돈이 없어 죽음을 생각하는 자들이여, 결코 좌절하지 말자. 언제 어디서 무엇이 생길지 모른다. 이를 요행이라 말하기도 하지만 희망이라 말해도 된다. 또한 돈이 많다고 배 두드리는 자들이여, 너무 크게 웃지는 말자. 어느 순간 그 돈이 모두 어디론가 사라질 수도 있으니까.

여기 기구한 운명의 새가 한 마리 있다.[6] 치명적인 화살을 맞은 새의 고통을 더해주는 것은 그 화살이 바로 자기 종족의 날개로 만든 것이기 때문이다. 새는 자신의 불행에 스스로가 보탬이 된

---

6) 「화살 맞은 새 (II-6)」. 이 우화의 기원은 아이소포스의 우화에 있다.

것을 한탄하면서 동시에 이러한 짓을 행한 인간의 잔인함을 비난한다. 새는 죽어가는 순간에 인간에게 경고의 화살을 날린다.

> 하지만 우리를 비웃지 말라, 이 비정한 종족들아.
> 너희들에게도 종종 우리와 같은 운명이 닥칠 테니까.
> 야페토스(Japetos)[7]의 자식들의 절반은 나머지 절반을 죽일 무기를 만들 테니까.

죽어가는 하찮은 새의 말이지만 얼마나 예리한 말인가. 인간은 자기들이 만든 무기를 가지고 서로 피를 흘리고 있지 않은가. 그것도 어떻게 하면 더 많이, 더 손쉽게 죽일 수 있는가를 연구하고 있다. 서로의 죽음을 재촉하는 이 살인적인 행위를 국가 차원에서 버젓이 벌이고 있는 현실이 무섭기도 하거니와 참으로 어리석기도 하다. 자기 방어를 위하여 무기를 만든다고는 하지만 결국은 이것이 누군가를 죽이는 데에 쓰인다는 사실에는 변함이 없다. 새의 폐부를 찌른 화살이 우리 인간에게 향하고 있음을 깨달을 필요가 있다.

새가 부르짖는 말은, 인간의 행동이 부메랑이 되어 돌아 올 수 있으니, 모든 일에 있어서 각별히 신중하고 사려 깊게 해야 한다는 메시지를 전함과 동시에 인간의 운명은 아무도 알 수 없음을 다시 한 번 알려준다. 내일 일은 아무도 모르거니와, 운명의 여신은 우연을 빙자하여 일을 완전히 다른 방향으로 틀어 놓기도 한다. 『슬라이딩 도어즈(*Sliding Doors*)』라는 영화는 어느 날 지하철을 타느냐 놓치느냐의 순간적인 일이 운명을 완전히 바꾸는

7) 프로메테우스의 아버지. 야페토스의 자식들은 바로 인간을 의미한다.

경우를 보여준다. 바둑으로 친다면 한 수가 바뀜에 따라 모든 것이 달라지는 새로운 한 판이 되는 셈이라고 할 수 있다. 운명의 여신은 이토록 변덕스럽고 심술 맞고, 짓궂으며 화살 맞은 새의 경우처럼 비극적이기도 하다. 물론 목매달아 죽으려다가 보물을 얻는 경우처럼 화가 복이 되는 경우도 있을 수 있다.

운명의 장난은 도처에서 작동한다. 어부지리(漁父之利)라는 말이 있다. 쌍방이 무언가를 얻으려고 싸우는데 제 삼자가 그 틈을 이용하여 싸우지도 않고 이득을 취하는 경우에 하는 말이다. 재주는 곰이 넘고 돈은 호인(胡人)이 번다는 말도 이와 비슷하다. 결국 이 또한 운명의 여신이 장난을 치는 것이라 볼 수 있으며, 세상은 꼭 자기가 노력하고 의도한 바대로 되지 않음을 뜻한다. 라 퐁텐의 우화에는 이러한 어부지리의 의미를 담은 것이 몇 편 있다.

우선 「도둑들과 당나귀(I-13)」라는 우화를 보자. 두 명의 도둑이 훔쳐 온 당나귀를 갖고 싸우고 있었다. 서로 자기 것이라고 우기며 주먹질을 하고 아우성을 치고 있는 순간에 다른 도둑이 오더니만 냉큼 가져가 버렸다는 내용이다. 이 우화를 보면 세 명 다 도둑들인지라 체면도 없고 양심도 없다. 공정히 나누고자 하면 그나마 문제가 없으련만 서로 자기의 욕심을 채우는 데만 급급한지라 결국은 남에게 빼앗기고 만다. 싸우던 도둑들이 얼마나 허탈하고 황당했을까를 생각해보자. 자기들도 도둑이건만 그 생각은 못하고 나쁜 도둑놈이라고 욕을 내뱉었을 것이다. 나름대로 이 도둑들은 당나귀를 훔치느라 많은 노력을 했을지도 모른다. 그런데 이렇게 허무하게 전리품을 빼앗기게 되니 이 운명 또한 야릇하기 그지없다.

그런데 라 퐁텐은 이 우화를 당시의 국제 정세에 비유하고 있다. 그는 당나귀를 힘없는 나라로, 도둑들을 강대국들로 비유하는데 구체적으로는 트란실바니아 지방 즉, 지금의 발칸반도 지방을 문제 삼는다. 지금도 발칸반도는 흔히 세계의 화약고로 불리지만 당시에도 이곳은 열강들의 각축장이었다. 특히 당시는 터키와 헝가리가 이 지역을 놓고 다툼을 벌이고 있었다. 지금과는 달리 17세기의 터키는 비록 최전성기를 넘기기는 했지만 유럽을 위협하는 강대국으로 군림하고 있었고 헝가리는 신성로마제국의 영향에 있었지만 나름대로 이 지역에서 힘을 발휘하고 있었다. 라 퐁텐이 보기에는 이 나라들 모두 힘으로 영토를 확장하는 도둑들과 같은 존재였는데 우화에서 말한 것처럼 이 지역은 마지막에 가서는 두 나라의 다툼에도 불구하고 결국은 1699년 오스트리아의 손아귀에 들어간다.

라 퐁텐은 전통 우화를 국제 사회의 현실에 접목하고 있다. 약소민족이 겪어야 하는 비애, 강대국 간의 몰염치한 침략 행위, 이러한 것들이 그의 우화의 중심에 자리 잡고 있는 것이 사실이다. 그러나 여하튼 이는 어떠한 일이 진행됨에 있어서 전혀 앞날을 예측할 수 없는 방향으로 튈 수 있다는 인생사의 법칙에 뿌리를 두고 있는 것도 사실이다.

어부지리의 세상 법칙을 국제 정세에 적용하는 것이 위의 우화라면 다음의 우화는 이를 또 다른 방향으로 유도하고 있다. 어느 날 두 명의 순례자가 우연히 바닷가에서 굴 하나를 발견하는 것으로 우화는 시작된다.[8] 먹음직스런 굴을 보고 둘은 모두 저것이 자기 것이라고 생각한다.

---

8) 「굴과 소송인(訴訟人)들 (IX-9)」.

그들은 눈으로 굴을 삼켜 먹고,

손가락으로 자기 것이라 하였다.

라 퐁텐은 두 사람의 눈과 손가락을 동원하여 그들의 욕심을 묘사하더니 이빨, 즉 입에 와서는 그들이 서로 싸움을 벌여야 한다고 노래한다. 한 사람이 벌써 몸을 숙여 굴을 잡으려 하자 다른 이가 그의 몸을 밀치는 등, 둘의 신체 접촉이 시작된다. 한 사람은 자기가 이것을 먼저 보았다고 하고, 다른 이는 자기가 먼저 손을 대었다고 말한다. 입으로 가져가기 위한 쟁탈전 중에 페렝 당뎅(Perrin Dandin)[9]이란 자가 마침 지나치게 되었다. 두 사내는 옳다구나 싶어 그를 재판관으로 삼고자 하였다. 페렝은 진지한 표정을 짓더니 굴을 까서는 날름 삼켜 버렸다. 두 사람은 멍하니 그를 바라보고만 있었는데 페렝은 식사를 마치더니 재판장과 같은 어조로 말하였다.

자, 법정은 이제 당신들에게 각기 껍데기 하나씩을 줄 것이요.

소송비용은 받지 않을 테니 싸우지 말고 각자가 집으로 돌아가시오.

참으로 공정한, 그러나 기가 막힌 판결이지 않은가. 라 퐁텐은 이를 얼른 자기 시대의 법정 현장으로 끌고 간다.

오늘날 소송을 하는데 얼마나 많은 돈이 드는지 생각해 보라.

---

9) 라블레의『제 3서』에 나오는 인물로 분쟁조정자의 역할을 맡는다. 라 퐁텐 동시대의 비극작가인 라신이 남긴 유일한 희극작품인『소송인들』에도 이 인물은 판사로 등장한다.

가족에게 남는 돈이 얼마인지도 생각해 보라.
여러분은 페렝이 돈은 다 자기 것으로 하고
소송 당사자들에게는 껍데기만 남기는 것을 알게 되리니.

인생을 살면서 경찰서 안 가는 것도 복이요, 법정에 안 가는 것도 복이 아닌가 싶다. 대체 소송에 걸리면 이기고 지는 것과 관계없이 시간적으로나 경제적으로 엄청난 손실이 따르는 게 사실이다. 따라서 문제가 생겼을 때 법에 호소하지 않고 당사자들이 해결하는 것이 최상의 방법이겠지만 현실은 그렇지 못하다. 인간의 이기심과 욕심, 이는 이미 위의 두 사람에게서 보지 않았던가. 여하튼 법이라는 것은 필요하기는 하지만 인간사회의 갈등과 다툼을 전제로 한 것이어서 필요악이라고 할 수 있다. 그런데 바로 이 인간끼리의 싸움을 이용해서 돈을 버는 집단이 있다는 것이 또 얼마나 세상의 아이러니인가. 이것이야말로 어부지리의 대표적인 예라고 말 할 수 있다. 정의사회 구현을 위해서 법을 공부한다지만 한 꺼풀 벗겨 이야기하면 남의 분쟁을 이용해서 돈을 벌겠다는 말과 같은 소리이다. 법관이 인기가 없는 날이 바로 살기 좋은 사회가 될 것이다. 분쟁이 없다면 법을 하는 사람들은 무엇을 먹고 살 것인가. 그들은 분쟁의 각종 사례를 연구하고 이러 저러한 다툼을 가정한다. 그들이 사람들의 평화를 기원하는 자체가 모순일 수 있다. 특히 변호사를 보라. 이들은 늘 자기가 이긴다고 한다. 분명 싸움에는 승자와 패자가 있는데도 그들은 자기들의 승리를 장담하고, 더 기가 막히는 것은 소송에 져도 진 쪽의 변호사도 돈을 챙긴다는 사실이다. 이러니 변호사만큼 안전한 직업도 없을 것이다. 변호사가 많은 세상은 그만큼 불행한 세상이다. 그들은 끊임없이 사람들에게 법에 호소하라고 부추긴다. 그것은 바로 분쟁을 조정하는 것이 아니라 분쟁을 만들어 내는 것에 불과하다.

법에 종사하는 사람들에 대한 이러한 풍자와 비판은 예나 지금이나 변함없다. 라 퐁텐의 작품에도 법관에 대한 풍자는 곳곳에서 볼 수 있다. 그런데 위의 우화는 출처가 확실한 것은 아니다. 라 퐁텐의 이 우화는 아이소포스는 물론 그 후대의 작가에서도 찾아볼 수 없다. 단지 라 퐁텐 동시대의 풍자작가이자 문예비평가인 부알로가 쓴 동명의 우화가 존재할 뿐이다. 부알로는 이를 이탈리아의 오래된 희극에서 본뜬 것이라 하는데 확실한 것은 아니다. 부알로의 우화는 대단히 간결한 것이 특징이다. 그는 우화의 본질은 교훈 전달이 우선이라고 생각해서, 우화는 일단 간결해야 한다고 주장했는데 이는 라 퐁텐의 우화에는 별로 해당이 되지 않는 일이었다. 왜냐하면 라 퐁텐은 우화도 하나의 이야기이기 때문에 재미가 있어야 한다고 생각했고 그러기 위해서는 굳이 간결함이란 원칙에 집착할 필요가 없다고 믿었기 때문이다. 물론 그렇다고 해서 라 퐁텐이 간결함을 무시한 것은 아니다. 그 역시 간결함을 우화의 가장 중요한 원칙으로 삼은 것은 사실이다. 이는 어디까지나 부알로와의 상대적인 비교에 의한 것이다. 예를 들면 부알로는 두 사내가 다투는 모습을 한 줄로 묘사하는 것으로 그친다. 그에게 중요한 것은 법이 이들의 싸움을 이용해서 자기의 이득을 취하는 것을 고발하는 것이다. 반면 라 퐁텐은 두 사람의 "이 보기 좋은 다툼(ce bel incident)"[10]을 재

10) 여기서의 "보기 좋은"이란 표현은 반어법이다.

미있게 사람들에게 보여주는 것 또한 결코 무시해서는 안 된다고 생각한다. 이런 맥락에서 본다면 법관에 대한 풍자는 부알로가 더 강도가 세다고 말할 수 있다. 실제로 부알로는 당대 제일의 풍자 시인이었음을 상기할 필요가 있다. 라 퐁텐은 이야기꾼의 역할을 하다 보니 상대적으로 풍자의 강도가 약해 보일 수도 있다. 특히 라 퐁텐은 페렝을 판사(Juge)로 놓고 있지만 부알로는 페렝이라는 인물 대신 손에 "저울을 든 사법부(Justice, la balance à la main)"라는 추상명사를 사용하여 명백히 법에 종사하는 사람 전체를 겨냥한다.

그런데 라 퐁텐의 이 우화와 내용이 제법 흡사한 다른 우화가 있음을 알아 둘 필요가 있다. 글의 흐름이 잠시 옆으로 비껴가기는 하겠지만 여기서 이 또 다른 우화를 살펴보도록 하자. 우화의 제목은 「고양이와 족제비, 그리고 새끼 토끼(VII-15)」이다. 어느 날 아침, 새끼 토끼가 집을 비운 사이 족제비 부인이 집을 차지해 버린 사건이 일어났다. 족제비는 아주 교활한 동물이었는데 주인이 없는 집을 꿀떡 하는 것은 그에게는 너무도 쉬운 일이었다. 족제비는 자기 집에 있던 부적을 냉큼 들여다 놓았다. 일종의 등기를 마친 셈일 것이다. 이런 엄청난 일은 토끼가 백리향(百里香)과 이슬 사이를 가로질러 새벽의 여신에게 안부를 전하러 간 사이에 일어난 일이었다. 어린 토끼가 풀을 뜯고 깡충깡충 집에 돌아와 보니 족제비가 자기 집 창문으로 능청스럽게 얼굴을 내밀고 있었다. 놀란 토끼는 어서 나가라고 외쳤다. 그러나 족제비는 아주 태연스레

땅이라는 건

먼저 차지하는 사람이 임자라니까.

라고 말하며 오히려 대체 토끼가 왜 자기 집이라고 우기는지 그 이유를 따졌다. 이에 토끼는 관습과 관례라고 대답한다. 토끼는 이 집은 아버지로부터 물려받은 재산인데, 먼저 차지하는 사람이 임자라는 말이 대체 무슨 말도 안 되는 소리냐고 항변한다. 두 논리가 첨예하게 부딪치다가 결국 두 동물은 고양이에게 최종 판결을 맡기기로 한다. 고양이는 욕심 없이 은둔자처럼 지내는 동물로 소문이 나 있었다. 족제비와 토끼는 소송의 당사자가 되어 고양이 앞에 서게 된다. 고양이는 자기가 나이가 들어서 귀가 어두우니 가까이 오라고 명한다. 두 동물이 아무 두려움 없이 고양이에게 다가가는 순간, 고양이는 동시에 두 동물을 냅다 덮치더니 차례차례 씹어 먹는다. 소송인들은 죽음으로 합의를 본 셈이다.

이 우화는 인도의 비드파이(Bidpai 혹은 필페이Pilpay)[11]라는 사람이 쓴 『지혜의 책(*Le Livre des Lumières*)』이라는 데에서 따온 것인데 중세 유럽에도 이와 비슷한 이야기가 전해 내려온다고 알려져 있다. 「굴과 소송인들」과 상당히 유사한 이야기 구조를 가지고는 있지만 이 두 작품의 기원을 같은 것이라고 보는 학자는 많지 않다. 우선 「굴과 소송인들」에서는 법관이 문제가 된다면 여기

11) 인도의 우화집 『판차탄트라(*Pañcatantra*)』(5권의 이야기책이란 뜻)를 지었다고 전해지는 인물. 그의 책은 『지혜의 책(*Le Livre des Lumières*)』이란 제목으로 프랑스어로 번역되었는데 이는 라 퐁텐 우화에 많은 영향을 준다.

서는 성직자가 문제가 된다고 볼 수도 있다. 물론 반어법이긴 하겠지만 라 퐁텐은 고양이를 "신앙이 돈독한 은둔자", 혹은 "선한 사도(使徒)"로 비유하고 있기 때문이다. 따라서 성직자에 대한 풍자라는 해석도 상당히 설득력이 있을 수 있다. 그런데 작가가 우화를 다음과 같은 말로 끝내고 있음을 주목할 필요가 있다.

> 이 이야기는 작은 나라의 왕들이 싸움을 벌이다가
> 큰 나라의 왕들에게 달려가는 것과 같다.

이는 개인적인 삶에 있어서는 아무리 문제가 생겨도 강한 자에게 의지하지 말라는 뜻이요, 좀 더 범위를 넓히면 자그마한 나라끼리 문제가 생겼을 때 강대국에게 힘을 요청하지 말라고 충고하는 것이다. 강대국은 늘 힘없는 나라끼리 분쟁을 벌이는 것을 좋아한다. 극단적으로 얘기해서 세상이 평화로우면 힘센 것이 무슨 소용이 있을까. 싸움이 있어야 강대국의 존재가 드러난다. 게다가 강대국은 분쟁에 개입해서 이익을 얻고자 하는 속성이 있다. 우리나라가 개화기에 겪었던 쓰라린 경험은 이를 잘 말해준다. 청나라, 러시아, 일본, 이들은 우리의 혼란을 이용하여 자기들의 이득을 취하고자 혈안이 되었던 나라들이다. 그들은 마치 우리에게 도움을 주는 것처럼 온화한 표정으로 다가왔지만 결국은 우리를 어떻게 맛나게 먹을 것인가 하는 생각만을 머릿속에 두었던 나라들이다.

강대국의 이러한 습성은 지금도 지속된다. 세계 평화를 위하여, 정의와 자유를 위하여, 강대국은 흔히 이런 구호를 외치며 남의 나라의 분쟁에 끼어들지만, 이를 곧이곧대로 믿는 사람은 아마 거의 없을 것이다. 개인적인 차원에서라면 이런 아름다운 구호가 그런대로 설득력이 있을 수 있지만 냉엄한 국제 사회에서는 참으로 꿈같은 이야기에 불과하다. 아프리카에 내전이 일어났다고 해서 우리나라의 군대를 아무 대가없이 보낼 수 있는지 냉정하게 생각해 보자. 세계 평화도 좋고, 인류애도 좋지만 생판 모르는 나라의 국민을 위하여 우리나라의 청년들을 희생시키는 데 동의하기는 진실로 쉽지 않다. 그렇다면 서구 강대국들이 아프리카에 분쟁이 일어나면 종종 군대를 파병하는 까닭은 무엇일까. 그들이 천사란 말인가. 결코 이득이 있지 않는 한 그들은 움직이지 않는다.

「고양이와 족제비, 그리고 새끼 토끼」의 우화는 이처럼 국제 사회의 냉엄한 현실을 그럴싸하게 보여준다. 게다가 용어마저도 상당히 의미심장하다. 족제비가 차지한 것은 토끼의 궁전이라고 말하지 않나, 토끼는 자기가 이 지방의 영주라고 말하지 않나, 우화는 마치 국가 간의 분쟁을 다루는 듯한 분위기를 물씬 풍긴다. 일부 학자들은 이 우화를 정치우화로 해석하기도 한다. 원래 라 퐁텐의 우화는 정치적인 의미로 해석될 수 있는 것이 대단히 많다. 따라서 우리는 이를 나중에 따로 살펴 볼 것이지만 여기서 우선 살짝 그 맛을 보는 것도 나쁘지는 않을 성 싶다.

이 우화에서 학자들의 호기심을 끄는 것은 땅, 혹은 거주지의 소유권이 문제가 된다는 사실이다. 이를 국제 사회에서의 영토 분쟁이라고 말할 수도 있지만 토지나 거주지의 소유 문제는 자본 계급과 무산 계급을 구분하는 가장 큰 척도임을 주목할 필요가 있다. 이 우화에서는 어떻게 보면 족제비가 나쁘게 여겨질 수도 있다. 상대는 어린 토끼요, 그 어린 토끼가 아침 일찍 먹을 것을 찾으러 간 사이 족제비가 뻔뻔스럽게 영토를 빼앗았기 때문이다. 그러나 족제비의 논리는 그저 마구잡이 무식한 동물의 이야기가 아니다. 그는 땅이라는 것은 먼저 차지하는 사람이 임자라는 말을 한다. 그는 토끼의 논리에 반론을 펴는 것이다. 토끼가 이 땅의 소유를 주장하는 이유는 단 하나. 관습적으로 그래 왔다는 것, 즉 자기 선조로부터 물려받았기 때문이라는 것이 토끼의 논리이다. 토끼는 이 땅을 갖기 위해 아무 것도 한 일이 없다. 태어날 때부터, 속된 말로 부모 잘 만나서 땅을 갖게 되었을 뿐이다. 당시의 상황으로 보자면, 잘 난 것 하나도 없으면서 귀족이라는 사실 하나만으로 영토를 소유하고 영주가 되는 세상을 토끼는 보여주고 있지 않은가. 그렇다면 족제비의 행위는 무산 계급의 혁명인가. 18세기 말의 라 아르프(La Harpe)는 이런 뉘앙스를 풍기더니 20세기 초 텐(Taine)은 이를 노골적으로 드러내서 세습 제도를 문제 삼고 있는 족제비는 명백히 무서울 정도의 혁명가라고 말한다. 이렇게 되면 우화는 상당히 복잡해지기 마련이다. 텐은 다행히 고양이가 이 둘을 잡아먹음으로써 문제를 해결하고 있다고 적고 있는데 그가 이를 '다행'이라고 표현하는 것은 그 만큼 이 문제가 복잡하고 다양한 해석을 유발할 수 있기 때문일 것이다. 물론 우리가 학자들의 말을 모두 받아들일 필요는 없다. 그들은 어떻게 하면 작품에서 남이 말하지 않는 것을 찾아내고자 애를 쓰는 사람들이고 또 그것을 직업으로 삼고 있기 때문이다. 작가가 이를 의도했는지 그렇지 않은지는 그 다음의 문제가 된다. 특히 라 퐁텐 우화가 워낙 비유와 암시가 많다 보니 이런 현상은 더 더욱 심하기 마련이다. 다만 우리도 능히 한 명의 해설가가 되어 그 뜻을 음미하고 현실에 적용할 수 있다는 자신을 가져 볼 수 있음이다.

이제 다시 「굴과 소송인들」의 우화로 돌아가자. 우리는 일단 부알로가 라 퐁텐에 비해 법에 종사하는 사람들에 더 풍자적이고 비판적이라는 사실을 받아들이자. 그러면 라 퐁텐은 무엇을 더 강조하고 있을까. 이미 우리는 그가 두 사람 사이의 다툼을 묘사하는 데 많은 것을 할애하고 있다고 말한 바 있다. 이는 그 두 사람이 굴을 자기 것으로 만들기 위해서 치열한 논쟁과 몸싸움을 벌이고 있음을 뜻한다. 그들은 무언가 기대를 가지고 페렝을 판사로 삼았다. 그런데 그 결과는 무엇일까. 황당함, 바로 이것이다. 대체 페렝이 한 일이 무엇이기에 그는 이 굴의 알갱이를 쏙 먹고 껍데기만 아주 공평하게 나누어 준 것일까. 아무 것도 한 일이 없는 사람은 실속을 다 차리고, 갖은 고생을 한 사람은 껍데기만 손에 쥐게 되는 이 현실, 그 허망함과 모순을 시인은 노래하고 있는 것이다.

세상사가 이렇다면 무슨 노력이 필요할까. 남들 몰래 애를 쓰고 모아 놓은 돈이 어느 한 순간 날아가고, 기껏 훔친 당나귀는 얼결에 남의 손에 들어가고, 그 잘난 굴 하나 먹어 보려고 싸움까지 벌였지만 그것마저 지나가던 사람이 홀떡 먹어치우는 이 세상을 무어라 설명할까. 말로 표현될 수 없는 세상, 한 치 앞도 내다 볼 수 없는 세상, 이성적인 논리가 통하지 않는 세상, 어디로 굴러갈지 모르는 세상, 이것이 바로 라 퐁텐의 우화가 보여주는 세상이다.

이런 상황이다 보니 앞날에 대한 보장보다는 현실에서의 이득에 더 민감한 것은 당연하다. 라 퐁텐 우화가 지니고 있는 현실성이란 철저하게 현실의 이득을 취하는 것으로 곧잘 표출된다.

쉽게 이야기하자면 우화는 수표나 어음보다는 현찰을 선호한다는 뜻이다. 한 어부가 작은 잉어 한 마리를 잡았다.[12] 어부는 비록 잡은 물고기가 작기는 하지만 나름대로 만족해서 망태기에 넣고자 하였다. 그러자 잉어는 자기를 놓아달라고 사정을 한다.

> 저를 가지고 무얼 하시려고요? 저는 기껏해야
> 반입거리밖에 안될 텐데요.
> 제가 큰 잉어가 되도록 놓아 주세요.
> 그러면 그 후에 제가 다시 당신에게 잡힐 게요.

아마도 단순한 동화라면 어부는 굳이 새끼 잉어가 이렇게 논리적으로 호소하지 않고 단지 눈물만 뚝뚝 흘리더라도 놓아 주었을 것이다. 그리고 그 덕으로 어부는 몇 배의 복을 받았을 것이다. 이리하여 사람은 착한 일을 해야 한다는, 매우 감동적인 교훈을 남길 것이다. 그러나 우화는 감상에 빠지지 않는다. 어부의 대답을 들어보자.

> 아무 가치가 없다고? 그래 좋아, 그렇다고 치자.
> 설교자 흉내를 내는 이 귀여운 물고기 친구야.
> 귀하는 프라이팬에 들어갈 테고, 무어라 떠들어도 소용없지.
> 오늘 저녁 당장 튀겨먹을 테니.

이쯤 되면 왜 루소가 라 퐁텐의 우화가 어린아이에게 어울리

12) 「새끼 물고기와 어부 (V-3)」.

지 않는다고 했는지 쉽게 이해가 간다. 이 우화는 「늑대와 양」에서 볼 수 있는 잔인함에다가 우스움마저 곁들여 있어서 아이들의 감성 교육에 더 큰 문제를 일으킬지도 모른다. 그러나 이를 어떻게 해석하느냐에 따라 이 우화는 긍정적인 효과를 얻을 수도 있다. 라 퐁텐이 우화 첫머리에서 하는 말을 인용해보자.

> 신이 그에게 목숨을 허락한다면 작은 물고기는
> 언젠가는 큰 물고기가 될 것이다.
> 그러나 그것을 기다리면서 물고기를 놓아준다면
> 이는 내가 보기에 어리석은 일이다.
> 왜냐하면 이 물고기를 다시 잡는다는 것은 확실하지 않기 때문이다.

어부의 태도는 잔인하다고 보기 전에 삶의 지혜로 능히 해석할 수 있다. 우화는 달콤한 꿈나라를 이야기하는 것이 아니라 냉엄한 현실을 이야기하기 때문이다. 만약 어부가 한 순간의 동정심으로, 혹은 물고기의 공수표에 속아 넘어가서 - 이는 바로 우리 우화가 우려하는 것이리라 - 물고기를 놓아준다면 어부는 당장 저녁거리를 걱정해야 한다. 큰 물고기는커녕 놓아 준 물고기보다 더 작은 물고기도 잡지 못할 수도 있다. 그러면 그의 아내와 자식들은 무엇을 먹어야 하는지, 어쩌면 이야기의 종말은 더 비참할 수도 있다. 라 퐁텐은 우화 끝에 가서 다시 한 번 우화의 교훈을 강조한다.

> 흔히 말하기를, 지금 가진 한 개가 앞으로 가질 두 개보다 낫다.
> 한쪽은 확실한 것이고, 다른 한쪽은 불확실하니까 말이다.

어부와 물고기의 이야기는 라 퐁텐의 『우화시집』 제 5권에 나오는데 라 퐁텐은 이번에는 제 9권에 가서 이 이야기를 다시 상기시키며 「늑대와 야윈 개(IX-10)」의 우화를 들려준다. 두 작품의 시간적 격차는 적어도 10년 정도는 될 터인데, 이만큼 라 퐁텐은 자신의 작품 세계 안에서 자유롭게 유영(遊泳)을 하는 셈이다. 「늑대와 야윈 개」의 처음은 이렇게 시작한다.

> 예전에 새끼 잉어가
> 아무리 설교를 해대고 지껄여대도 소용없었다.
> 그는 프라이팬에 튀겨지고 말았다.
> 더 큰 요행을 바라면서
> 손에 있는 것을 놓아버리는 것은 아주 경솔한 일이다.
> 어부도 옳고, 새끼 잉어도 틀린 것은 아니다.
> 각자가 자기 목숨을 지키기 위하여 최선을 다 한 것이니까.

그러니까 어부도 현명했지만 새끼 잉어 역시 나름대로 잘 한 것이라는 뜻이다. 하기야 그냥 죽여 달라고 하는 것보다는 마지막으로 애원도 해 보고, 머리를 조아려 보는 것이 백 번 나을 것이다. 잘 하면 목숨을 건질 수 있는데 무엇인들 못 할 것인가. 라 퐁텐은 곧 이어 본격적인 이야기를 시작한다. 어부의 현명함과 대조를 이루는 늑대의 어리석음이 문제가 된다. 한 늑대가 개 한 마리를 사로잡았다. 개는 자기가 얼마나 야위었는지를 하소연한다. 조금만 기다리면 주인집 외동딸이 시집을 갈 것이니 그 때는 필경 많이 먹어서 살이 찔 것이라고 말한다. 늑대는 그 말이 그럴듯해서 개를 놓아 주었다. 며칠 후 늑대는 개가 얼마나 살이

졌는지를 보러 갔다. 개는 마침 집에 있었는데 밖으로 나오지는 않고 철망 사이로 이렇게 말하였다.

> 친구여, 내 곧 나가지. 조금만 기다리면
> 집 지키는 개와 내가
> 모두 자네 차지가 될 것이야.

집 지키는 개는 늑대들 몇은 쉽게 처치할 수 있을 정도로 엄청나게 큰 개였다. 늑대는 사태가 심상치 않음을 알고는 줄행랑을 쳤다. 어리석기는 해도 행동은 빠른 늑대였다.

요행을 바라고 현실을 제대로 보지 못하는 늑대의 친구로는 왜가리가 적당할 듯싶다.[13] 라 퐁텐은 왜가리 한 마리가 한가롭게 강가를 거닐고 있는 모습을 보여주는 것으로 이야기를 시작한다. 긴 다리와 긴 목, 긴 부리를 가진 왜가리가 화창한 날씨에 맑은 강가를 거니는 모습은 너무도 품위가 있어 보인다. 그의 삶이 얼마나 여유가 있는지, 사람으로 친다면 어느 품격 있는 귀족 양반이라고 해도 무방할 듯싶다. 강물 속에는 먹이로 할 만한 물고기들이 즐비하게 있는지라 왜가리는 식욕이 동할 때까지 기다리면서 여유를 부리고 있었다. 조금 지나자 배가 고픈 듯도 하여 왜가리는 어떤 먹을 것이 있나 살펴보았다. 잉어들이 놀고 있었는데 대체 먹음직스러워 보이지 않아서 왜가리는 더 기다리기로 하였다. 이는 마치 호라티우스의 우화에 나오는 도시 쥐가 시골 쥐의 음식에 대하여 갖는 오만함이라고 라 퐁텐은 부연 설

13) 「왜가리 (VII-4)」.

명을 한다. 왜가리는 이번에는 모래무지를 보고는 코웃음을 친다. 흥, 나보고 저런 걸 먹으라고. 왜가리는 더 좋은 먹이가 있으리라는 기대를 하고 자꾸 거부를 하건만 어찌 된 노릇인지 점점 더 맛없는 물고기만 눈에 보인다. 배고픔이 점점 커지고 하는 수 없이 왜가리는 달팽이로 만족해야 했다.

라 퐁텐은 우화의 끝에 가서 다음과 같은 교훈을 남긴다.

> 너무 까다롭게 굴지 말라.
> 적절히 타협할 줄 안다면, 그것이 바로 가장 현명한 것이다.
> 너무 많은 것을 얻으려고 하다가는 아무 것도 얻지 못할 수 있다.
> 어떤 것도 무시하지 말라. 특히 거의 자기 것이라고 생각할 때 말이다.

일견 이 우화의 교훈은 「새끼 물고기와 어부」의 교훈과 약간의 차이가 있어 보인다. 물론 이는 사실이다. 이 우화의 주된 교훈은 작가가 밝히고 있듯이 너무 큰 욕심을 내지 말라는 것이다. 그런데 이 욕심이라는 것은 불확실한 미래에 대하여 헛된 꿈을 가지는 것이다. 우화는 이 망상에서 벗어나 현실을 직시할 것을 요구한다. 설사 현재의 것이 좀 맘에 들지 않는다 할지라도 눈에 보이는 먹이는 빨리 취하라는 것이 우화의 요지이니, 이는 작가의 현실주의적 생각에서 나온 것임에 틀림없다. 따라서 지극히 현실지상주의적인 이 교훈은 바로 「새끼 물고기와 어부」의 우화와 맥을 같이 하는 것이라고 보아도 무방할 것이다.

라 퐁텐은 「왜가리」의 우화와 쌍을 이루는 작품을 곧바로 선보인다. 「젊은 여인(VII-4)」이라는 제목의 이 우화는 오늘날 결혼을 앞둔 젊은 여성들에게도 좋은 교훈이 될 것이다. 자부심이 대단한 아가씨가 자신의 배우자로는 젊고, 똑똑하고, 인물 좋고, 돈도 많고, 신분도 높아야 한다고 생각했다. 한 마디로 완벽한 남자라야만 자신의 남편으로 자격이 있다는 말이다. 그러나 대체 이런 남자가 과연 이 세상에 존재할까? 많은 남편감들이 나왔지만 그녀의 기대와는 거리가 멀었다. 어떤 사람은 섬세함이 부족하고, 어떤 사람은 코가 이상하고, 이 사람은 이렇고, 저 사람은 저렇고, 모두가 여자가 보기에는 무언가 부족하였다. 이 사람 저 사람 타박만 주다보니 시간이 가면 갈수록 더 이상한 사람만 나오게 되었다. 그래도 아가씨는 도도하게 남자들을 비웃었다. 그러나 그녀도 세월을 막을 수 없었고, 그녀를 찾는 사람도 차츰 없어지게 되었다. 한 해가 지나고 또 한 해가 지나고 이제는 남자가 오는 것이 아니라, 근심이 오고, 슬픔이 그녀를 찾아온다. 이제 잘 난 척하는 그녀도 변할 수밖에 없다. 마침내 그녀는 예전에는 거들떠보지도 않았을 남자와 결혼을 하는 것으로 만족하고 만다.

이야기가 결혼 문제로 훌쩍 넘어가서 주제가 흐려졌을지도 모르지만 이 우화 역시 현실을 바로 보고 살라는 교훈을 준다는 데에는 위의 다른 우화들과 큰 차이가 없다. 어쩌면 이 우화는 결혼이라는 구체적인 사례를 들고 있기 때문에 더욱 설득력이 있을지 모른다. 사실 모두가 백마 탄 왕자를 기다리지만 그건 어디까지나 동화나 꿈에서나 가능한 일이다. 집을 나설 때의 옆집 사람, 지하철을 탔을 때의 옆의 사람, 직장에서의 동료, 그저 이런 사람들이 바로 자신의 짝이라고 생각하면 훨씬 마음도 편하고, 결혼도 빨라질 것이다. 꿈을 꾸는 것은 좋지만 꿈만 꾸어서는 곤란하다. 꿈과 현실을 구별하는 삶의 지혜가 무엇보다 중요하다.

헛된 꿈과 망상에 사로잡혀 눈앞의 현실을 망각하는 인간의 어리석음을 우유 항아리를 지고 가는 한 여인의 이야기에서 살펴보자.[14] 머리에 우유 항아리를 이고 가는 한 여인, 그녀의 옷매무새와 걸음걸이는 무척이나 날렵하고 가볍다. 무언가 그녀는 기쁜 생각을 하고 있음에 틀림없다. 그녀의 머릿속에는 이 우유를 팔아서 무엇을 할지, 그녀의 상상의 날개는 한없이 높은 곳을 향한다. 우선 우유를 팔아서 계란을 백 개 사고, 이를 세 배 불려야지. 병아리를 키우고, 그것들을 팔아서 돼지를 사야지. 돼지가 살이 통통하게 찌면 그놈들을 팔아서 암소와 송아지를 사야지. 그녀는 송아지가 가축들 사이에서 깡충깡충 뛰는 것을 생각하다가 너무 좋아서 자기도 모르게 그 자리에서 팔짝 뛰어오르고 말았다. 그 순간 우유는 길에 쏟아지고, 송아지, 암소, 돼지, 병아리, 이 모두가 작별을 고하였다.

라 퐁텐은 이야기를 마치고 다음과 같은 교훈을 우리에게 전한다. 조금은 길기는 하지만 우유를 엎지르지 않기 위해서는 귀담아 들을 필요가 있다.

망상에 빠져 헛소리 한 번 누가 못 해보겠는가?
황당무계한 일을 꿈꾸지 않는 사람이 누가 있겠는가?
피크로콜, 피루스,[15] 그리고 여기 우유 여인과 우리 모두,
어리석은 인간이든 현명한 사람이든 모두 같지 않은가?
우리 모두는 밤을 지새우며 몽상에 잠긴다. 이보다 달콤한 것은 더 이상 없다.

---

14) 「우유 배달 여인과 우유 항아리 (VII-9)」
15) 피크로콜은 라블레의 『가르강튀아』에, 그리고 피로스는 플루타르코스의 『영웅전』에 나오는 인물이다.

잘못된 것이지만 달콤한 것이 우리의 마음을 앗아간다.
세상의 모든 부가 자기 소유가 되고
모든 행복과 모든 여인이 모두 자기 것이 된다.
나는 혼자 있을 때 가장 용감한 사람에게 도전을 하기도 한다.
방황하기도 하고, 때로는 페르시아의 왕위를 빼앗기도 한다.
나는 왕이 되고 사람들의 사랑을 받는다.
왕관이 내 머리 위로 비 오듯 쏟아진다.
그러다가 어떤 사건이 생겨서 나는 나 자신으로 돌아온다.
이제 예전의 평범한 나로 돌아온다.

인간은 어리석고, 욕심이 많은 까닭으로 어떤 일을 겪어야만 제 정신을 차린다. 하늘만 바라보고 마냥 꿈에 부풀어 있던 여인은 우유를 땅에 엎지르고서야 땅이라는 현실을 바라본다. 우유를 엎지르기 전에 땅을 잘 살피면서 갔더라면 최소한 우유를 버리지는 않았을 것이고 어쩌면 그녀는 실제로 송아지가 뛰어 노는 것을 볼 수 있었을 것이다.

헛된 꿈을 꾸지 말고 철저한 현실주의자가 되라는 라 퐁텐의 말이 때로는 가볍게 들릴 수도 있다. 현실에 눈이 어두워서 눈앞의 이익에 급급한, 너무도 자그마해진 소시민의 초라한 모습을 볼 수도 있기 때문이다. 물론 라 퐁텐의 우화를 그런 식으로 너무 왜소하게 만들 필요는 없다. 그러나 설사 그렇다 하더라도 이를 탓할 수는 없다. 역으로 생각해서, 뜬 구름만 잡으려다가 일을 그르치고 인생을 망치는 것보다는 백 배 낫기 때문이다.

그래도 라 퐁텐의 우화가 영 맘에 들지 않는다면 다음 우화를 보자. 라 퐁텐이 말하는 현실주의자의 긍정적 면모가 드러날 것이다. 우화의 제목은 「아이와 선생님(I-19)」이다. 한 어린아이가 강가에서 장난을 치다가 그만 물에 빠지고 말았다. 그러나 불행 중 다행이라고 근처에 버드나무가 있어서 그 가지가 아이를 구해 내었다. 아이가 버드나무 가지에 매달려 있을 때 마침 학교 선생님이 지나가고 있었다. 아이는 그에게 살려달라고 외친다. 그런데 선생님은 그 소리를 듣더니 근엄한 표정과 더불어 심각한 어조로 아이를 꾸짖는 것이 아닌가. 말썽꾸러기라느니, 바보 같다느니, 부모가 불쌍하다느니, 선생님은 일장 훈시와 탄식을 다 마치고 나서야 비로소 아이를 물가로 끌어내 주었다.

라 퐁텐은 이야기를 마치고는 선생님을 꾸짖는다. 대체 이 세상에는 수다쟁이, 남을 비평하는 사람, 아는 척 하는 사람, 이 세 종류의 인간들이 어찌나 많은 것인지. 대체 하늘은 이들을 왜 이리 축복해서 수를 늘려 놓은 것인지. 그들은 무슨 일이든 오직 그들의 혀만 놀릴 생각을 할 뿐이다. 라 퐁텐은 외친다.

> 여보시오, 친구! 나를 먼저 구해내시오.
> 잔소리는 그 후에 하시오.

전쟁터에서 총알 맞은 위급한 병사를 구하는데, 총알이 어느 나라 것이라느니, 당시의 상황이 어떠하다느니 아무리 떠들고 분석해도 무슨 소용이 있겠는가. 가장 중요한 것은 병사를 구하는 것이다. 인간의 생명이 가장 중요한 마당에 무슨 논리와 철학이 필요한가. 라 퐁텐의 우화는 조선시대의 실사구시(實事求是) 정신과 통하는 바가 있다. 사변적이고 이론에만 치우친, 아무런 실속도 없는 양반들의 입 싸움에서 실제 현실 세상에서 필요한 것이 무엇인가를 진지하게 고민했던 실학파들의 정신을 생각한다면 라 퐁텐의 우화는 나름대로 긍정적 가치를 획득할 수 있다.

2. 인간 탐구로서의 우화

본질적으로 우화는 인간의 결점을 주로 보여준다. 어쩌면 우리 인간에겐 애초에 좋은 점은 없는지도 모른다. 그만큼 인간은 탐욕과 질투, 허영과 거짓, 위선으로 얼룩져 있다. 개구리가 황소만큼 커지고 싶은 욕심에 배를 불리다가 마침내는 배가 터져 죽고 마는 「황소만큼 커지고 싶어 하는 개구리(I-3)」[16]에서 우리는 인간의 어리석은 욕심에 씁쓸한 웃음을 터트리지 않을 수 없다. 라 퐁텐은 이 우화의 끝에서 "모든 부르주아도 대귀족처럼 성을 갖고 싶어 하고 / 작은 나라의 왕도 대사(大使)를 파견하며 / 귀족도 왕족처럼 시동을 거느리고 싶어 한다."라는 말로 인간의 끊임없는 욕심, 특히 가진 자들이 더욱 갖고자 하는 인간의 탐심을 비웃는다.

라 퐁텐이 「황금알을 낳는 닭(V-13)」에서 보여주는 것은 더 얻으려다가 모든 것을 잃어버리는 인간의 어리석은 욕심이다.[17] 매일 매일 황금 알을 낳는 닭을 보고 닭 주인은 필경 이 닭의 뱃속은 보물창고라고 생각한 나머지 닭을 죽여서 배를 가른다. 그

16) 이 유명한 이야기는 아이소포스의 것이 아니라, 호라티우스와 파이드루스가 다룬 것이다.
17) 아이소포스의 우화에서 나온 이야기이다.

러나 그 속은 텅 비어 있고, 닭 주인은 결국 자신의 가장 소중한 재산을 잃어버린 셈이 된다. 시인은 “너무 일찍 부자가 되려는 자들이여 / 하루아침에 가난하게 될 수 있음을 기억하라.”고 경고한다.

욕심은 허영과 연결된다. 성인(聖人)의 유물을 나르는 당나귀는 사람들이 자기가 지나갈 때마다 허리를 숙이며 경의를 표시하는 것을 보고는 마치 자신이 대단한 인물이 된 것과 같은 착각에 빠진다.[18] 이때 누군가가 당나귀의 어리석음을 깨우쳐 준다.

당나귀 선생, 당신 머릿속에서
어리석은 허영심을 버리시지.
사람들이 경의를 표하고
영광을 드리는 것은
당신이 아니라 당신이 지고 가는 성인의 유물이지.

라 퐁텐은 진정한 내면의 인격은 갖추지 못하고 밖으로 드러나는 데에만 신경 쓰는 인간의 어리석음을 풍자한다. 타고 다니는 승용차에 따라서 사람이 분류되는 현 세태에 이 우화는 더욱 잘 들어맞는다. 너도 나도 가짜라도 명품을 입고 다녀야 하는 세상에 우리의 진짜 모습은 어디 있는지 도저히 찾기 힘들다. 허름

18) 「성인(聖人)의 유물을 나르는 당나귀(V-14)」. 아이소포스 우화에는 신상을 지고 가는 당나귀로 되어 있다. 아이소포스의 경우에는 당나귀가 마치 자신이 대단한 존재인 양 뻐기고 앞으로 가지 않으려다가 주인에게 얻어맞는다. 자신의 것이 아닌 것을 갖고 뽐내는 자는 그것을 아는 사람에게는 조롱감만 될 뿐이라는 것이 아이소포스의 교훈이다.

한 옷을 입어도, 쓰러져 가는 판잣집에서 살아도 그 사람의 품격으로 존경 받는 경우가 우리 사회에 있단 말일까. 사회 지도층이라는 테두리에 들어가는 사람들의 기준은 무엇일까. 라 퐁텐은 우화의 끝에 우리가 경의를 표하는 것은 무식한 법관이 아니라 그의 옷이라는 말을 덧붙인다. 법관의 옷, 의사의 옷, 이는 그 사람의 인격이 아니다. 과연 그 옷의 권위만큼 그 옷을 입은 사람이 격을 갖춘 경우가 몇이나 될는지 의심스럽다. 그 옷만 입으면 마치 그것이 본질인양 목에 힘을 주고, 껍데기와도 같은 직함을 가지고 거들먹거리는 이 사회는 조롱 받아 마땅하다. 그런데 더 슬픈 사실이 있다. 그것은 우리네 보통 사람들이 그런 껍데기에 허리를 숙인다는 사실이다. 우리 사회가 껍데기의 허상을 알고 이를 멀리 한다면 아무런 문제가 없겠지만 우리 모두 껍데기를 찾아 헤매는 허망한 존재라는 사실이 더 큰 문제가 된다.

당나귀는 또 다시 껍데기를 쓰고 나온다. 이번에는 사자의 가죽을 뒤집어쓰고 있어서 모두 당나귀를 사자로 착각하고 그를 무서워한다.[19] 그런데 불행히도 당나귀의 귀가 조금 밖으로 나오는 바람에 정체가 드러나고 말았다. 사냥개가 이를 알고 큰 소리로 짖어대며 당나귀를 방앗간으로 몰고 갔다. 사람들은 사냥개가 사자를 몰고 가는 것을 보고 놀라지 않을 수 없었다.

이 우화 역시 아이소포스의 우화에도 나오는데 아이소포스의 경우에는 여우가 우연히 당나귀가 우는 소리를 듣고는 "우는 소리를 못 들었다면 나도 무서워했을 거야."하는 말로 끝을 맺는다. 아이소포스는 허세를 부리는 인간은 입을 다물지 못하기 때

19) 「사자의 가죽을 뒤집어 쓴 당나귀 (V-21)」

문에 본색을 드러내기 십상이라는 교훈을 남긴다. 따라서 아이소포스의 우화에는 허세를 부리는 사람들의 경박함과 가벼움, 혹은 천박함에 더 비중을 두는 셈이다. 아마도 빈 수레가 더 소리 난다는 말이 여기에 합당할 것이다.

라 퐁텐 우화의 교훈도 아이소포스의 경우와 그다지 많은 차이가 나지 않는다. 라 퐁텐은 우화의 끝을 다음과 같이 마무리한다.

> 프랑스에는 소란을 떠는 사람들이 많다.
> 이 우화는 그들 때문에 널리 알려진 것이다.
> 기사가 용맹하다는 것은
> 대부분 그의 옷차림에 기인한다.

라 퐁텐은 풍자의 화살을 자기가 살고 있는 프랑스라는 나라에 직접 쏘고 있다는 점에서 아이소포스보다 더욱 현실감을 지닌다. 이전 우화의 법관, 그리고 이번에는 기사, 이들은 모두 당시의 상류층 계급이라고 보아도 무방하다. 기사도 물론 층이 다양하겠지만 복장이 화려하고 시끄러울 정도가 되면 상당한 위치에 있는 귀족이라고 생각해도 별 문제는 없다. 하층민은 아니었지만 상대적으로 이들에 비해 열등한 지위에 있던 라 퐁텐이 보기에 이들이 껍데기는 멀쩡하지만 속은 비어 있고, 게다가 거들먹거리는 꼴이 필경은 당나귀와 같은 동물로 비유하기에 제격이라 생각했음에 틀림없다.

허세를 부리기 좋아하는 인간의 속성을 이번에는 「두 마리의 노새 (I-4)」이야기를 통하여 살펴보자. 노새 두 마리가 등에 짐을 지고 길을 가고 있었다. 한 마리는 귀리를, 다른 한 마리는 염세로 거둔 돈을 등에 지고 있었다. 돈을 지고 가는 노새는 자신의 임무가 참으로 영광된 것이라 믿고 기세등등하여 길을 가고 있었다. 그런데 난데없이 도중에 강도가 나오더니만 돈을 지고 가는 노새를 덮치고 만다. 애초에 돈을 노리고 덤벼든 도둑이기에 귀리를 지고 가는 노새가 눈에 들어 올 까닭이 없었다. 돈을 지고 가던 노새는 저항하려고 해 보았지만 소용이 없었다. 오히려 노새는 여기저기 상처를 입고 쓰러지고 만다. 얼마 전까지 기세가 등등했던 노새는 땅바닥에 쓰러져 깊은 탄식을 내뱉는다.

내가 약속받은 것이 이것이란 말인가?
내 뒤를 따라오던 저 노새는 아무런 탈이 없는데
나는 이처럼 쓰러져서 죽어 가는구나.

그러자 귀리를 지고 가던 노새가 이렇게 대꾸한다.

귀한 일을 맡는다는 것이 반드시 좋은 일만은 아니지.
네가 나처럼 방앗간 주인을 섬겼더라면
이처럼 고통 받지는 않았을 텐데.

돈을 지고 가는 노새는 아무런 잘못이 없다. 자기 것도 아닌 남의 재산을 가지고 있다가 화를 당했을 뿐이다. 그러나 남의 것을 자기 것인 양 뻐기고 다니는 노새의 모습에서 껍데기에 취해서 우쭐하는 당나귀의 모습을 다시 한 번 볼 수 있다. 우화는 허세를 부리기 좋아하는 인간의 속성을 보여줌과 동시에 이러한 어리석은 인간이 결국은 화를 입을 수도 있다는 교훈을 전한다.

인간은 헛된 욕심과 더불어 늘 자신의 입장에서만 모든 것을 생각하고 바라본다. 라 퐁텐은 철저히 자기중심적인 인간의 사고방식을 예리하게 파헤친다. 인간이 맨 손으로 동물의 왕인 사자를 때려눕힐 수 없겠지만 인간의 오만함으로 본다면 이는 불가능한 일은 아니다. 한 인간이 거대한 사자를 물리치는 그림이 전시되어 있었다.[20] 사람들은 그 그림을 보고는 모두 흡족해 하였다. 실로 인간의 위대함이 상징적으로 드러나는 그림이었기 때문이다. 사람들이 그림 앞에서 입을 놀리고 있을 때 사자 한 마리가 이를 보고는 비꼬듯이 말을 하였다.

> 만약 우리 친구들이 그림을 그릴 줄 안다면
>
> 당연히 우리가 이겼을 걸요?

이것이 어찌 인간과 사자의 관계에서만 볼 수 있는 일이겠는가. 사람들은 자기만 생각하고 남을 돌아보지 않는다. 자기만이 잘 났다고 우쭐대는 이 생각이야말로 세상을 황폐하게 만드는 원인이 된다. 이러한 자기중심의 사고는 곧 바로 자신의 불행으로 연결되기도 한다. 「독수리와 올빼미(V-18)」의 우화를 보면, 오랫동안 앙숙으로 지내오던 독수리와 올빼미는 화해를 하고 서로 싸우지 않기로 협정을 맺는다. 화해의 표시로 그들은 서로 새끼들을 잡아먹지 않기로 한다. 아테나 여신의 새로 불리는 올빼

---

20) 「인간에 의해 쓰러진 사자 (III-10)」.

미[21]가 독수리에게 자기의 새끼들이 어떻게 생겼는지 아느냐고 물었다. 독수리는 모르겠노라고 대답하자 올빼미는 새끼들의 모습을 이렇게 묘사한다.

> 내 새끼들은 참 예쁘게 생겼지요.
>
> 잘 생기고 몸매도 좋고. 다른 애들보다 귀엽지요.
>
> 그러니까 쉽게 알아볼 수 있을 거예요.

올빼미는 자기 새끼들의 생김새를 독수리에게 설명하고는 이들을 절대로 잡아먹지 말라고 신신당부하였고 독수리 또한 명심하겠노라고 약속한다. 그 후 올빼미는 새끼를 낳게 되고 어느 날 먹이를 구하러 나간 사이 독수리가 우연히 새끼들을 보게 되었다. 독수리는 행여나 올빼미 새끼들이 아닌지 유심히 살펴보았지만 찡그린 얼굴, 음침한 태도, 흉측한 생김새가 올빼미가 가르쳐 준 모습과는 전혀 딴판이었다. 이건 틀림없이 친구의 새끼들이 아니라는 확신을 갖고 독수리는 이들을 몽땅 잡아먹었다. 독수리는 음식을 남기는 법이 없는지라, 밖에서 돌아 온 올빼미가 볼 수 있는 것은 새끼들의 발밖에 없었다. 올빼미는 너무도

---

21) 원래 아테나 여신(로마시대의 미네르바)의 새는 부엉이이고 흔히 이 새는 지혜를 상징한다. 라 퐁텐은 부엉이와 올빼미를 혼동하고 있는데 이는 그의 우화에서 간혹 볼 수 있는 오류이다. 이는 작가가 과학적 정확성에는 그다지 신경을 쓰지 않았음을 보여 준다. 반면 독수리는 흔히 제우스(로마의 주피터)의 새로 등장한다. 신들 중의 신인 제우스와 새들의 왕인 독수리를 연결하는 것은 당연하다. 라 퐁텐의 우화 「독수리와 쇠똥구리(II-8)」가 하나의 예가 된다. 한편, 독수리와 올빼미의 우화는 16세기 이탈리아 사람인 베르디조티 (Verdizotti)의 우화집에서 직접적인 영향을 받은 것이다. 좀 더 연도를 거슬러가자면 압스테미우스의 우화와도 유사함을 발견할 수 있다.

슬프고 원통해서 신에게 자기의 복수를 해달라고 간청하였다. 그러나 누군가 그에게 이런 말을 해주었다.

당신 자신을 탓하시오.
아니면 자기 새끼들은 멋지고 잘 빠졌고 어느 누가 보기에도 사랑스럽다고 하는
일반적인 법칙을 원망하시오.
당신은 독수리에게 당신 새끼가 이러저러하게 생겼다고 말했지만
실제 그들이 조금이라도 닮은 것이 있단 말이요?

위 우화의 교훈은 여러 가지로 해석할 수 있다. 우선, 아무리 강자하고 협정을 맺고 약속을 했어도 결코 이를 믿어서는 안 된다는 교훈이 가능하다. 이는 라 퐁텐 우화에서 종종 볼 수 있는 교훈으로 약육강식의 인간 사회의 단면을 보여주는 것이다. 따라서 매사에 신중하고 특히 자기보다 강한 자에 대해서는 최대한의 주의를 기울여야 함을 이 우화는 보여준다. 다음으로 이 우화에서는 "고슴도치도 자기 새끼는 예쁘다."라는 속담처럼 자식에 대한 맹목적인 부모의 사랑을 엿볼 수 있다. 몽테뉴 역시 그의 『수상록』에서 설사 자기 자식이 척추 장애인이라 할지라도 이를 인정하는 부모는 결코 없다고 말한다.[22] 요즘 올빼미를 본다는 것은 쉬운 일은 아니다. 그러나 밤에 주로 움직이는 사람을 올빼미족이라고 하는 것처럼 올빼미는 낮에는 쉬고 밤에 활동하는 동물로 알려져 있다. 밤에만 돌아다니는데다가 눈은 크고 둥글며 배는 볼록한 것이 아무리 봐도 잘 생겼다고 말할 수는 없

22) 『수상록』, 1권 26장.

고, 때로는 어둡고 침침한 것이 좀 불길해 보이기도 한다. 그러나 같은 올빼미 입장에서 보면 우리 인간이 우습게 생겼을지도 모르는 노릇이다. 날지도 못하고 밤에는 자고 낮에는 돌아다니는 기괴한 동물이라고 자기들끼리 이야기할지 모른다. 우리가 보기에는 못나기 그지없는 올빼미이지만 우리 인간과 마찬가지로 자기 자식은 한없이 귀여운 법이다. 그 이유는 단 하나, 자기 자식이기 때문이다.

그러나 위 우화의 의미를 맹목적인 부모의 자식 사랑으로 묶어둘 필요는 없다. 이 우화는 모든 것을 자신의 시각으로만 바라보는 편협하고 자기중심적인 인간에 대한 풍자로 볼 수 있기 때문이다. 이러한 편협성은 인간이 자신과는 다른 존재에 대해서 가질 수 있는 오만함으로 연결된다. 분명 인간은 육식을 하지 않아도 살 수 있지만, 온갖 생명체를 뱃속에 집어넣고 산다. 자신의 배만을 생각하고 다른 생명을 외면하는 철저한 이기주의의 발로임에 틀림없다. 더불어 사는 시각, 상대편의 시각을 의식한다면 대체 그러한 식욕이 왜 필요할지 진지하게 생각해 볼 필요가 있다. 그것도 모자라 채식동물인 소에게 육식 비료를 먹이는 인간의 이기심은 실로 무서울 지경이다. 굳이 올빼미와 같은 동물을 예로 들지 않더라도 우리 인간 사회에서의 자기중심적 사고방식은 빈번하게 찾아볼 수 있다. 여성에 대한 편견, 장애인에 대한 편견, 사회소외층에 대한 편견, 이 모든 것은 한쪽의 편리한 시각에서 나온 사회적 불평등이다.

인간의 결점은 이 뿐이 아니다. 흔히 우리는 뱀을 사악한 짐승이라고 말하지만 그보다 더 악하고 잔인한 존재가 바로 인간이다. 라 퐁텐은 「인간과 뱀 (X-1)」의 우화를 통하여 이를 보여 준다.

한 사람이 우연히 뱀을 보고는 이 나쁜 놈, 너를 잡아서 세상에 좋은 일 좀 해야겠다고 말하며 뱀을 잡아다가 자루에 집어넣는다. 이제 뱀은 자신의 죄목도 모르고 죽음을 기다리는 신세가 되었다. 사내는 뱀에게 사형선고를 내린다.

> 이 배은망덕의 상징아, 못된 것에게 잘 대해준다는 것은
> 그건 멍청한 일이야, 그러니 네 놈은 그저 죽어야지 [...]

그런데 뱀도 만만치 않다. 죽는 것은 그렇다 하더라고 이렇게 배은망덕한 존재로 수치스럽게 죽는 것은 너무도 억울한 모양이다. 대체 누가 더 배은망덕한지 뱀은 인간에게 되묻는다.

> [...]만약 세상의 모든 배은망덕한 것들을 벌주어야 한다면
> 누구를 용서할 수 있을까?
> 너 자신 스스로를 판단해보라.
> 나에 대한 판단은 네 자신의 논리에 달려있지. 너 자신을 돌이켜 봐라.
> 내 목숨은 네 손에 달려 있어. 그래 네 맘대로 해, 네가 정의라고 하는 것은
> 네가 편한 대로 하는 것이고, 네 맘에 드는 것이고, 네가 내키는 대로 하는 거지.
> 이런 네 논리로 나를 단죄하라니까.
> 그렇지만 이게 사실이란 것도 알아 둬. 내 죽으면서도 네게 말할 수 있는 것은,
> 배은망덕의 상징은
> 뱀이 아니라, 바로 인간이란 것을.

뱀의 통렬한 꾸짖음에 이 사내는 뱀을 죽이지 못한다. 그는 뱀의 반박이 웃기는 것이라 하면서도 객관적인 판결을 받아 보자

고 한다. 우선 저 만치 있던 암소를 불러서 과연 누가 더 배은망덕한지를 들어 보자고 한다. 암소의 대답은 간단하다. 암소는 조금도 주저하지 않고 뱀의 편을 든다.

> 내가 인간을 참 수년전부터 먹여 왔지.
> 인간은 내 도움 없이는 하루도 못 산다오.
> 모든 걸 인간만을 위해 바쳤다오. 내 젖과, 내 자식들 덕분에
> 인간은 집으로 돌아갈 때 양손 가득히 먹을 걸 가져간다니까.
> 심지어 난 인간의 기력을 회복시켜준다오, 나이를 먹어
> 그 인간의 기운이 쇠해질 때도 말이오. 내 고생의 목적은
> 오로지 인간의 쾌락과 필요에만 있었단 말이지.
> 아, 근데 내가 이제 나이가 들었어! 그랬더니 그 인간이 나를
> 풀 하나 없는 한 구석에 박아놓지 않겠나.
> 과연 이 작자가 내가 풀을 뜯으러 다니도록 내버려 두겠나!
> 그러나 난 매여 있는 몸이니. 차라리 뱀을 주인으로 모시지.

사내는 암소의 말을 듣고는 깜짝 놀라서 암소를 미친 작자로 치부하고는 이번에는 황소의 판결을 기다린다. 그러나 황소의 대답 역시 인간을 가장 배은망덕하다고 말한다. 평생 죽도록 일만 했건만, 보답이라고는 채찍질밖에 없다는 것이다. 게다가 나이가 들면 그동안 고생했다고 위로해주고 받드는 것이 아니라 신들에게 지내는 제사의 제물로 쓰다니, 이런 배은망덕한 인간이 어디 있냐고 퍼붓는다. 사내는 화를 내며 황소를 허풍장이로 매도한다. 이제 마지막으로 나무에게 의견을 묻는다. 나무 또한 할 말이 많다. 나무는 인간에게 더위와 바람과 비를 피할 수 있

는 피신처를 제공하고, 정원도 꾸밀 수 있게 해 주고, 과실도 주었건만 보답은 자신을 도끼로 찍어내는 것이라고 울분에 차서 말한다. 사내는 이제 도저히 논리로는 힘들다고 생각하고는 "내가 이런 멍청한 소리를 들어주고 있다니 착하기도 하지."하고는 뱀을 죽이고 만다.

라 퐁텐은 우화의 끝에 힘센 자에게는 논리적으로 말하는 게 오히려 그들의 화만 북돋우는 것이니, 그들이 듣지 못하도록 "멀리서 얘기하거나, 혹은 침묵하라."는 교훈을 남긴다. 그러나 작가의 교훈과는 별도로 위 우화는 인간이 얼마나 잔인하고 은혜를 모르는가를 여실히 보여준다. 이는 인간과 인간 사이에 일어나는 일만이 아니다. 인간은 이웃하는 여러 동물과 식물, 즉 바로 자연과 더불어 살고 있다는 사실을 망각하고 자신의 이익만 좇는다. 라 퐁텐은 인간이 자연에 대하여 얼마나 배은망덕한지, 그리고 그것은 일회성이 아니라 마치 인간의 본성이 그러하듯, 세월이 지나도 끊임없이 되풀이 되는 파렴치한 행동임을 다음 우화를 통하여 보여 준다.

「숲과 나무꾼(XII-16)」의 이야기가 있다. 한 나무꾼이 도끼 자루를 잃어버리고는 당장 먹고 살 길이 막연하다고 한탄한다. 그는 숲에게 애원을 한다. 자신에게 새로운 도끼 자루를 만들 수 있도록 해 준다면 이제는 다른 곳에 가서 일을 할 것이라고. 세월의 신비로 가득 차 있는 참나무와 소나무를 더 이상 건드리지 않겠노라고 다짐한다. 순진한 숲은 나무꾼을 너무도 불쌍히 여겨서 그에게 새로운 도끼 자루를 만들 수 있도록 허락한다. 그러나 숲은 곧 후회한다. 나무꾼은 은혜를 베풀어준 숲을 베어내기 시작하고 숲은 고통의 신음소리를 낸다. 시인은 숲의 아픔에 동참하면서 "숲은 그가 베푼 선으로 고통을 겪는다."라고 한탄한다. 그리고 예언하듯이, 이러한 인간의 배은망덕과 거짓이 앞으로도 계속될 것이라고 노래한다.

이는 오늘날 더욱 심해지고 있는 현상이다. 자연과 환경을 파괴하는 우리의 추악한 모습은 바로 우리가 배은망덕한 존재임을 알려주는 것인데 이는 궁극적으로 우리 자신을 서서히 파멸로 이끄는 것이다. 골프장을 건설하고, 유원지를 만든다고 산을 동강내는 현대인의 무모한 개발 정책은 당장은 편리한 듯 해 보이지만 궁극적으로는 인간 삶의 황폐화를 가져온다. 광우병은 또 무엇인가. 동물을 자연의 법칙대로 놔두는 것이 아니라 인간이 자신의 편익만을 따라서 동물을 키우다가 부메랑처럼 당하는 대가인 것이다. 자연은 인간의 배은망덕을 그대로 두지 않는다. 언젠가는 인간의 죄과를 엄중히 물을 것이다. 이는 다름 아닌 자연의 복수이다. 자연은 말이 없지만 인간이 얼마나 배은망덕한지는 잘 알고 있다.

라 퐁텐은 「사슴과 포도나무(V-15)」에서 나무꾼 대신 사슴을 등장시켜 배은망덕한 자의 최후를 노래한다. 사슴은 사냥꾼에게 쫓기다가 울창한 포도나무 숲 덕택에 목숨을 건진다. 사슴을 찾지 못한 사냥꾼은 사냥개들을 철수시킨다. 그러자 냉큼 사슴은 자신을 구해 준 포도나무를 뜯어 먹기 시작한다. 사슴이 먹는 소리를 내자 사냥꾼은 사냥개들을 다시 데려와서는 사슴을 잡는다. 사슴은 죽으면서 은혜를 모르는 자신은 죽어 마땅하다고 후회한다.

아이소포스를 비롯하여 많은 작가들이 이야기한 「늑대와 황새(III-9)」의 이야기도 은혜를 모르는 인간을 그리고 있다. 뼈가

목에 걸려서 죽기 직전의 늑대가 지나가던 황새에게 살려달라고 애걸한다. 황새는 마치 능숙한 의사처럼 자신의 긴 주둥이를 이용해서 뼈를 빼낸 다음 수술을 잘 마치었으니 치료비를 내라고 한다. 그러자 늑대는 펄쩍 뛰면서 이렇게 말한다.

정말 웃기는구만! 친애하는 황새 양반!
기가 막혀서! 당신 주둥이가 내 목구멍에서
무사히 빠져나온 것만 해도 굉장한 일 아니야?
이런, 당신 정말 배은망덕하군.
다신 내 앞에 얼씬도 마슈.

이쯤 되면 대체 누가 누구를 구해주었는지 모를 일이다. 늑대가 황새보고 배은망덕하다고 말하는 부분에서는 물에 빠진 놈 구해놓으니까 봇짐 내어 놓으라는 우리네 속담이 생각나는 우화이다. 정말로 늑대가 황새를 잡아먹지 않은 것을 다행으로 여겨야할 지 모른다. 끊임없이 되풀이 되는 인간의 오류와 잘못은 자신을 반성할 줄 모르는 오만함과 어리석음의 산물이다.

「배낭(I-7)」이라는 제목의 우화가 있다. 동물의 이름이 제목으로 나오지 않는 우화인데 아이소포스, 파이드루스가 이미 이를 다루었고, 특히 다음에 보듯이 동물들이 차례로 등장하는 부분은 라 퐁텐이 로마 시대 우화 작가인 아비아누스의 영향을 받았다고 전해진다. 주피터는 모든 동물들에게 자기 외모에 불만이 있는 자는 솔직하게 말하라고 명한다. 자신이 무언가 손을 봐주겠다는 뜻이다. 우선 원숭이가 나온다. 원숭이는 자신에 대해서 만족하냐는 질문에 오히려 만족하지 않을 것이 뭐 있느냐고 반문한다. 그는 자기의 외모는 조금도 탓할 것이 없다면서 대뜸 곰을 흉본다. “글쎄, 내 친구 곰은 말이지요, 그리다가 만 거라니까요 / 내 말을 믿으세요, 걔는 결코 제대로 그림이 안 나오는 애랍니다.” 이쯤 되면 곰이 무어라 불평할 만도 하건만 곰은 오히려 자기가 너무도 잘 생겼다고 극찬을 하더니 코가 작다느니, 귀가 크다느니 하면서 코끼리를 흉본다. 코끼리는 일반적으로 지혜로운 동물로 나오지만 여기서는 별 수 없는 모양이다. 그는 자기 생각에는 고래 여사님이 너무 큰 거 아니냐고 반문한다. 한편으론 개미 여사도 자기는 거인인데 진드기가 너무 작다고 비웃는다. 이렇듯 모두 자기는 잘 낫다고 하고 남의 흉만 보니 주피터는 더 이상 동물들의 얘기에 귀를 기울일 필요가 없다고 생각한다. 그러나 작가는 말한다. 이 모든 것 중에서 가장 어리석은 존재는 바로 우리 인간이라고. 인간은 남에게는 스라소니처럼 날카롭지만 자신에게는 앞을 못 보는 두더지처럼 둔하다고 설파한다.

> 우리는 자기의 모든 것에는 눈을 감아주지만, 남에게는 전혀 그렇지 못하지요.
> 사람들은 이웃을 보는 눈으로 자기를 보는 게 아니랍니다.

조물주는 인간에게 두 개의 배낭을 만들어 주었다고 한다. 하나는 뒤에다가 만들어주었는데 이것은 자기의 결점을 넣어두는 것이고, 다른 하나는 앞에 있는데 남의 잘못을 보는 것이라 한다.

외모야 수술로 어느 정도 고친다지만 타고난 성격을 고치는 게 어디 쉬운 일이겠는가. 이는 천성의 문제이기도 하다. 결국 인간의 가장 큰 결점은 자신의 결점을 되돌아보고 고칠 줄 모른다는 것이다. 죽어서도 못 고치는 인간의 나쁜 본성에 대하여 라 퐁텐은 「술주정뱅이와 그의 아내 (III-7)」의 우화를 들려준다. 매일 술에 절어 사는 술주정뱅이는 이로 인해 건강도 해치고 돈도 바닥이 났다. 어느 날, 그는 여느 때와 마찬가지로 술독에 빠져 있었다. 그의 아내는 이런 그를 묘지 안으로 데려갔다.[23] 그녀는 묘지 안을 저승 세계로 치장하고 마치 남편이 술에 취해 죽어서 저 세상으로 온 것처럼 위장하였다. 자신도 복장과 목소리를 바꾸어서 마치 땅 속 세계의 심부름꾼인 것처럼 행동하였다. 마침내 남편은 술에서 깨어서 자기 아내에게 누구냐고 묻는다. 아내는 자기는 죽은 사람에게 먹을 것을 갖다 주는 사람이라고 하자, 주정뱅이는 대뜸 술을 달라고 하며 이야기는 끝을 맺는다. 원래 이 우화는 아이소포스의 이야기를 본 뜬 것으로 아이소포스는 인간의 습관이 얼마나 고치기 어려운가를 말하고 있다. 그런데 라 퐁텐에 와서는 이를 습관보다는 본성의 탓으로 돌린다. 즉, 라 퐁텐에 있어서 문제는 술이 아니라 일반적인 인간의 결점이며 이를 고치는 것이 얼마나 힘든가를 말하려는 것이다. 그는 우화 첫머리를

> 인간은 모두 결점이 있는데, 항상 이를 되풀이 한다.
> 수치도 공포도 이를 고치지 못한다.

라는 말로 시작한다. 사실 습관은 제 2의 천성이란 말처럼 습

23) 이때의 묘지라는 것은 지금과는 달리 안에 공간이 있는 곳이다.

관과 천성은 아주 친밀한 이웃관계이다. 좋은 천성이 고칠 수 없는 고질병이라면 얼마나 좋겠는가. 그러나 라 퐁텐이 보기에는 불행히도 나쁜 본성이 평생을 함께 한다. 「여자로 변한 고양이(II-18)」란 우화를 보면 본성은 아무리 외양을 바꾸어도 어쩔 수 없다는 결론이 나온다.

한 남자가 고양이를 너무 사랑한 나머지 눈물의 기도를 드린 끝에 고양이를 여자로 변신시키는 데 성공한다. 사내는 고양이 여인을 세상에 둘도 없는 사랑스런 아내로 생각하고 애지중지 한다. 그런데 어느 날 쥐들이 나타나자 이 신혼부부의 단꿈은 깨지고 만다. 여자가 별안간 공격 자세를 취하는 것이다. 라 퐁텐은 말한다. 아무리 애를 쓴다 해도 본성을 어길 수는 없다고.

아무리 못 들어오게 문전 박대를 해도
본성은 창문을 타고 오고 법이다.

3. 인간은 인간에 대하여 늑대이다.

지금까지 살펴 본 바에 따르면 라 퐁텐은 인간 본성에 대하여 깊은 불신을 지니고 있음이 분명하다. 인간의 본성 자체가 문제가 있기 때문에, 인간이 인간되기를 거부하는 우화가 있는데 「율리시스의 동료들(XII-1)」이 바로 여기에 해당한다. 호메로스의 『오디세이아』 제 10장에서 따 온 이 이야기는 키르케의 마법에 걸린 율리시스의 일행이 겪는 모험을 그리고 있다.[24] 원작에서는 키르케의 마법으로 인해 동물이 된 동료들이 당연히 마법에서 풀려나서 다시 인간이 된다. 그러나 라 퐁텐 작품에서는 이와 완전히 다른 결과를 빚는다. 인간이었다가 늑대가 된 사람에게 율리시스는 다시 인간으로 돌아오도록 하지만 늑대는 이렇게 대답하며 거절한다.

> 내가 만약 인간이 되면 마구잡이 사람 죽이는 걸 덜 좋아하게 될까요?
> 때로 당신들은 모두 말 한 마디에도 서로 목 졸라 죽이더군요.
> 당신들은 서로에 대하여 늑대가 아니던가요?
>
> [...]
>
> 차라리 난 인간이 되기보다는 늑대로 있겠습니다.

'인간은 서로에 대하여 늑대'라는 이 유명한 명제를 라 퐁텐은 여기서 인용한다. 늑대란 흔히 탐욕과 어리석음의 대명사로 불린다. 그런데 이런 늑대를 인간과 동일시한다는 것은 결국 라 퐁

24) 율리시스는 『오디세이아』의 주인공인 오디세우스의 라틴어 이름이다.

텐은 인간을 어리석은 탐욕으로 가득 찬 존재로 본다는 뜻이며, 인간 서로에 대하여 늑대란 말은 인간들은 서로 속이고 싸우는 종족임을 적시하는 것이다. 흥미로운 것은 이 명제가 당시 상당히 많이 사용되었다는 사실이다. 퓌르티에르 역시 자신의 우화에서 이 말을 반복한다. 양들은 서로 싸우는 인간들을 보며 “인간들은 서로에 대하여 늑대”라는 말로 인간들의 탐욕을 비웃는다. 원래 이 명제는 기나긴 역사를 지니고 있다. 로마시대 희극작가인 플라우투스(Plautus)가 『당나귀극(*Asinaria*)』이란 작품에서 이 말을 사용한 후 많은 작가들이 이를 인용한다. 16세기 라블레는 자신의 『제 3서(*Tiers livre*)』 3장에서, 특히 라 퐁텐과 동시대의 작가인 몰리에르는 『인간혐오자(*Misanthrope*)』에서 이 말을 사용한다. 무엇보다 우리가 이 명제를 가장 잘 알고 있는 것은 홉스(*Hobbes*)에 의해서이다. 그는 1642년 『시민론 (*De Cive*)』의 헌사 부분에서 “인간은 인간에 대하여 늑대"란 말을 한다. 홉스는 절대왕정 체제의 이론적 기초를 마련한 사람이다. 홉스는 인간 본성의 이기적인 면에 주목하고 결국 인간은 그 무엇인가에 의하여 통제를 받아야 한다고 생각한다. 절대군주제는 바로 이를 바탕으로 태어난 정치 체제이다. 홉스가 인간 본성의 악함으로부터 사회를 보전하고 유지하기 위한 정치 체제의 모델을 제시한 반면, 우화는 인간의 악한 면을 알려줌으로써 이를 경계하고 불행을 막고자 하는 교정자의 역할을 자임한다.

17세기 대표적인 신학가인 보쉬에(Bossuet) 역시 인간 본성의 타락을 지적한다. 그는 성경의 한 구절을 인용하여 (창세기, 6장 5절) 인간은 태어나면서부터 서로 간에 늑대라는 말을 강조한다. 보쉬에는 절대왕정의 정치 체제에 신학적 근거를 부여한, 소위 왕권신수설의 기초를 다진 사람이다. 보쉬에는 당시 권력의 핵심이자 주류 세력을 대표하는 인물이다. 그에 의하면 인간은 이처럼 늑대와 같으니 스스로가 제대로 된 사회를 이끌어나갈 수 없어서 누군가가 이들을 대표하여 통제하고 인도해야 한다는 것이다. 이는 필연적으로 절대 군주의 출현을 필요로 하는데, 절대 군주는 하나님의 위탁을 받은 인물로서 그 어느 누구도 이 권력에 도전할 수 없다는 것이 보쉬에의 이론이다. 군주가 하나님의 대리인이라니, 그 어느 누구가 도전을 할 수 있겠는가. 군주에 저항하는 것은 바로 하나님께 도전을 하는 것이다.

보쉬에의 사상이 주류 세력을 대변하는 신학사상이라면, 신학적으로는 비주류요, 정치적으로는 사회 불온세력으로 탄압을 받았지만 당시 지식인 사이에 널리 퍼져 있었던 장세니슴(Jansénisme) 역시 인간 본성의 어두운 면을 이야기한다. 하나님의 명을 거역하고 급기야 에덴동산에서 쫓겨난 인간의 원죄는 너무도 크나 큰 것이어서 오로지 하나님의 절대적인 구원 외에는 아무 것도 기대할 수 없다는 비극적인 세계관이 장세니슴의 근간을 이루는데, 이는 인간의 자유의지를 인정하는 당시 주류 기독교와 첨예한 대립각을 세우고 있었다. 장세니슴의 이러한 세계관은 성 아우구스티누스(Augustinus)의 은총론에서 비롯된 것으로 17세기 네덜란드의 신학자 얀센(Jansen)에 의하여 하나의 종교적 흐름으로 발전한다. 당시 많은 작가와 지식인들은 종교적으로 장세니스트이든가 - 파스칼(Pascal)이 대표적이다 -, 혹은 종교적인 믿음은 갖지 않았을지라도 장세니슴의 비극적 세계관에 매료되어 있었다. 사실 작가라는 존재는 지금도 그러하지만, 끊임없이 인간이란 무엇인가를 탐구하는 운명을 지니고 있는데, 17세기에는 장세니슴과 같은 신학의 유행과 더불어 '인간의 본성은 무엇인가', '왜 세상에 악은 존재하는 것일까', '인간은 어떻게 해야 구원을 얻을 수 있는가' 하는 인간 존재의 본질적인 문제에 지대한 관심을 가지고 있었다. 이 때문에 어떤 학자는 17세기의 모든 작가는 아우구스티누스 사상을 지니고 있다는, 조금은 과장된 말까지도 한다. 왜냐하면 성 아우구스티누스는 인간의 마음이란 것을, 신과 인간, 원죄와 구원 사이의 갈등이 빚어지는 장소로 보았기 때문이다. 당시의 비극적인 세계관은 파스칼이나 라신, 라 파이예트 부인(,Madame de La Fayette), 세비네 부인(Madame de Sévigné) 등에서는 처연하면서도 서정적인 양상으로 나타나거나 혹은 몰리에르나 부알로, 그리고 라 퐁텐처럼 비판적 비관론으로 표출되기도 한다.

우화 자체가 지니는 인간 본성에 대한 불신은 이처럼 라 퐁텐에 와서 좀 더 심화되고 탐색적이 되며 나아가 종교적 맥락과 맞물리고 사회적인 의미를 획득할 준비를 한다. 한 가지 덧붙일 것은 라 퐁텐 자신이 비록 속화(俗化)된 아우구스티누스 사상과 관련은 맺고 있을지언정 쟝세니슴이라는 종교 사상과 직접 연결되기에는 무리가 있다는 사실이다. 또 하나 흥미로운 것은 라 퐁텐 시대는 바로 루이 14세 국왕의 치세인데 이 시기야말로 가장 화려한 궁정 문화가 꽃 피운 시기임에도 이와 같은 비극적 세계관이 짙게 깔려 있었다는 일이다. 햇살이 많을수록 그림자는 더욱 짙게 드리우는 법이다. 절대 군주 시대의 영광 속에 감추어진 그 어두운 부분은 무엇일까. 베르사유 궁정의 그 웅장함에는 음모와 모략이 곳곳에 몸을 감추고 있는 것은 아닐까. 오늘날 텔레비전에 나오는 연예인들의 삶이 일견 화려해보이지만 그 겉과

속은 얼마나 크나큰 격차가 있을까. 정치 권력가들의 위세가 당당해보여도 그 권력을 유지하기 위해서 과연 부끄러운 일은 없었는지. 라 퐁텐 우화가 지니고 있는 인간에 대한 깊은 불신은 그가 속한 궁정 사회가 화려하면 화려할수록 더욱 깊어만 간다.

4. 처세술로서의 우화

서로 돕고 사는 것마저도 이해 타산적으로 봐야 한다는 생각, 이는 그릇된 편견으로 물든 색안경일지도 모른다. 그렇다고 세상이 항상 밝고, 우리 인간이 순한 양 같다고 주장하는 것은 더욱 아닐 성 싶다. 다만 하나의 바람이고 이상일 뿐이다. 세상은 결국 생존의 싸움터에 불과하다. 이 불편한 진실을 우화는 인정한다. 어둡고 우울한 현실을 미화하지 않고 그대로 받아들이는 것, 우화의 교훈은 바로 여기에서 출발한다. 결국 우화의 교훈이란 약육강식의 정글의 법칙이 존재하는 세상에서 어떻게 살아가야 하는가를 알려주는 것이라고 할 수 있다. 우화의 교훈은 세상 인간이 있는 곳은 어디든지 통용된다. 그러기에 우화의 교훈은 보편성을 갖게 되며, 우화가 아직도 그 빛을 잃지 않고 사람들의 사랑을 받는 것도 바로 이 때문이다.

그렇다면 과연 어떻게 살아야 이 험한 세상에서 살 수 있는 것일까. 삶이 복잡하고 때로는 모순으로 가득 차 있기도 하고 때로는 설명할 수 없는 일도 많기 때문에 한 마디로 어떻게 살아야 한다고 말하기는 거의 불가능하다. 따라서 라 퐁텐의 우화가 담고 있는 삶의 교훈 역시 무어라고 딱 부러지게 말하기는 쉽지 않다. 다만 우리는 편의상 다음의 몇 가지로 대략 나누어서 살펴보도록 하자.

4-1. 신중하게 행동하라

만약 세상이 약육강식이 지배하는 정글이라면 어떻게 이를 헤쳐 나가야 할 것인가. 어디선가 맹수가 나타날 수도 있고, 혹 한눈을 팔다 보면 늪에 빠질 수도 있고, 어쩌면 식인 식물도 주위에서 호시탐탐 걸려들기만을 기다리고 있을지도 모른다. 대체 어디가 어딘지도 모르고 주위에 믿을 만한 것은 하나도 없다. 게다가 같이 가는 동료들도 언제 배신할지 모른다. 오로지 믿을 것은 자신밖에 없다. 이런 상황에서 어떤 덕목이 가장 필요할까. 용맹? 자신감? 물론 그런 것도 필요할 것이다. 그러나 용감함도, 자신감도 안전을 보장하지 못한다. 마구 앞으로 달려가다가는 어디엔가 걸려 넘어지거나 절벽으로 떨어질 수 있다. 무엇보다 신중해야 한다. 모든 것을 확인해보고 한 발 한 발 천천히 가야 한다. 무언가 보기 좋은 것이 있다고 탐을 내서도 안 된다. 독이 있을지도 모른다. 신중하다보면 늦을 수도 있다고? 늦는 것은 아무 문제가 안 된다. 죽는 것보다는 낫다.

위험 상황에서는 아무리 신중해도 지나치지 않다. 「늑대와 암염소와 새끼 염소(IV-15)」라는 우화가 이를 증명한다. 엄마 염소가 먹이를 구하러 나가면서 새끼 염소에게 아무에게나 함부로 문을 열어주지 말라고 신신당부한다. 어린 염소가 항상 조심해야 하는 대상은 늑대이다. 엄마 염소는 상대가 "망할 놈의 늑대들"이란 말을 하기 전에는 누구도 문을 열어 주어서는 안 된다고 새끼 염소에게 일러두었다. 그런데 우연히 지나가던 늑대가 이 말을 듣고는 옳다구나 하고 쾌재를 부른다. 늑대는 엄마 염소가 나가는 것을 확인하고는 얼른 엄마 염소의 목소리를 흉내 내서 "망할 놈의 늑대"하고 말하며 문을 열어 달라고 하였다. 사실 새끼 염소는 늑대를 본 적이 없기 때문에 이 정도면 문을 열어 주어도 되련만 새끼 염소는 놀랄 만한 신중함을 보인다. 새끼 염소는 늑대에게 하얀 발을 보여 주지 않으면 문을 열어 주지 않겠노라고 말한다. 늑대는 깜짝 놀라 이거 보통이 아니구나 하고 자기 집으로 돌아간다. 라 퐁텐은 우화의 끝에

> 한 번 확인 보다는 두 번이 낫고,
> 이는 아무리 많이 해도 지나침이 없다.

라고 결론짓는다. 이 우화는 「늑대와 양」과는 반대되는 이야기이다. 「늑대와 양」에서는 어린 양이 대단히 논리적이고 침착하지만 그의 가장 큰 잘못은 경솔하다는 것이다. 자신을 보호할 능력도 없으면서 혼자 물을 먹고 있다는 자체는 대담하고 용감해 보일 수 있지만 결코 권장 사항은 아니다. 아무리 똑똑해도 늑대의 이빨을 피할 수는 없다. 오로지 조심하고 또 조심하는 것만이 목숨을 보존하는 길이다.

라 퐁텐은 새끼 염소와 늑대의 이야기를 마친 후 곧 바로 늑대를 다시 출연시킨다. 라 퐁텐은 위의 늑대를 보니 그 늑대의 동료 중 하나가 생각난다고 하며 이야기를 계속해 나간다.[25] 이전

25) 「늑대와 엄마, 그리고 어린아이 (IV-16)」

의 늑대는 새끼 염소의 신중함으로 인해 뜻한 바를 이루지 못하는 반면, 이번 늑대는 부주의와 경솔함으로 목숨을 잃는다. 작가가 이 두 우화를 하나로 묶어서 이야기하는 것은 곧 신중함의 덕목을 재차 강조하는 것으로 볼 수 있다. 이 늑대가 왜 죽음을 맞이하는지 살펴보자. 늑대는 한 시골 사람의 문 밖에서 행여나 하는 맘으로 무언가 횡재를 기다리고 있었다. 예전에 여기서 송아지, 새끼 양, 칠면조 등 먹을거리가 무궁무진하게 나오는 것을 보았기 때문이다. 그러나 늑대는 곧 기다림에 지치기 시작하는데 순간, 아이 우는 소리가 들렸다. 엄마는 아이를 야단치면서 만약 울음을 그치지 않으면 늑대에게 주어버리겠다는 협박을 하였다. 이게 웬 횡재인가. 늑대는 신에게 감사를 드리면서 입맛을 다셨다. 그런데 이건 또 웬일인가. 잠시 후에 엄마는 아이에게 울지 말라고 하며 만약 늑대가 오면 늑대를 죽여 버리겠다고 말하는 게 아닌가. 늑대는 기가 막혔다. 나 같은 동물을 이리 대해도 되는 거야? 나를 바보로 아는 거야? 늑대는 언젠가 저 아이가 숲으로 오면 가만 놔두지 않으리라 하면서 그 곳을 떠나려 하였다. 그런데 뜰에 있던 집 지키는 개가 늑대를 가로막는가 싶더니 곧 늑대는 사람들의 사냥창과 갈퀴에 둘러싸이게 되었다. 이곳에 왜 왔느냐 하는 사람들의 질문에 늑대는 지금까지 일어났던 일을 모두 이야기하였다. 사람들 사이에 있던 아이의 엄마는 늑대의 말을 듣더니, 대체 자기 자식을 늑대에게 주려는 엄마가 어디 있냐고 늑대에게 되묻는다. 늑대로서야 아이 엄마의 말만 듣고 기다린 것이 억울할 수도 있지만 이는 늑대 스스로가 자신의 어리석은 경솔함을 자랑하는 결과밖에는 되지 못한다. 버젓이 사람 사는 집에 가서, 그 집 아이를 잡아먹으려 했다고 말하는 늑대를 살려 둘 사람은 아무도 없다.

이 우화는 아이소포스에서 따 온 것인데, 아이소포스는 늑대가 애를 준다는 말에 솔깃했다가 저녁에 가서 그 말이 바뀌자 실망을 하는 것까지만 이야기한다. 아이소포스는 이랬다저랬다 말 바꾸는 사람을 겨냥하고 있지만 라 퐁텐은 이를 좀 더 발전시킨 것이다. 라 퐁텐은 늑대가 나오는 두 우화를 한 쌍으로 묶어 놓고 있는데 이는 이미 언급한대로 '신중하고 조심하라'는 교훈을 강조하면서, 동시에 이 교훈을 중심으로 두 늑대의 운명을 대조적으로 그리고 있다. 대립되는 것은 늑대의 운명만이 아니라 두 우화의 분위기에서도 감지된다. 처음 우화에서 새끼 염소가 늑대와 목숨을 건 대화를 나누는 장면에서 감도는 긴장감은, 두 번째 우화에서 집 밖에서 늑대가 멍청하게 횡재를 기다리는 모습과 나름대로 그럴싸한 대조를 이룬다. 또한 자식을 보호하려는 어머니의 강한 모성애가 두 우화를 하나로 묶는 역할을 한다.

이번에는 늙은 쥐의 사려 깊은 행동을 보자. 우선 라 퐁텐은 한 마리 고양이를 소개한다.[26] 이 고양이에 붙는 수식어를 보면, 고양이 세계에서는 알렉산더 대왕이고, 쥐들에 대해서는 엄청난 재앙거리인 아틸라(Attila)이다.[27] 이 고양이는 쥐들이 보면 영락없이 지옥문을 지키는 머리 셋 달린 케르베로스와 같은 존재이다. 이 고양이가 이렇듯 공포의 대상이 되다보니 쥐들은 꼼짝 않고 밖으로 나오지를 않는다. 그런데 이 고양이는 머리마저 좋아

26) 「고양이와 늙은 쥐 (III-18)」

27) 훈족의 왕. 5세기 경 성녀 즈느비에브 (Sainte Geneviève)가 아틸라의 파리 침공을 막았다고 한다. 이로 인해 즈느비에브는 파리의 수호신으로 여겨진다.

서 술책을 하나 생각해 내었다. 고양이는 천장 꼭대기에서 머리를 아래로 늘어뜨린 체 죽은 시늉을 하였다. 발에다 끈을 매단 것이다. 쥐들은 드디어 고양이가 천벌을 받은 것이라 생각하였다. 아마도 이 녀석이 고깃덩어리나 치즈를 훔쳤겠지, 아니면 누군가를 할퀴어서 상처를 냈거나 무슨 문제를 일으켰겠지, 그래서 요렇게 교수형을 당한 거겠지. 쥐들은 이런 말 저런 말을 하며 장례식 때 모두 함께 소리 내어 웃자고 약속하였다. 쥐들은 이제 저승사자가 죽었으니 안심이라고 생각하였다. 그래도 나름대로 신중을 기한다. 라 퐁텐의 묘사를 보면 이는 쉽게 알 수 있다.

> 쥐들은 코를 하늘로 치켜들고 얼굴을 조금 내보이더니,
> 다시 자기 집으로 들어간다.
> 그리고는 다시 나와서 몇 발자국 가더니
> 마침내 먹이를 찾기 시작한다.

그런데 별안간 죽은 자가 살아나고 또 다른 축제가 벌어진다. 고양이의 대살육이 시작된 것이다. 일차적으로 많은 희생자를 낸 쥐들은 다시 소굴로 숨어서는 나올 꿈을 꾸지 못한다. 그러나 고양이는 워낙 술수가 많은지라 이번에는 하얀 밀가루 분칠을 하고 열려진 빵 반죽 통에 쭈그리고 앉아 있었다. 어리석은 쥐들은 또 한 번의 화를 자초해야만 했다. 단 한 마리 늙은 쥐만이 고양이의 술책에 넘어가지 않고 멀리서 고양이에게 외친다.

> 밀가루가 되어도 소용없어.

네가 설사 밀가루 부대가 되어도 난 가까이 가질 않을 걸.

작가는 쥐의 신중함을 인정하면서 이렇게 말한다.

의심은 안전의 어머니이다.

오늘날의 만화 영화에도 자주 나오지만 쥐와 고양이는 영원한 앙숙이자 단짝인 모양이다. 다시 한 번 쥐와 고양이의 대립을 통하여 신중함의 덕목이 얼마나 중요한가를 살펴보자. 우화「고양이와 쥐(VIII-22)」[28]에는 쥐와 고양이의 주연 외에도 부엉이와 족제비가 조연으로 등장한다. 이 네 마리의 동물들은 오래된 소나무의 썩은 몸통에서 살고 있었다. 어느 날 사람이 쳐 놓은 그물에 고양이가 걸려들면서 사건은 시작된다. 죽을 위험에 빠진 고양이는 살려달라고 외치는데 마침 쥐가 달려온다. 고양이의 절망과 쥐의 기쁨이 교차하는 순간이다. 그럼에도 고양이는 마지막으로 쥐에게 하소연한다.

사랑하는 친구여,
자네가 착하다는 소문은
내가 사는 이 동네에 자자하게 나 있다네.
그러니 제발 나 좀 구해 주시게.
내 깜빡 실수로 그만 여기 떨어지고 말았네.

---

28) 이 우화는 아이소포스에서 온 것이 아니라 푸신(Poussines)이라는 신부가 1666년에 펴낸 고대 인도의 지혜 모음집에서 나온 것이다.

자네 종족 중에서 내 자네를 유일하게 애지중지하였고,

내 눈처럼 사랑했던 건 너무도 당연한 거 아니겠나.

거기에 대해 난 전혀 후회가 없어. 신에게 감사할 뿐이지.

내 마침 신에게 기도하러 가던 길이었는데.

신앙심 깊은 고양이들이 매일 아침 그리하듯 말이야.

그런데 이 그물 땜에 갈 수가 없어. 이제 내 목숨은 자네 손에 달려 있네.

그러니 어서 와서 이 그물 좀 풀어주게나.

그러자 쥐는 만약 자기가 고양이를 구해주면 무얼 대가로 받을 수 있냐고 물어본다. 고양이는 자신이 쥐를 영원히 보호해 줄 것이라고 대답한다. 그러자 쥐는 자기가 그토록 어리석은 줄 아냐고 고양이를 비웃으며 발길을 돌린다. 순간 족제비가 구멍 근처에 있었고, 쥐는 얼른 나무 위로 올라갔다. 그런데 이번에는 부엉이가 기다리고 있는 것 아닌가. 도처에 위험이 도사리고 있다는 것을 감지한 쥐는 얼른 고양이에게로 다시 가서 그를 구해준다. 그 순간 사람이 나타나고, 새로 동맹을 맺은 친구들은 잽싸게 도망을 쳤다. 얼마 시간이 지나고 나서 고양이는 쥐가 저 멀리 떨어져 있는 것을 보고는 이렇게 말한다.

오, 내 형제여, 이리 와서 나를 안아주게나.

그리 멀리 있다는 건 나를 욕하는 것일세.

자넨 친구를 적으로 알고 있어.

자넨 설마 내가 하느님 다음으로 자네에게 내 목숨을

빚지고 있다는 걸 잊지는 않았겠지?

그러자 쥐는

넌 내가 너의 천성을 잊었다고 생각하니?
협정을 맺었다고 과연 고양이가 감사한 마음을 가질 수 있을까?
필요에 따라 맺은 동맹을
과연 믿을 수 있을까?

이 우화는 동물들끼리 평화 협정을 맺는가 하면 때론 연합해서 서로 싸우는 관계로 인해 종종 정치적인 의미로 해석되기도 한다. 즉, 당시 적대 관계에 있던 네덜란드와 프랑스의 관계를 비유적으로 나타내서 프랑스(쥐)가 네덜란드(고양이)에 대한 끊임없는 경계를 가져야 한다는 메시지를 담고 있다고도 말한다. 그러나 이 해석이 맞느냐 안 맞느냐의 문제는 참으로 어려운 일이다. 왜냐하면 이 우화의 교훈이 너무도 일반적이기 때문에 어떤 해석을 하든 굳이 틀렸다고 말하기가 쉽지 않기 때문이다. 여하튼 18세기의 샹포르(Chamfort)가 지적하듯 이 우화가 지니는 가장 중요한 교훈이 신중함이라는 데에는 이론의 여지가 없다.

신중함을 기본 교훈으로 하되 좀 더 정치적인 의미로 확대 해석할 수 있는 여지를 남기고 있는 우화는 「늑대들과 암양들(III-13)」이란 우화이다. 천 년 이상 전쟁을 벌여 온 늑대들과 양들 간에 평화 협정이 맺어졌다. 그 동안 늑대들은 길 잃은 양들을 먹이로 삼아 왔는가 하면, 목동들은 늑대들을 잡아다가 그 가죽으로 옷을 해 입어 왔는데 이제 두 진영 사이에 더 이상 갈등과 싸움은 없을 듯 보였다. 두 진영은 각기 인질을 교환하였는데 늑대들은 자기들의 새끼들을, 양들은 자기들을 지켜주던 개들을 상대편 진영에 볼모로 보내었다. 한 동안 평화가 지속되는가 싶었지만 이는 오래가지 못하였다. 새끼 늑대들이 점차 자람에 따라, 이들은 살찐 양들을 목 졸라 죽이고 숲으로 몸을 감추었다. 그들은 비밀리에 어미 늑대들에게 이 사실을 알리었고 늑대들은 세상모르고 잠자던 개들을 모조리 처치하였다. 우화는 여기서 끝을 맺고 결론으로 다음과 같이 말한다.

> 악한 인간들과는 끊임없이 전쟁을 하여야 한다.
> 평화는 그 자체로 좋은 것이라고
> 나도 여기에 동의는 하지만
> 신뢰할 수 없는 적들과의 평화가 대체 무슨 소용이 있겠는가?

평화는 그만한 대가를 지불해야 하고, 힘없는 평화는 아무런 의미가 없는 법이다. 천성이 양들을 잡아먹는 늑대들과 무슨 평화 협정이 있을 수 있겠는가. 오히려 더 큰 피해만 있는 법이다. 항상 경계하고 신중하게 행동하는 것만이 평화를 지키는 법이다. 이 우화는 아이소포스도 다룬 바 있는데 더불어 플루타르코스의 『영웅전』 중 「데모스테네스」의 생애에도 나온다. 아테네의 웅변가였던 데모스테네스는 알렉산더 대왕에 대항하여 끝까지 싸울 것을 사람들에게 독려한다. 그러자 알렉산더 대왕이 데모스테네스와 다른 항전파들을 자신에게 넘겨주면 평화를 유지시켜 주겠노라고 말하자 데모스테네스는 이 우화를 아테네 시민들에게 들려준다. 만약 사람들이 알렉산더의 말에 넘어가서 자신과 다른 지도자들을 적에게 넘겨주면 완전히 나라를 빼앗기는 큰 위험에 봉착할 것이라는 것이 그가 이 우화를 통해서 전달하는 메시지이다. 우화에서 알렉산더는 당연히 늑대이고 아테네 시민들은 양이며 데모스테네스 자신은 양들을 지키는 개를 가리킨다. 또한 라 퐁텐 시대의 사람들은 이 우화에서, 당시 프랑스의 루이 14세가 네덜란드에 취하고 있던 냉전과 긴장 관계를 옹호하는 의미를 찾기도 한다.

위의 우화는 특히 냉엄한 국제 관계에서 귀담아 들을 만한 작품이다. 어떤 이는 프랑스가 라 퐁텐의 우화를 잘 읽었다면 세계대전에서 독일에게 그토록 당하지는 않았으리라는 말도 한다. 한 순간의 평화는 퍽이나 달콤해 보일런지 모르지만 그 달콤함에 취하다가는 영원한 고통을 맛볼 수 있다. 물론 상대가 늑대가 아니라면, 즉 다시 말해서 믿을 만한 상대라면 서로 악수하는 것이 더 큰 평화를 보장할 것이다. 그러나 상대의 마음을 어찌 알겠는가. 영원한 적도, 영원한 친구도 없는 것이 국제 사회의 법칙이라면 돌다리도 두드려 보고 건너라는 우리네 속담도 꽤 괜찮은 말인 듯싶다. 물론 우리처럼 군부 독재 시대를 거친 나라에서는 위 우화가 잘못 사용될 가능성도 있다. 체제 유지를 위하여 거짓 긴장 상태를 조성하고자 위의 우화를 이용한다면 이를 또 어찌할 것인가. 누가 늑대이고 누가 양인지 그것을 누가 알 것인가. 때로는 늑대가 양의 얼굴을 하고, 양이 늑대처럼 보이는 것도 현실일진대, 모름지기 적을 알고 나를 알아야 한다는 말이 이래서 진리인가 보다.

신중함의 덕목은 약자일 때 더욱 절박하게 요구된다. 강자의 경우는 그래도 힘이 있어서 위기에 처하더라도 빠져나갈 가능성이 조금이라도 있지만, 힘없는 자에게는 신중함이 생명과도 같은 좌우명이다. 위의 우화들에서 쥐나 양과 같은 약자들이 신중함을 가지고 자신의 목숨을 유지해야 하는 것은 바로 이 때문이다.

힘센 자가 비록 호의적이라 할지라도 이들과 어울리는 것은 조심해야 한다. 어느 날 쇠항아리가 질항아리에게 여행을 가자고 제안한다.[29] 질항아리는 자기의 몸이 워낙 허약한지를 아는지라 머뭇거리지만 쇠항아리가 자신을 보호해주겠다는 말에 같이 가기로 한다. 쇠항아리는 질항아리를 위한다는 생각으로 그의 곁에 바싹 붙어서 길을 떠났다. 뒤뚱뒤뚱 세 발로 걷는 항아리들의 여행길은, 그러나 얼마 계속되지 못한다. 너무 붙어가다 보니 질항아리는 쇠항아리와 부딪혀서 산산조각이 나버렸기 때문이다. 작가는 자기와 처지가 같은 사람과 함께 어울릴 것을 권하는데, 특히 자신보다 힘이 센 자와의 접촉에는 가급적 신중하게 처신해야 함을 일깨워준다.

또한 위의 항아리의 우화는 역으로 힘센 자가 약자를 대할 때에도 신중하고 현명하게 처신할 것을 말해준다. 아기가 사랑스럽다고 너무 힘을 주어 껴안으면 아기의 숨을 막을 수도 있다. 강자에게도 신중함이 필요하다는 것은 다음의 우화 「사랑에 빠진 사자 (VI-1)」에서 더욱 잘 드러난다. 강자라도 방심을 하면 목숨을 빼앗기기 십상이다. 한 고귀한 혈통의 사자가 우연히 한 양치기 소녀에게 마음을 빼앗겼다. 사자는 소녀와 결혼하기를 청하였는데 소녀의 아버지는 사자보다는 좀 유순한 사람을 사위로 삼고 싶었다. 그러니 사자에게 딸을 주기는 영 내키는 일이 아니었지만 그렇다고 사자의 청혼을 이유 없이 거절할 수도 없

29) 「질항아리와 쇠항아리 (V-2)」

었다. 아버지는 사자에게 말하길,

> 제 딸이 워낙 섬세해서 말이지요,
> 당신이 애무하고자 할 때
> 그 발톱이 제 딸을 상하게 할 수도 있을 것 같군요.
> 그러니 당신의 발톱을 깎고 이빨을 다듬도록 해 주세요.
> 그러면 당신의 입맞춤은 덜 거칠어질 것이고
> 당신도 더욱 달콤할 겁니다.
> 왜냐하면 제 딸도 걱정 없이 당신에게 화답할 것이니까요.

사랑에 눈이 먼 사자는 두말 않고 이에 동의하였는데 그 결과는 어떠하겠는가. 완전히 무장 해제된 사자는 달콤한 결혼은커녕 개들의 발톱과 이빨에 시달려야 했다.

> 사랑, 사랑이여, 우리가 너의 포로가 되는 순간
> 이렇게 말할 수 있겠지. "신중함이여, 이젠 안녕."

신중함은 우리 인생 도처에서 유용한 덕목이지만 사랑할 때도 필요하다. 특히 사랑은 사랑에 빠진 사람의 눈을 멀게 하는 속성이 있는 관계로, 사랑할 때는 더욱 신중할 필요가 있다. 동물의 왕인 사자가 이렇듯 자신의 발톱과 이빨을 내놓는다는 것은 사랑이 얼마나 무서운 것인가를 말해준다. 삼손이 자신의 머리칼을 깎이는 것도 사랑에 있어 신중하지 못함이 아닌가. 사랑이라는 것은 강자가 자신을 옭아맬 수 있는 내면의 덫이다. 이는 처음에는 절대로 적으로 다가오지 않는다. 이는 오히려 달콤한 향

내가 가득한 꽃으로 다가와서는 일순간 가시가 되어 우리의 심장을 도려낸다. 사랑에 빠진 이들이여, 다시 한 번 그대들의 사랑을 신중히 살펴보기를.

아이소포스에게 있어서 위 우화는, 너무 자신을 과신하고 신중하지 못한 사람이 만약 자기의 강점을 잃고 나서는 오히려 그것을 두려워하던 사람의 놀림감이 된다는 교훈을 담고 있다. 라 퐁텐의 우화도 이 우화의 연장선에 있다. 그러나 자세히 보면 라 퐁텐은 사랑의 속성에 대하여 더 관심을 갖고 있는 듯 보인다. 우화 자체도 당시 자신 작품의 애독자이면서, 재색을 겸비한 세비네 부인에게 바치는 것으로 되어 있을뿐더러, 작품 첫 부분에 사랑의 담론이 펼쳐지고 있기 때문이다. 라 퐁텐은 사랑을 논하면서, 사랑은 사자까지도 통제할 수 있는 기묘한 스승이라고 말한다. 이처럼 라 퐁텐이 아이소포스의 우화를 사랑 이야기로 바꾸는 것은 당시 궁정 사회 귀부인들의 취향을 의식하고 있었음에 틀림없다. 위 우화는 뒤에 우리가 사랑의 담화를 다루면서 다시 한 번 인용할 것이다.

4-2. 욕심을 버려라

욕심이라는 것은 무엇인가. 자신의 능력에 맞지 않는 것을 바라는 것이고, 자신이 처한 상황에 맞지도 않는 것을 탐하는 것이다. 앞 우화의 사자 역시 욕심이 앞서는 동물이다. 사자라면 사자와 짝을 맞추어야 할 텐데 그는 난데없이 인간과 함께 살려는 욕심을 부리다가 신세를 망친다. 그러고 보면 욕심과 신중하지 못하다는 것은 서로 통하는 데가 있다.

우화에서 욕심을 부리다가 망하는 대표적인 경우는 황소만큼 커지려다가 배가 터지는 개구리가 될 것이다. 또한 이미 살펴 본대로 황금알을 낳는 닭의 배를 가르는 이야기도 허튼 욕심을 갖지 말라는 교훈을 준다. 이번에는 「곳간으로 들어간 족제비(III-17)」에 나오는 족제비 아가씨의 이야기를 들어보자.[30] 날렵한 족제비 아가씨가 아주 좁은 구멍을 통하여 곳간으로 들어갔다. 날씬한 족제비 아가씨로서는 좁은 구멍으로 들어가는 것이 별 문제가 될 리 없었다. 그런데 곳간에서 일주일 정도 엄청 먹고 난 후 족제비 아가씨는 나갈 요량으로 아무리 구멍에 몸을 집어넣어도 몸이 말을 듣지 않았다. 보다 못해 쥐 한 마리가 충고를 한다.

당신은 그 때는 이처럼 배가 부르지 않았어요.
마른 몸으로 들어 왔으니까, 나가려면 다시 살을 빼셔야지요.

아마 곳간을 빠져 나가기 위해서 족제비는 곳간에서 열심히 운동도 하고 식이요법을 해야 할 듯싶다. 장래를 생각하지 않고 눈앞의 이익에 눈이 어두워서 욕심을 부린다면 영락없이 이 족제비 아가씨처럼 곳간에서 계속 먹을 것의 유혹을 받으며 지내야 할 것이다.

여하튼 족제비는 곳간에서 무엇을 하든 그래도 살아가는 데

30) 족제비는 프랑스어로 여성 명사(la belette) 이기 때문에 아가씨라는 호칭을 붙인다. 아이소포스의 경우에는 배고픈 여우로 되어 있다. 또한 호라티우스 역시 그의 『서간시집』에서 이 우화를 다룬다.

큰 지장은 없을 것이다. 라 퐁텐 역시 이를 너무 확대 해석하지 말라고 적고 있다. 나름대로 우리는 족제비의 교훈을 가볍게 몸에 지닐 수 있으리라. 그러나 한 사냥꾼의 욕심은 그의 목숨을 앗아간다.[31] 사냥꾼은 우선 사슴 한 마리를 활로 쏴 죽였다. 새끼 사슴도 지나가다가 화살을 맞고 둘은 하늘나라 여행길의 동무가 되었다. 이 정도면 충분한 수확물인데 사냥꾼은 만족을 못하고 거대한 멧돼지에게 눈독을 들였다. 힘들기는 하였지만 사냥꾼은 멧돼지마저도 땅에 눕힐 수 있었다. 이제는 정말로 충분한 것 아닌가. 그러나 이 사냥꾼의 탐심을 채울 수 있는 것은 아무 것도 없었다. 그는 밭고랑을 따라 걷고 있는 자고새를 보고는 화살을 겨누었다. 바로 그때 쓰러져 있던 멧돼지가 정신을 차린 다음 마지막 힘을 내어 사냥꾼에게 달려들어 복수를 하고 자신도 숨을 거두었다.

라 퐁텐은 곧 바로 다른 이야기로 넘어간다. 위의 우화가 욕심쟁이 사냥꾼에 해당된다면 이제는 구두쇠 늑대가 무대에 나올 것이다. 늑대가 마침 사냥꾼과 멧돼지가 벌여 놓은 피투성이 현장을 지나가게 되었다. 그에게는 진수성찬 파티가 눈앞에 펼쳐진 셈이다.

> 오, 행운의 여신이여, 내 당신을 위하여 신전을 지어드리리라 약속합니다.
> 네 마리 시체가 이리 뻗어 있다니! 이 얼마나 큰 재산인가!
> 그렇지만 아껴 먹어야지, 이런 기회는 참으로 드물거든.

---

31) 「늑대와 사냥꾼 (VIII-27)」

늑대는 이런 말을 하다가 사냥꾼이 갖고 있던 화살에 눈을 돌린다. 이걸 우선 먹자, 이건 창자로 만든 거야, 냄새를 맡아 보면 알 수 있지, 그리고는 팽팽히 당겨져 있는 활을 건드리다가 그만 새로운 시체가 되고 만다.

라 퐁텐은 이 우화에 나오는 늑대를 인색한 늑대라고 평하며 욕심 많은 사냥꾼과 대비하여 이야기를 하고 있다. 그러나 인색함이라는 것도 탐욕과 다름없고, 특히 늑대가 죽은 것은 새로운 먹이에 대한 욕심에서 야기된 것인 만큼 이 두 이야기를 탐욕이 파멸을 부르는 예라고 해도 별 무리가 없을 것이다. 라 퐁텐은 이 두이야기를 시작하기 전, 우화의 첫머리를 다음과 같이 거창하게 시작한다.

> 모든 것을 긁어모으려는 광기어린 욕심,
> 괴물 같은 인간이여, 너의 눈은 신들의 은혜를 하찮은 것으로 바라보는구나.
> 이 책에서 얼마나 끊임없이 나는 너와 헛된 싸움을 벌여야 하는가?
> 내 가르침을 따르기 위하여 너는 얼마의 시간이 필요한가?
> 인간이여, 현자나 나의 목소리에 귀를 기울이지 않는 그대는
> "이것으로 충분해, 이젠 즐기자."라고 결코 말하지 않는구나.
> 서둘러라, 친구여, 살아 갈 날이 그다지 많지 않다오.
> 나는 그대에게 이 말을 지겹도록 되풀이 한다.
> 그 말은 한 권의 책의 가치가 있기 때문이다.
> 즐기라 - 그렇게 하지- 그런데 언제부터? - 내일 당장
> 오, 친구여, 죽음은 자네가 길을 가다가도 데려갈 수 있다네.
> 오늘부터 당장 즐기게나, 두려워할지니,
> 내 우화에 나오는 사냥꾼과 늑대와 비슷한 운명을.

위의 우화는 라 퐁텐의 두 번째 『우화시집』에 실린 것이다. 시인은 첫 번째 『우화시집』보다는 훨씬 더 다양한 주제를 다룸과 동시에 또한 자신의 목소리를 자신 있게 내뿜는다. 헛된 욕망 속에서 살아가는 인간들을 꾸짖는 그의 목소리는 분노에 차 있기도 하고 처절하기까지 하다. 아무리 말해도 듣지 않는 인간의 완고한 본성 때문이리라.

그런데 사냥꾼과 늑대의 비참한 운명을 두려워하라고 하면서 오늘을 즐기라는 이 말은 무엇일까. 이 우화는 욕심을 내지 말고 살라는 일반적인 교훈을 넘어서 에피쿠로스학파의 사상을 담고 있다. 흔히 오늘날 이 학파는 향락주의나 쾌락주의의 이름으로 알려져 있고 때로는 방종과 무질서를 연상시키는 부정적인 의미도 내포하고 있음이 사실이다. 그러나 이는 자아 절제와 인내를 통한 정신적인 쾌락을 지향한다. 따라서 라 퐁텐이 여기서 "즐기라"고 말하는 것도 이와 상통한다. 만약 그렇지 않다면 이는 라 퐁텐이 우화 첫 구절에서 비난하고 있는 바로 "모든 것을 긁어모으려는 광기"와 동일시된다. 에피쿠로스의 쾌락은 인간의 욕망은 결코 채워질 수 없음을 인정하고 이를 극복하려고 한다. 만약 욕망이 채워질 수 있는 것이라 생각하고 이를 채우려 한다면 인간의 욕망은 채워지기는커녕 끊임없는 빈 공간을 만들어 가며 도망칠 것이다. 이를 계속 따라간다는 것은 결국 인간을 욕망의 노예로 만들고 파멸로 이끌게 마련이다. 부질없는 욕망 채우기는 그만두고 현실의 삶에 충실 하라는 것이 에피쿠로스의 생각이자 이 우화의 메시지이다.

한 가지 더 생각해야 할 단어는 '오늘'이란 말이다. 이는 인간 시간의 유한함을 인정하는 말이다. 에피쿠로스 사상은 인간의 시간이 무한하다고 생각하지 않는다. 라 퐁텐이 서두르라고 재촉하는 것은 시간이 인간을 기다리지 않기 때문이며, 죽음이 어느 날 옆에 와 있을지도 모르기 때문이다. 그렇다면 내일이 없기 때문에 즐기라는 것은, 미친 듯이, 세상의 종말이 온 듯이 그렇게 즐겨야 한다는 것일까. 그렇다면 바로 세상은 무질서의 구덩이에 빠지고 인간의 모든 탐욕과 이기심이 도처에서 발현할 것이다. 바로 이 때문에 절제가 필요하고 지혜가 필요하다. 에피쿠로스가 전하는 행복한 인간의 삶이란, 지혜와 정직함과 의로움이 없이는 불가능하다. 오늘을 즐기라는 것은 충일한 오늘을 보내라는 뜻이다. 오늘 하루하루에 최선을 다하라는 고상한 삶의 미덕인 것이다.

오늘을 즐기라는 것은 아우구스티누스의 사상과도 일맥상통한다. 그러나 아우구스티누스와의 결정적인 차이점은, 아우구스티누스는 인간 시간의 유한함을 인정하면서 이를 또 다른 시간, 즉 천국에서의 무한한 시간과 연결하고 있다는 점이다. 아우구스티누스에 따르면 우리 인간은 하루하루 충일한 삶을 살아야 하는데 이는 곧 우리에게 진정한 행복을 가져다주는 하늘나라에서의 무한한 시간으로 가기 위해 필요한 것이라고 말한다.

4-3. 분수에 맞게 살라

욕심을 버리라는 말은 조금 더 확대하면 분수에 맞는 삶을 살라고 하는 말과 같다. 개구리가 황소를 닮고자 배를 부풀리는 것은 욕심인 동시에 분수에 어긋나는 행동이다. 이 교훈에 가장 적절한 우화는 우리가 잘 알고 있는 도시 쥐와 시골 쥐의 이야기일 것이다. 흔히 이 우화를 아이소포스의 것으로 잘못 알고 있으나, 이 우화를 처음 지은 사람은 호라티우스이다. 라 퐁텐은 원래의 작품에 내용상 별 변화를 주지는 않는다. 도시 쥐가 시골 쥐를 초대해서 성찬을 베풀지만 누군가의 방해를 받고, 이런 불안한 분위기에서는 도저히 식사를 할 수 없는 시골 쥐는 얼른 도시 쥐에게 작별을 고한다. 비록 음식은 소박할지언정 맘 편히 먹을 수 있는 자기 집에서의 식사가 시골 쥐에게는 더욱 맛나고 소중하다.

"뱁새가 황새 따라가다가 가랑이 찢어진다."는 우리 속담하고도 통하는 이 우화는 라 퐁텐에 의해서 대단히 간단하고 규격화된 정형시로 탈바꿈한다.[32] 시는 총 7연으로 되어 있는데 각 연은 7음절 4행시로 되어 있다. 프랑스의 정형시는 일반적으로 8, 10, 12 음절을 주로 사용하는데 - 이중 12음절은 이미 앞에서 말한 대로 알렉상드랭이라고도 한다. - 작가는 여기서는 전편에 걸쳐 7음절의 홀수 음절을 사용한다. 우리가 프랑스 시어의 리듬을 감상하고 기분으로 느끼기에는 문제가 있지만 7음절이 주는 느낌은 상당히 가벼우면서도 리듬감이 있다. 따라서 이 우화는 우리가 마치 3 · 4조의 시조를 읊듯 그런 리듬감이 있는 것으로 알면 무난하다. 대부분의 경우, 라 퐁텐은 한 우화 안에서도 여러 음절을 다양하게 사용함으로써 한 작품이 지니는 풍요로움과 깊이를 추구해간다. 그런데 여기서는 오로지 7음절만을 사용함으로써 사건의 단일성을 강조하고, 그 사건이 일정한 리듬을 따라 하나하나 전개되는 효과를 노린다. 작가의 개입이나 어떤 감정적인 표현도 일체 배제한 채, 오로지 사건을 펼쳐 나가는

32) 「도시 쥐와 시골 쥐(I-9)」

데 주력한다. 이는 어찌 보면 단조로운 느낌을 주기도 하지만, 전체적으로 깔끔하고 균형 잡힌 느낌을 준다. 특히 동작을 묘사하는 부분에서는 마치 영화 필름이 돌아가듯 생생한 장면을 연출한다.

> 방문 앞에서
> 그들은 소리를 들었다.
> 도시 쥐는 재빨리 도망치고
> 시골 쥐는 그 뒤를 따른다.
>
> 소리는 멈추고, 누군가는 사라진다.
> 쥐들은 곧 바로 다시 움직인다.
> 도시 쥐가 말한다.
> 이제 먹던 걸 끝냅시다.

인용문에서의 시제는 소리를 들은 것만 제외하고는 모두 현재로 되어 있다. 이는 당연히 7음절이 지니는 생동감에 현재성을 부여함으로써 현장감을 배가하려는 노력이다. 소리를 들은 것을 과거로 한 것은 뒤에 나오는 현재와의 간격을 주기 위한 것이다. 일단 과거 시제로 시작하여 장면을 고정시킨 다음, 이제는 현재 시제를 사용하여 신속하게 장면을 펼쳐나간다. 과거 시제는 이런 점에서 뒤에 나오는 현재 시제와 단절을 이루지만, 이는 단순한 단절이 아니라 현재로 치닫는 준비 기간이다. 마치 이 과거는 100미터 달리기를 할 때, 몸을 낮추고 출발 신호를 기다리는 선수들의 긴장된 순간을 연상시킨다. 이제 '탕'하는 총소리와 함께 선수들은 현재형으로 물밀듯이 앞으로 재빨리 나아갈 것이다.

우화에서 당나귀는 어리석은 동물로 자주 나온다. 이제 다시 한 번 당나귀는 자신의 능력과 처지를 모르고 날뛰다가 곤욕을 치른다. 「당나귀와 강아지(IV-5)」의 이야기를 들어 보자. 당나귀는 자기는 그토록 일을 열심히 하건만 매나 얻어맞고, 강아지는 일도 안 하는데 주인의 귀여움을 받는다는 사실이 도대체 이해가 가지 않는다. 그는 더 사랑받고 싶어서, 더 소중하게 보이기 위하여 주인을 애무하기로 한다. 당나귀의 머릿속에는 강아지를 따라 해야 한다는 생각밖에 없다. 강아지가 앞발을 주인을 향해 들면 주인이 강아지의 입을 맞춰 주는 것이 너무도 보기 좋았던지라 자기도 그리 하면 반드시 사랑 받으리라 생각한다. 게다가 두 발을 주인 앞에서 들어주는 것이 그다지 어려운 일도 아니지 않는가. 당나귀는 느릿느릿 주인을 향해 가서는 아주 사랑스럽게 주인의 턱을 쓰다듬고자 한다. 한 술 더 떠서 자기 생각으로는 우아하다고 할 정도의 노래까지 덧붙인다. 그러나 당나귀에게 돌아오는 것은 주인의 정겨운 손길이 아니다. 주인의 반응은 즉각적이다. 그는 일순 퍼뜩 놀라긴 했지만 곧 바로 당나귀에게 몽둥이세례를 퍼붓는다. 이와 더불어 희극은 끝을 맺는다.

라 퐁텐은 이 우화를 다음과 같은 교훈으로 시작한다.

> 타고난 능력에 어긋나게 행동하지 말자.
>
> 그렇게 해서는 그 어떤 것도 멋지게 할 수 없을 것이다.
>
> 서툰 사람은 무엇을 하든
>
> 결코 신사처럼 행동할 수 없을 것이다.

이어서 라 퐁텐은 세상에는 하늘이 내린 뛰어난 재능을 지닌 사람이 있음을 이야기한다. 그러나 이들은 너무도 소수여서 일반 사람에게는 해당되지 않음을 강조한다. 괜히 이들을 꿈꾸고 이들처럼 살기를 바라다가는 자기 인생을 망치기 마련이다. 어렸을 때, 아무 것도 모르는 시절에는 맘만 먹으면 대통령도 되고, 이름난 축구 선수도 되고, 무엇이든 할 수 있을 것 같지만 세상은 그리 녹록하지가 않다. 나이 들어 어느 날 자신을 바라보면 그저 그런 한 사람이 거울 앞에 서 있는 것을 발견한다. 그러나 실망할 필요는 없다. 주위를 둘러보면 모두가 다 고만고만하다. 조금 나아 보이지만 조금 더 멀리서 보면 별 차이가 없다. 세상을 인정하고, 자기를 인정하고, 분수에 맞게 살라는 것, 이것이 바로 라 퐁텐 우화의 삶의 철학이다. 적을 알고 나를 알면 백전백승이란 말은 병법에서만 통용되는 말이 아니다. 아니, 어쩌면 인생 자체가 전쟁과도 같은 것이기에 이 말은 인생살이에서도 족히 음미할 만한 말이다.

자신의 처지에 만족을 못하는 어리석은 당나귀가 또 한 마리 있다.[33] 한 정원사의 당나귀는 늘 일찍 일어나는 것에 대하여 불만을 갖고 있었다. 시장에 아침 일찍 풀을 실어 나르기 위해 달콤한 잠에 방해를 받는 당나귀는 운명의 신에게 자신의 처지를 하소연하였다. 그러자 신은 그에게 다른 주인을 주었는데 그는 가죽을 다듬는 무두장이였다. 그런데 매일 무거운 가죽을 짊어져야 하는데다 냄새가 어찌나 나는지 당나귀는 또 다시 신에게 불평을 하였다. 당나귀는 불평의 대가로 숯쟁이를 주인으로 삼

---

33) 「당나귀와 그의 주인들 (VI-11)」.

게 되었다. 그렇지만 당나귀는 고된 일에 시달려서 매일 가장 늦게 잠자리에 들어야 하는 처지가 되었다. 다시금 당나귀는 자기의 처지를 한탄한다. 그러자 화가 난 운명의 신은 이렇게 말한다.

> 무어라고! 이 당나귀는 백 명의 왕보다도
> 나를 더 귀찮게 하는구나.
> 대체 왜 이 녀석 혼자만이 만족하지 못한단 말인가?
> 내가 저 놈의 일에만 신경 쓰란 말인가?

그렇다. 사람들은 모두 자기가 제일 불행하다고 불평한다. 자신의 처지에 만족하는 사람은 찾아보기 힘들다. 이들의 불평을 다 들어준다면 신이라 한들 어찌 피곤하지 않겠는가.

우화 하나를 더 예로 들어보자. 까마귀가 독수리의 힘을 따라갈 수 있을까? 흔히 독수리는 제우스의 새라고 일컬어진다. 독수리가 양을 멋지게 낚아채는 것을 까마귀가 보고 이를 흉내 내고자 한다.[34] 그러나 까마귀가 독수리와 같은 점이라고는 대식가라는 점뿐이다. 까마귀는 양 떼를 맴돌면서 그 중 가장 살찌고 먹음직스런 양 한 마리에 눈독을 들였다. 그리고는 냅다.양을 덮쳤는데 문제는 그 다음에 일어났다. 대체 이 양이 어찌나 무거운지 꿈쩍하지 않는 것이었다. 치즈를 물고 있다가 여우의 공치사에 치즈를 빼앗기는 우화를 기억하는 우리로서는 까마귀는 그저 치즈정도를 물고 있으면 알맞은 동물이다. 자기 몸짓보다 더 큰 양을 들어 올리려고 하니 이게 말이 되는 일인가. 게다가 양

34) 「독수리를 흉내 내고자 하는 까마귀 (II-16)」 아이소포스의 우화에도 나와 있다.

의 털은 어찌나 두껍고 폴리페모스[35]의 수염처럼 엉클어져 있는지 까마귀의 발톱을 꼼짝 못하게 만들고 있었다. 이제 이 불쌍한 새의 운명은 불 보듯 뻔하다. 양을 들어 올리지 못해 끙끙대고 있던 까마귀는 목동의 손에 잡혀서 새장에 갇히는 신세가 되고 만다.

위 우화가 전하는 메시지는 더 이상 강조할 필요가 없다. 다만 라 퐁텐은 자신의 능력을 잘 알아야 한다는 교훈 외에도 몇 가지를 더 말하고 싶어 한다. 우선 이 세상에는 힘이 있든 없든 무조건 남의 것을 탐내는 못된 습성이 존재한다는 사실이다. 분명 까마귀는 겉보기에 독수리보다 힘도 없고 별로 무서워 보이지도 않지만 이런 까마귀조차 독수리를 흉내 내어서 남의 물건을 탐한다. 또 하나, 강한 자는 별다른 어려움 없이 남의 것을 앗아가지만 힘없는 자는 재수 없게 걸려든다는, 별로 유쾌하지 못한 세상의 법칙이 위 우화에서도 반복된다. 결국 한 마디로 말하자면 약자의 세상살이는 결코 순탄하지가 않으니, 그저 조심하면서, 욕심내지 말고, 자기 분수에 맞게 살라는 뜻이다.

현실에 만족하고 분수에 맞게 살라는 말은 특히 우리네 동양 사회에서는 전통적인 미덕으로 여겨져 온 것이 사실이다. 안분지족(安分知足)이란 말을 생각하면 우리 조상들의 여유와 품격이 절로 생각난다. 그러나 이 말은 탐욕과 망상을 갖지 말라는 훌륭한 뜻을 지니고 있음에도 불구하고, 도전 정신의 결핍, 혹은 현실 안주 등의 부정적인 이미지로 잘못 해석될 수 있는 여지가 있다. 게다가 오늘날과 같이 경쟁이 치열한 사회에서 이 말은 인생

35) 그리스 신화에 나오는 외눈박이 거인.

패배자의 자아 위안으로 쓰일 수 있다. 불가능을 가능으로 만들어야 하는 사회에서 현실에 만족하라는 말은 때로는 너무도 한가하게 들리기 십상이다.

그러면 다음 우화는 어떤가 보자. 옛날에 한 노파가 있었다.[36] 그에게는 하녀가 둘이 있었는데 모두 놀라운 실 잣는 솜씨를 지니고 있었다. 운명의 실을 잣는 여신도 이들을 따라 갈 수 없을 정도라고 작가는 말한다. 그러나 이 비할 데 없는 솜씨를 지니고 있는 하녀들의 삶은 고달프기 짝이 없었다. 특히 새벽에 닭이 울면 지체 없이 일어나 일을 시작해야 하는 것이 너무도 피곤하기 그지없었다. 노파는 하녀들을 부려먹는 것 외에는 대체 다른 데에 신경을 쓰지도 않았다. 두 하녀는 불만이 쌓이기 시작했다. 망할 놈의 닭, 그들은 닭만 새벽에 울지 않으면 자기들이 잠을 더 잘 수 있으리라 생각했다. 그리하여 하녀들은 닭을 잡아다가 목을 비틀어 죽여 버렸다. 이제 하녀들은 늦잠을 자도 아무런 문제가 없으리라 좋아 하였다. 그러나 이게 웬 걸, 노파는 닭이 죽자 새벽이 언제 온 것인지 알 수가 없어서 더 닦달을 하게 되었다. 새벽이 지나버릴까 걱정이 된 노파는 마치 도깨비라도 된 듯 잠도 안자고 온 집을 누비고 다녔다. 이제 하녀들은 잠에 들자마자 노파의 수선 때문에 일어나야만 했다.

라 퐁텐은 우화 마지막에 두 하녀들이 겪는 신세를 오디세우스가 카리브디스를 피하다가 스킬라를 만나는 처지에 비유한다.[37] "여우를 피하려다 호랑이를 만난다."라는 우리네 속담과

36) 「노파와 두 하녀 (V-6)」
37) 진퇴양난의 뜻으로 많이 쓰인다.

상응하는 이 우화 역시 아이소포스의 우화에서 본 뜬 것인데 아이소포스의 교훈은 사람들이 겪는 불행은 결국 자기들이 이것저것 계산을 너무 하다가 생긴다는 것이다. 이는 요새 말로 하면 한 마디로 잔 머리 굴리지 말라는 뜻이다. 라 퐁텐의 우화도 이와 그다지 큰 차이가 없다. 그저 묵묵히 현실에 만족하고 살라는 뜻이다. 이는 운명의 무서운 힘을 말하는 것이기도 하다. 하녀들은 자기의 운명을 도저히 바꿀 수 없음을 알아야 한다. 운명을 바꾸다가는 자칫 더 나쁜 상황에 빠질 수 있다. 이는 분명 맞는 말이기는 하다. 그러나 이 우화는 무언가 씁쓸한 뒷맛을 남긴다. 그것은 하녀들과 노파 간의 계급 차이가 존재함은 물론, 하녀들의 고생이 너무도 심하기 때문이다. 아마도 동물 간의 이야기가 아니고 실제 인간관계의 이야기가 펼쳐지다보니 이 불평등이 더 심하게 느껴지는지도 모르겠다. 노파가 무슨 악의가 있다거나 심한 억압자로 보이지는 않지만 하녀들의 처지가 너무 딱해 보이는 것은 사실이다. 혹, 17세기의 신분 사회에서는 당연하게 여길 지도 있지만 그래도 심하게 보이는 것은 어쩔 수 없고, 현재 사회에서 보면 이는 하녀들이 불쌍하다는 차원을 넘어서 노파에게 어떤 제재를 가해도 좋을 성 싶다. 여하튼 우리는 하녀들의 신세가 여하튼 바뀌길 원한다. 그런데 현실에 만족하라느니, 분수를 알라니 하면 참으로 세상이 야속하고 슬프게 느껴진다. 그렇다. 간혹 라 퐁텐의 우화에 이런 슬픔이 있는 것은 사실이다. 그래서 우화는 단 하나의 의미만을 부여하지는 않는다. 끊임없이 다른 의미를 생산해내는데 이는 독자의 몫이기도 하다. 아무튼 우화는 현실을 바꾸는 것이 얼마나 어려운 것인가를 말해준다. 현실에 만족하고, 분수에 맞게 살라는 말은 어쩌면 바꿀 수가 없기 때문이라서 그런지 모른다. 혹은 바꾸어 보았자 소용이 없기 때문인지도 모른다. 그 만큼 현실은 어둡다고나 할까.

4-4. 부드러움이 강함을 이긴다.

약육강식의 세상에서 힘이 최고임은 두 말할 나위가 없다. 그러나 세상은 참으로 묘해서 하나의 진리가 모든 것을 지배하지 못한다. 인생살이에 웃음이 있는가 하면 슬픔이 있는 것처럼 힘만 있다고 모든 것이 다 해결되지 못한다. 너무도 유명한 「태양과 바람(VI-3)」의 우화가 이를 잘 보여준다.[38] 라 퐁텐은 이 우화의 제목에 예스런 맛을 주기 위하여 포이보스와 보레아스라는 그리스 신들의 이름을 사용한다. 포이보스는 아폴론을 가리키며, 보레아스는 그리스 신화에 나오는 북풍의 신을 뜻한다.

일반적으로 우화에는 시간적 배경이 자주 나오지는 않지만 여기서는 가을로 들어서는 계절임을 서두에서 밝힌다. 우리와는 달리 유럽의 가을은 변덕스럽고 우중충하고 대체 종잡을 수 없는 날씨이다. 따라서 외출할 때는 언제든지 입었다 벗었다 할 수 있는 외투가 반드시 필요하다. 우리 우화에 나오는 여행객은 이런 계절에 언제 비가 올지 모르기 때문에 이중으로 된 외투를 몸에 두르고 있었다. 북풍은 이를 보고 중얼거린다.

저 친구는 모든 일에 대비하여

준비를 잘 했다고 뻐기는구먼

---

38) 아이소포스 우화에도 나오는 작품이다.

그렇지만 내가 모든 단추를 다 날려버릴 만큼
바람을 세게 불 거 라고는 예상하지 못하는군.
내 맘만 먹으면 저까짓 외투는 저 멀리 날아갈 텐데.

바람은 나그네를 골려 줄 맘으로 내심 즐거워하고 있는데 마침 옆에 있던 태양이 그 모습을 보고는 누가 먼저 사내의 외투를 벗길 수 있는지 내기를 제안한다. 자신감에 가득 차 있던 바람은 두 말할 것도 없이 이 내기를 받아들인다.

바람은 수증기를 가득 들이마시고, 풍선처럼 부풀린 다음,
악마와도 같은 거친 소리를 내며
처음에는 휘파람을 불듯이, 그러다가는 숨을 더 내뱉고,
마침내는 태풍으로 변하여서 숱한 지붕을 날리고, 배들을 침몰시킨다.

그러나 이 어찌된 일인가. 나그네는 그럴수록 외투를 더욱 더 굳게 잡고 버티는 것이 아닌가. 바람이 더욱 기승을 부리면 부릴수록 오히려 외투는 나그네의 몸에 더욱 밀착될 뿐이다. 바람은 기진맥진하고 마침내 그에게 할당된 내기의 시간이 지나갔다. 이제는 태양이 솜씨를 보일 차례다. 태양은 구름을 걷어내더니 서서히 나그네에게 파고든다. 그러자 나그네는 태양이 힘을 제대로 발휘하지도 않았건만 벌써 단추를 풀고 마침내는 외투를 벗어던진다. 광풍 앞에서 굳건히 문을 잠그고 있던 그 외투가 태양의 부드러운 미소에 모든 것을 내던진 것이다. 라 퐁텐은 이렇게 자신의 우화를 끝맺음한다.

부드러움이 강한 것보다 더 많은 것을 할 수 있나니.

태양과 바람의 우화와 쌍을 이루는 작품이 있다면 그것은 바로 「떡갈나무와 갈대(I-22)」의 우화이다.[39] 「태양과 바람」에서는 나그네를 대상으로 내기를 하지만 여기서는 떡갈나무와 갈대가 바람을 대상으로 일종의 내기를 한다. 어느 때이건 항상 거만하고 잘 난체 하는 사람이 사건을 만드는 법이다. 기골이 장대한 떡갈나무가 연약하기 그지없는 갈대를 보고는 오만한 동정심을 발동해서 이렇게 말한다.

당신은 정말 자연을 탓할 만도 하네요.
굴뚝새 한 마리만 앉아도 당신에게는 너무도 무거운 짐이 되고
수면에 주름을 살짝 만드는 가벼운 바람에도
당신은 고개를 숙여야 하니까 말입니다.
그렇지만 내 이마를 보세요. 마치 코카서스 산맥과 같지 않나요.
햇볕도 가려줄 뿐 아니라 폭풍우에도 맞서 싸우지요.
당신에게는 모든 것이 매서운 바람일지 몰라도
나에게는 모든 것이 부드러운 미풍이지요.
만약 당신이 이웃까지도 보호해주는
내 그늘 아래서 태어났다면
그렇게 고통 받지 않아도 되었을 텐데.
내가 당신을 보호해주니 말입니다.
그런데 당신은 주로 바람 왕국의 습한 가장자리에서 태어나더군요.
자연은 내가 보기에 당신에게 너무도 잔인한 듯싶군요.

39) 아이소포스도 같은 우화를 다루고 있다.

진실로 갈대를 불쌍히 여겨서 그러는 것인지, 아니면 자신이 잘 났다고 떠드는 것인지, 떡갈나무는 우화의 반 이상을 차지하는 분량에 걸쳐 장광설을 늘어놓는다. 그러나 갈대는 떡갈나무의 말에 신경 쓰지 않는다. 오히려 갈대는 떡갈나무를 동정한다. 의연하고 자신에 찬 갈대의 말을 들어보자.

당신의 동정이 나를 위하는 좋은 마음에서 나온 것인지는 알고 있어요.
그러나 그런 근심은 버려 주세요.
바람은 나보다 당신에게 더 무서운 존재랍니다.
나는 몸을 굽히지만 부러지지는 않거든요.
당신은 지금까지 바람의 무서운 공격에 굽힘없이 버텨 왔지요.
하지만 어떻게 될지, 끝까지 기다려봐야지요.

갈대가 말을 마치기가 무섭게 그때까지 볼 수 없었던 무시무시한 광풍이 몰아닥쳤다. 나무는 이에 질세라 꼿꼿하게 몸을 세우고 바람과 맞서 싸우기 시작하였다. 반면 갈대는 부드럽게 몸을 숙이고 바람을 피하였다. 바람은 더욱 맹렬해지 시작했다. 그럴수록 떡갈나무는 사력을 다해 버틴다. 그러나 마침내, 머리가 하늘에 닿아 있고 그 발은 땅 속 깊숙이 죽음의 세계에 닿아 있던 그 거대한 떡갈나무는 뿌리를 뽑히고 만다.[40]

나그네가 외투를 날리지 않으려고 필사적으로 바람과 싸우는

40) 이 거대한 떡갈나무의 표현은 베르길리우스(Vergilius)의 『농경시』, 2권, 291행-292행, 그리고 『아이네이스』, 4권, 445행-446행에 나오는데 많은 작가들이 인용하는 문구이다.

모습, 떡갈나무가 꿋꿋하게 바람에 맞서는 모습, 하나는 바람의 패배요, 다른 하나는 바람의 승리이지만 이 두 우화는 유사한 측면이 많다. 두 우화는 모두 짧은 작품이지만, 라 퐁텐이 단순히 교훈을 전달하는 메신저의 역할을 넘어서 얼마나 사실주의적인 기법으로 독자를 매료시키고 있는가를 여실히 보여준다는 점에서 공통점을 지닌다. 사실 라 퐁텐의 천재성은 이러한 표현력에 더 기인한다고도 볼 수 있지만 우리는 여기서 이 부분은 잠시 접어두기로 하자. 다만 두 우화는 모두 강한 것이 늘 좋은 것만은 아니라는 인생의 진리를 일깨우고 있다는 점에서 흐름을 같이 한다. 종종 이 두 우화를 같은 맥락에서 인용하는 것은 바로 이 때문이다.

그러나 두 우화는 좀 더 세밀히 보면 의미의 진폭에서 약간의 차이점을 발견할 수 있다. 우선 「태양과 바람」은 우리가 상대방을 가정하고 무슨 일을 할 때, 강압적으로 하기보다는 설득을 하고 부드럽게 대한다면 원하는 성과를 이룰 수 있음을 보여준다. 아주 간단한 예를 들어보자. 공부하기 싫어하는 어린아이에게 공부해라, 공부해라, 안 하면 맞을 줄 알라고 닦달과 위협을 하면 비록 그 아이가 당장은 공부를 하는 척 할지 모르지만 그 효과는 오래 가지 못한다. 그러나 공부하면 무엇이 생긴다거나 어떤 좋은 점이 있다고 달랜다면 아마도 훨씬 좋은 결과를 얻을 수 있을 것이다. 전쟁에서는 반드시 이겨야 한다. 그러나 반드시 무력으로 이겨야만 하는 것은 아니다. 싸우지 않고도 이길 수 있다면, 이는 훨씬 더 값진 승리가 된다. 막강한 군사력을 가지고 상대편의 성을 공격하는 부대가 있다고 하자. 누가 보더라도 최종 승리는 공격하는 군대가 될 것이다. 그런데 만약 이 군대가 자기의 힘만 믿고 무조건 밀어붙인다면 그 결과는 어떻게 될 것인가. 일단 상대방도 죽기 살기로 맞서 싸울 것이요, 피차간에 희생이 날 것은 당연한 이치이다. 그런데 적절히 퇴로를 보장하고, 상대방을 안심시킨다면 굳이 싸우지 아니하고도 쉽게 승리를 거둘 수 있을 것이다. 무력을 가지고 승리를 거두는 것이 가장 하책(下策)이라는 말은 이에 해당한다.

「떡갈나무와 갈대」는 어찌 보면 이와 역관계를 이룬다. 막강한 적이 쳐들어 올 때, 과연 이에 어떻게 대처해야 하는가. 맞서 싸울 것인가, 아니면 고개를 숙일 것인가. 우화는 후자를 권한다. 감정적으로야 한 번 부딪쳐 보기도 싫겠지만, 어차피 적수가 안 된다는 계산이 선다면 구태여 싸울 필요가 없는 법이다. 우리는 한신 장군이 어린 시절 모욕을 참아가며 남의 가랑이 사이를 지나갔다는 일화를 알고 있다. 굳이 싸울 필요가 있을까. 그저 가랑이 사이를 지나가는 것으로 문제가 해결된다면 말이다. 물론 모욕감도 들겠지만 오히려 한신 장군에게는 이것이 뒷날을 기약하는 쓰디쓴 보약이 될 수 있었다. 다시 어린아이의 예를 들어보자. 공부를 너무 안 하다 보니 부득이 부모는 매를 들고 종아리를 때리는데 이럴 때 어린아이가 할 수 있는 최선의 방어책은 무엇일까. 끝까지 안 하겠다고 버티는 것일까, 아니면 얼른 앞으로는 열심히 하겠다며 고개를 숙이는 것일까.

문제는 있다. 그리고 선뜻 납득이 가지 않는 부분도 있다. 자칫 너무 부드러움만 강조해서는 원하는 목적을 이룰 수 없는 경우도 있다. 공부 안 하는 아이에게 마냥 사탕만 줄 수는 없는 노릇이다. 상황에 맞게 적절히 강온전략을 구사해야 할 것이다. 우화의 교훈은 이처럼 양면성을 지니고 있음을 다시 한 번 확인할 필요가 있다. 「떡갈나무와 갈대」의 예는 마냥 부드러운 것이 좋은 것일까 하는 의문을 갖게 할 수도 있다. 무시무시한 바람을 피해 고개를 숙이는 갈대의 모습에 공감을 하면서도 때로는 어려움에도 굴하지 않고 버티는 떡갈나무의 의연함이 더 큰 미덕으로 다가올 수 있기 때문이다. 부러질지언정 휘어지지는 않겠다는 떡갈나무의 저항정신이나 강인함은 칭송의 대상이 될 수도 있지 않은가. 반면 바람 가는대로 고개를 숙이는 갈대는 비겁하다는 비난을 받을 수도 있는 것 아닌가. 모두가 갈대와 같다면 세상은 어떻게 되겠는가. 히틀러가 나와도, 독재자가 채찍을 들어도, 하다못해 동네 불량배가 설쳐도 누구 하나 이를 막으려 하는 사람이 없다면 어떻게 될 것인가. 세상에 모두 착한 사람만 존재한다면 아무 문제가 없겠지만, 엄연히 선악이 존재하고 강자와 약자가 공존하는 이 세상에서 갈대와 같은 처신은 심각한 사회 불균형을 초래할 수도 있다. 그렇다면 이는 어떻게 설명해야 하는가. 이제 다음 장으로 넘어가 보자.

4-5. 그래도 살아야 한다.

한때 짧고 굵게 사는 것이 미덕인 적도 있었다. 특히 이는 남자들에게 더욱 그럴듯한 미덕으로 여겨지기도 했다. 조직 폭력배들이 간혹 이런 좌우명으로 자신을 옭아매는 경우도 있지만 이를 긍정적으로 해석한다면 이웃을 위하여, 조직을 위하여, 나아가 국가나 세계 평화를 위한다는 거대한 슬로건으로도 의미 확장이 가능하다. 분명 이는 훌륭한 일이고 우리가 알고 있는 위인들이란 대략 이 범주에 드는 사람들이다. 안중근, 윤봉길, 이봉

창 등 많은 애국 열사들이 바로 이에 해당한다. 그들은 갈대와 같은 삶을 산 것이 아니라 떡갈나무처럼 저항했던 인물들이다.

그러나 우화는 되묻는다. 당신이 안중근이냐고. 참으로 그와 같은 사람은 눈을 아무리 크게 뜨고 봐도 찾기 힘들다. 너무도 희소가치가 있는 귀한 존재이기에 그들은 위인의 반열에 들어가 있다. 그런데 우화는 평범한 사람을 대상으로 한다. 어느 특별한 인물을 향하여 말하는 것이 아니기에 우화의 교훈은 때로는 비겁해 보일 수 있고, 구차하게 보일 수도 있다. 굵고 짧게 살기보다는 가늘더라도 길게 사는 것이 우화의 미덕일 수도 있다는 말이다.

이는 무엇보다 산다는 것 자체가 귀하고 중요하기 때문이다. 사실 자기의 목숨이 가장 소중한 것은 당연한 일이다. 너도 나도 모두 자기의 생명을 최고로 여긴다. 천하를 얻고도 자신을 잃으면 아무 소용이 없다는 말을 여기에 적용한다면 너무 통속적인 해석이 될까? 아무리 자기가 잘났다고 큰소리치고, 남과 다르다고 뽐내도 자신의 생명이 걸린 문제에서는 남과 같아지는 것이 인간의 본성이다. 생명이 걸린 문제이기에, 자신의 존재 여부가 걸린 문제이기에 갈대는 몸을 굽힌 것이다. 강한 바람이 불 때, 고개를 숙이라는 것은 삶에 대한 집착에서 나온 본성이지 이를 탓할 사람은 아무도 없다.

「떡갈나무와 갈대」가 주는 교훈은 부드러움이 강함을 이긴다든가 혹은 겸손이 미덕이라는 표면적인 교훈 외에도 이처럼 삶에 대한 인간의 본능적인 집착을 담고 있다. 세상에 몇 가지 유명한 거짓말이 있다고 하는데 그 중 하나는 나이 많이 든 사람이 이제 그만 죽어야 한다고 말하는 것이라 한다. 이는 인간은 나이와 관계없이, 혹은 나이가 들면 들수록 삶에 대한 애착이 더 많아진다는 뜻이다. 사는 것이 힘들거나 어려운 일을 당할 때 흔히 죽고 싶다는 말을 하지만 과연 진실로 죽고 싶은 사람이 몇이나 될까.

라 퐁텐의 「죽음과 불행한 사람(I-15)」이라는 우화가 이를 잘 보여준다. 자신을 늘 불행하다고 여기는 사람이 "오, 죽음이여, 그대는 나에게 얼마나 멋진 존재인지! 어서 오라, 와서 나의 이 잔인한 운명을 끝내주기를."하고 매일 부르짖는다. 죽음의 신은 이를 듣고는 그렇게 해주리라 마음먹고는 그의 집 문을 두드리고 안으로 들어간다. 사내는 죽음의 신을 보자 놀라서 돌연 태도를 바꾸어서 외친다.

> 이게 뭐야! 어서 이걸 치워버려.
> 이 끔찍한 것! 보기만 해도
> 흉측하고 몸서리 쳐지네.
> 가까이 오지 말라니까, 오, 이 죽음의 신이여, 오, 죽음이여, 어서 꺼지라니까.

라 퐁텐은 우화의 말미에 메세나[41]의 말을 인용한다.

> 내가 불구가 되건,
> 앉은뱅이가 되건, 통풍에 걸리건, 또는 팔을 못 쓰게 되건, 어쨌거나
> 목숨만 붙어 있다면 그것으로 족하리. 나는 더 할 나위 없이 만족하네.

---

41) 로마 아우구스투스 황제의 친구인 마에케나스(Maecenas)를 말한다. 베르길리우스와 호라티우스의 후견인으로 그는 문예 후견인 역할을 한 까닭으로 후세에 그의 이름은 보통 명사화되어 문예 후견인의 의미로 쓰인다.

원래 이 우화는 아이소포스의 우화 「노인과 죽음」을 본 뜬 것이다. 아이소포스는 나무를 하던 노인이 너무도 힘든 나머지 죽음의 신을 부른다는 이야기를 하고 있다. 그런데 라 퐁텐은 이러한 상황을 모두 생략한 채, 우화를 아주 간단히 재구성한다. 다만 우화의 교훈을 강조하기 위하여 메세나의 말을 덧붙이고 있을 뿐이다. 그런데 아마도 누군가가 라 퐁텐에게 아이소포스의 우화에 있던 나무꾼 노인의 고된 삶을 왜 언급하지 않았냐고 참견을 하였던 모양이다. 이는 라 퐁텐 스스로가 밝히는 바인데, 따라서 라 퐁텐은 이 말을 의식해서 우화를 하나 더 만들어 낸다. 이 우화는 「죽음과 나무꾼(I-16)」이라는 제목을 달고 있는데 「죽음과 불행한 사람」에서는 단지 한 불행한 사람이라고 되어 있지만 여기서는 그의 직업이 나무꾼이라는 것을 밝힘으로써 그의 불행의 근원이 어디에 있는지를 밝힌다. 이제 이 우화의 처음 부분을 보자. 왜 그가 죽음을 찾는지 알 수 있을 것이다.

한 가엾은 나무꾼이 가득 나무를 지고
세월과 나무의 무거운 짐에 짓눌린 채
신음소리를 내며 휘어진 등을 하고는 무거운 걸음으로
연기 나는 자신의 초가집을 향해 걸어가고 있었다.
그러다 마침내는 더 이상의 고통과 무거움을 이길 수 없어서
나무 짐을 내려놓고는 자신의 불행에 대하여 생각했다.
세상에 태어나서 지금까지 기쁨을 맛본 적이 있었던가?
이 둥글고 둥근 지구상에 자신보다 불행한 사람이 있단 말인가?

처음 우화보다는 훨씬 사실적인 묘사가 돋보인다. 어쩔 수 없

이 져야하는 세월이란 짐과 또 먹고 살기 위해서 만부득이 지고 다녀야 하는 무거운 나뭇단. 노인에게 두 겹의 이 짐은 너무도 버거울 뿐이다. 게다가 이는 순간으로 끝나는 짐이 아니라 앞으로도 계속될 불행의 수레바퀴이다. 작가는 나무꾼의 불행을 구체적으로 열거한다.

> 때로는 먹을 빵도 없고, 결코 휴식도 없는데
> 아내, 자식들, 군인들, 세금,
> 빚쟁이, 그리고 힘든 부역(賦役)은
> 그를 불행한 자의 완벽한 표상으로 만든다.

아내와 자식은 노인의 개인적 불행이다. 이유는 정확히 모르지만 그는 가정적으로도 많은 문제가 있는 것이 분명하다. 군인을 거론한 것은 이들을 먹여주고 입혀주는 모든 경제적 비용을 이 우화의 노인과 같은 힘없는 평민이 감당해야 함을 뜻한다. 게다가 세금이나 부역 을 거론하는 것을 보면, 노인은 개인적인 불행에다가 사회적으로도 엄청난 짐을 지고 있는 듯하다. 라 퐁텐은 필경 여기에서 은근히 당시 평민들의 암울하고 어려운 삶을 암시하고 있음에 틀림없다.

노인은 이제 죽음을 생각한다. 그리고는 죽음이여 어서 오라고 부르짖는다. 그러자 죽음이 득달같이 오더니만 필요한 게 무어냐고 묻는다. 당황한 노인은 태도를 바꾸고 대뜸 이 짐 좀 도와주지 않겠냐고 대답한다. 라 퐁텐은 다시 한 번 인생의 교훈을 전하며 우화의 끝을 마무리한다.

죽는 것보다는 고통 받는 게 차라리 나으리니,

바로 이것이 우리 인간의 좌우명이다.

삶에 대한 애착은 죽음에 대한 공포와 맞물린다. 그런데 죽음은 저 멀리 떨어져 있는 남의 이야기가 아니다. 그것은 일상에 묻혀 있으면서 불시에 인간 곁으로 다가온다. 만약 죽음이 예정된 것이라면, 인간이 태어난 순서대로 일정한 법칙에 따라서 죽음을 맞이한다면 그토록 두렵지는 않을 것이다. 하나하나 주위의 것을 정리하고 떠날 준비를 할 수 있다면, 죽음은 능히 받아들일 수 있는 삶의 또 다른 모습이라 할 수 있다. 그러나 죽음은 예고 없이 닥쳐오고, 여기에는 순서가 없다. 돈이 있다고, 권력이 있다고 죽음이 천천히 찾아오지는 않는다. 이것이 또한 우리네 삶의 모습이기도 하다. 순서도 없고, 무언가 엉클어진 듯한, 모순덩어리의, 바로 이것이 인생이 아닌가. 언제, 어디서, 무슨 일이 일어날지 모르는 그런 세상 속에서 우리는 살고 있을 뿐이다. 그러기에 하루하루의 삶이 소중하고, 우리는 더욱 악착스럽게 살아야 하는 것이다.

여든 살 노인이 나무를 심고 있었다.[42] 그 나이에 나무를 심다니, 이웃의 젊은이 세 명이 노인을 보고는 기가 막혀서 노인에게 묻는다. 이 노동의 대가를 과연 노인이 얻을 수 있는가를. 그들은 이런 일은 자기들과 같은 젊은이들에게나 어울리는 것이라고 말한다. 그러자 노인은 죽음의 신은 그 누구에게나 평등하다며 이렇게 대답한다.

42) 「노인과 세 명의 젊은이(XI-8)」

우리 인생의 종말은 그 짧은 기간으로 보면 결국은 같은 거라네.
우리 중의 과연 누가 마지막으로 저 하늘의 빛을 만끽하게 될까?
한 번 지나간 시간이 다시 올 수 있다고 생각하는가?
내 후손들이 이 나무의 그늘을 즐기게 되겠지.
아니, 자네들은 현자(賢者)가 다른 사람의 기쁨을 위하여 노력하는 것을 막으려 하는가?
바로 그것이 내가 오늘 맛보는 열매인 것을.
나는 그 기쁨을 내일 즐길 수도 있고, 며칠 더 즐길 수도 있지.
그리고 나는 자네들의 무덤에 태양이 뜨는 것을 여러 번 세어 볼 수도 있지.

노인의 말은 옳았다. 세 젊은이들의 운명은 과연 어떻게 되었을까. 하나는 바다에 빠져 죽고, 다른 하나는 전쟁터에서 죽고, 마지막 한 명은 나무에서 떨어져 죽었다. 노인은 이들의 죽음을 슬퍼하며 세 젊은이의 대리석 묘비에다가 이 이야기를 적어 놓는다.

위 우화의 노인은 삶에 지쳐 죽음을 부르는 나무꾼 노인과는 분명 다르다. 삶에 지쳐 있으면서도 그 삶을 악착같이 부여잡고 있는 것이 나무꾼 노인이라면, 나무를 심는 노인은 삶과 죽음의 경계를 넘어서 있는 듯 보인다. 나무를 심는 노인은 죽음을 맞이하는 준비가 되어 있기에 짧고 유한한 인생의 흐름 속에서 자신의 시대가 아닌 후손의 시대를 생각한다. 라 퐁텐은 우화 「죽음과 죽어가는 자(VIII-1)」에서 다시 한 번 죽음을 어떻게 맞이할 것인가를 이야기한다. 백 년이 넘도록 살아 온 사람이 어느 날 유언장을 쓸 시간도 없이 죽게 되자 죽음의 신에게 불평을 한다.

이렇게 불시에 죽어야 한다는 것이 정당한가요?
조금만 더 기다려 주세요.
내 마누라는 내가 자기 곁을 떠나는 걸 원치 않는답니다.
손자들이 자리 잡는 걸 봐야 하구요.
집 벽도 새로 해야 하는데
어쩌면 이리도 서두르시는지요, 오, 잔인한 여신이시여!

그러나 죽음의 여신은 이미 오래 전부터 노인의 곁에 와 있었건만 노인이 이를 감지하지 못했을 뿐이라고 대답한다. 걷고 움직이는 데에 불편이 있었을 때, 입맛이 없었을 때, 노인은 자신의 운명을 알아야만 했다. 벗들이 죽어가는 것을 보았을 때, 노인은 죽음을 준비해야 했다. 대체 유언장을 쓰지 않고 죽는다고 이 나라에 무슨 큰 일이 있겠는가, 노인이여 이제 그만 말대꾸하고 내 뒤를 따르라, 죽음의 여신은 노인을 타이른다.

라 퐁텐은 삶과 죽음의 문제에 대하여 좀 더 철학적이고 관조적인 입장을 취하고 싶어 한다. 그는 우리에게 현자가 되기를 요구한다. 그러나 이것이 과연 쉬운 일인가. 그의 우화에 나오는 인물들이, 아니 이 세상의 인물들이 그저 그런 평범한 사람들인데 죽음에 대하여 초연할 수 있겠는가. 죽음을 준비할 수 있는 현명한 사람이 된다면, 오늘 하루에 더욱 열심히 매진할 수 있을 수 있지만 이는 참으로 어려운 일이다. 위의 두 우화가 이런 점에서 사색적이고 명상적일지 모르지만 현실감이 떨어지는 반면, 우화 「신부(神父)와 망자(亡者)(VII-10)」는 우스꽝스럽기는 하지만 삶의 현실을 더 적나라하게 보여준다.

한 죽은 사람이 마지막 안식처에 터를 잡기 위해
슬픈 걸음을 하고 있었네.
한 신부가 되도록 빨리 이 죽은 사람을 땅에 묻기 위해
기쁜 맘으로 가고 있었네.

우화는 위의 인용문처럼 두 인물을 대조적으로 배치함으로써 재미를 북돋우고 있다. 슬픔에 차서 무거운 걸음을 옮기고 있는 죽은 자의 모습은 그런대로 이해가 간다지만 왜 신부는 이토록 즐거워하는 것일까. 우화는 이 죽은 자의 장례 행렬이 대단히 호화스러움을 강조한다. 이는 곧 이 사람이 돈이 많다는 것을 반증한다. 신부의 관심은 이 사람을 천국에 보내는 것이 아니라 빨리 장례를 마치고 돈을 받는 데에 쏠려 있다. 신부는 얼른 돈을 받아서 좋은 포도주도 사고 조카딸에게 치마를 사 줄 것을 머릿속에 그린다. 그런데 이게 웬 일인지, 별안간 마차가 쿵 하고 부딪히는 소리가 나더니만 신부는 목이 부러지고 즉시로 본당 주민들은 신부를 관속에 넣어서 하늘나라로 호송하였다. 라 퐁텐은 이것이 바로 우리 삶의 모습이라고 말하며 우화를 끝맺는다.

라 퐁텐이 삶과 죽음에 관하여 말하고 있는 위의 우화들은 두 가지 양상으로 나타난다. 하나는 있는 그대로의 현실을 보여주는 것이며 다른 하나는 작가 자신이 제시하고 있는 이상적인 모델이다. 전자는 가난하고, 힘없고, 치사하고, 설사 몸이 불편하다 할지라도 삶에 집착하는 우리 인간의 본성이다. 여하튼 목숨을 유지하고 살아가는 것이 중요하니, 비굴하게 보일지 모르지만 필요하다면 무릎이라도 꿇는 것이 우리의 삶이요, 또 그래야 한다는 것이다. 반면 다른 하나의 양상은 이보다 좀 더 고상하게

보인다. 죽음 앞에 너무 아등바등하며 두려워 할 것이 아니라 언제든지 이를 맞이할 준비를 하라는 것이다. 그런데 이러한 태도는 우리네 삶의 모습과는 상당한 거리가 있다. 이는 현실의 세계가 아니라 작가가 우리에게 권하는 바람직한 삶의 태도요, 이 정도가 되면 우리는 보통 사람이 아니라 현자의 반열에 오를 것이다. 어찌 보면 구차하게라도 살아야 한다고 말하는 것 같으면서도 때로는 여유 있고 담담하게 살아야 한다고 말하는 라 퐁텐의 태도는 이중적일 수도 있다. 확실하게 선을 그을 수는 없지만 대체로 라 퐁텐은 인생의 후반부로 갈수록 삶과 죽음에 대하여 한결 여유가 있는 것처럼 보인다. 아마도 작가 자신이 나이를 들어감에 따라 악착스런 삶의 현실에 대하여 한 걸음 물러서서 깊은 성찰을 하고 있는지도 모른다.

그러나 실제 현실이 어떠하든, 이상적인 삶의 태도가 어찌하든, 분명한 것이 하나 있다면 이는 하루하루의 삶을 충실히 살아야한다는 것이다. 남의 밑에서 자존심을 버려 가며 살든, 내일 세상의 종말이 닥치든, 오늘 하루에 충실해야 한다. 이는 삶을 비관적으로 볼 것인가 혹은 낙관적인 것으로 볼 것인가의 문제가 아니라 그보다 더 본질적이며 실천적인 삶의 문제이다. 흔히 라 퐁텐의 우화에 우울한 웃음이 있다고 하지만, 더 나아가 삶에 대한 진지함과 경건함마저도 느껴진다면 너무 과장일까. 이왕의 과장이라면 프로스트(R. Frost)의 「눈 내리는 밤 숲가에 멈춰서서」라는 시의 끝 구절로 옮겨가도 될 성싶다.

숲은 어둡고 깊고 아름답다.

그러나 나는 지켜야 할 약속이 있다.

잠자기 전에 몇 십리를 더 가야 한다.
잠자기 전에 몇 십리를 더 가야 한다.

우리의 삶은 숲처럼 어둡고 깊고 아름답다. 우리 인간의 본성이 어두운 만큼이나 삶도 그러하다. 대체 그 안에서 언제 무슨 일이 일어날지 아무도 모른다. 그 깊은 어두움은, 그러나 마냥 거부하고 배척해야 하는 그러한 삶이 아니다. 가기 싫다고 고개를 저어대는 그런 삶이 아니다. 그래도 가야 하는 아름다운 삶의 길이다. 왜냐하면 삶의 길은 우리가 발을 딛고 있는 바로 이 세상이기 때문이다. 우리에게 지켜야 할 약속이 있다면, 숲길을 가듯 이 삶을 살아야 한다는 것이다. 잠자기 전에 몇 십리를 가야 한다는 것은 우리 삶의 종착역에 다다르기 전에, 주어진 이 삶의 길을 묵묵히 최선을 다해 걸어야 한다는 뜻이 아닐까.

4-6. 자신만을 믿어라

어둡고 깊은 인생의 길을 가는데 누군가와 함께 한다면 그 길은 그래도 걸을 만하고 외롭지 않을 것이다. 그러나 이미 우리는 인간은 인간에 대하여 늑대라는 명제를 익힌 바 있다. 인간의 본성 자체가 이기적이기 때문에 다른 사람을 믿고 의지한다는 생각은 애초에 갖지 않는 게 좋다. 서로 돕는 미덕이 우화에도 보이기는 하지만 이는 상당히 드문 예이고, 이것조차 자신에게 이득이 있으니까 돕는 것임을 상기할 필요가 있다. 우화는 현실의 이야기요, 현실에서의 생존법을 가르치는 글이지, 결코 성경이나 불경처럼 고상하고 우아한 덕목으로 이루어진 것이 아님을 기억하자.

'욕심을 버려라', '분수를 지켜라', '신중 하라' 이러한 교훈은 남에게 기대는 교훈이 아니다. 분명 상대를 인정하고, 상대를 대상으로 하는 사회에서의 처세술이긴 하지만 이는 엄연히 자기 자신에 대한 요구 사항이다. 궁극적으로 자신을 알고, 자신만을 믿고 살라는 뜻이다. 남이 자기의 인생을 살아주지 않는다. 아무리 먹을 것이 많아도 자기가 먹지 않으면 그것은 자양분이 되지 못한다. 결국 세상에서 가장 중요한 것은 자신이다. 라 퐁텐의 우화는 우리가 세상의 객이 아니라 세상의 주인으로 살 것을 가르친다.

우화「종달새와 그 새끼들, 그리고 밭의 주인 (IV-22)」은 너 자신만을 믿으라는 교훈을 전면에 내세우고 이야기를 시작한다. 모든 것이 피어나고 새로운 생명을 맞이하는 봄의 모습을 전하며 이야기는 펼쳐진다. 밀밭 사이에 어린 새끼들과의 보금자리를 정한 종달새는 새끼들이 자라기도 전에 밀이 익어가자 불안해한다. 언제 밀밭 주인이 밀을 베러 올지 모르기 때문이다. 종달새는 먹이를 찾으러 가면서, 만약 주인이 그의 아들과 온다면 그가 하는 말에 귀를 잘 기울이라고 새끼들에게 당부한다. 어미 종달새가 떠나자마자 밀밭 주인이 아들과 함께 나타난다. 그는 밀이 잘 익었다고 말하고는 내일은 친구들에게 부탁해서 밀을 수확해야겠다고 말한다. 이 말을 듣고 겁이 난 새끼 종달새들은 어미가 들어오자 주인의 말을 그대로 전한다. 그러나 어미는 아직은 보금자리를 옮길 필요가 없다고 말하면서 오늘은 아무 걱정 말고 재미있게 즐기라고 새끼들을 안심시킨다. 그러나 내일 주인이 또 무슨 말을 하는지 잘 들어두라는 당부를 잊지 않는다.

다음날, 주인은 다시 오더니 친구들의 게으름을 탓하며 이번에는 친척들의 손을 빌어야겠다고 말한다. 집에 들어 온 어미에게 새끼 종달새들은 더 더욱 질겁하여 이 말을 그대로 전한다. 그러나 어미는 아직은 별 일 없을 테니 편하게 잠을 자라고 새끼들에게 말한다. 이제 세 번째로 주인이 밀밭에 와서는 아들에게 이렇게 이른다.

> 우리 말고 다른 사람을 의지하다니 잘못이 참으로 크구나.
> 자신보다 나은 친구나 친척은 없구나.
> 아들아, 이를 명심해 두어라, 이제 무엇을 해야 할지 아느냐?
> 내일 당장 우리가 낫을 들어야 하겠구나.

주인의 이 말에 어미 종달새는 더 이상 이곳에 머무를 수 없음을 느낀다. 그는 새끼들과 새로운 보금자리를 찾아 떠나야만 했다.

이번에는 사슴의 이야기를 들어보자.[43] 사람들에게 쫓긴 사슴이 외양간으로 들어와서 소들에게 도움을 청하였다. 소들에게 자기가 숨은 곳을 알리지 말아달라고 하면서 그 대가로 가장 비옥한 목장을 알려주겠노라고 말하였다. 언젠가는 방목장이 필요할지도 모르지 않겠느냐는 사슴의 말에 소들은 밑지는 거래가 아닌듯하여 순순히 승낙하였다. 사슴은 외양간 구석에서 숨을 죽이며 몸을 숨기었다. 늘 그러하듯이 외양간에는 많은 사람들이 오고 가곤 하였다. 그러나 그 어느 누구도 사슴을 발견하지

43) 「주인의 눈 (IV-21)」

못하였다. 이미 사슴은 소들에게 깊은 감사를 표하고는 적당한 때를 보아서 여기를 빠져나갈 요량으로 사람들이 밖으로 일을 하러 나가기만을 기다리고 있었다. 그때 되새김질하던 소 한 마리가 말하였다.

> 잘 되어가고 있군요.
> 그러나 백 개의 눈을 가진 사람이 아직 돌아보질 않았어요.
> 당신 때문에 그 사람이 오는 것이 무척 걱정됩니다.
> 가엾은 사슴이여, 그 때까지는 너무 안심하지 마세요.

바로 그 때, 주인이 들어와서는 하인들을 간섭하기 시작하였다. 그는 외양간 구석구석을 살피면서 무엇이 잘못되고 무엇이 부족한지를 검사하였다. 사슴이 아무리 몸을 잘 숨겼다 할지라도 외양간 모두를 한 손바닥에 놓고 있는 주인의 눈을 피할 수는 없었다. 라 퐁텐의 우화는 이렇게 끝을 맺는다.

> 제대로 잘 보기 위해서는 주인의 눈밖에 없다.
> 나는 거기에 연인의 눈도 또한 그러하다고 덧붙일 것이다.

처음 문장은 이미 그리스 시대부터 속담으로 굳어진 말이다. 남에게 의지하지 않고 자기 스스로가 살펴보는 눈이야말로 모든 것을 가장 잘 볼 수 있다는 뜻이다. 하인들이 아무리 신경을 써서 본다 하더라도 자기 것이라는 소유 개념이 없는 한, 구석구석 섬세히 볼 수는 없는 노릇이다. 주인의 눈이라는 것이 단지 무엇을 살펴보는 것으로만 국한되지는 않는다. 음식점에 가서도 서비스를 받다 보면 이 집이 주인이 직접 하는 곳인지 남을 고용해서 하는 곳인지 쉽사리 알 수 있다. 주인이 직접 나서서 하는 집은 하나라도 더 팔기 위해서 갖은 정성을 다 할 것이지만, 월급 받고 대신 해 주는 집에서는 굳이 힘들여서 일을 할 필요가 없다. 주인의 눈을 갖는다는 것은 우리의 삶에 있어서 주인 의식을 갖는다는 말과 동의어이다. 생각해 보라. 어둡고 깊은 숲속을 가는데 누구의 눈을 믿을 것인지. 자기의 눈, 즉 주인의 눈만이 어두운 인생의 길에서 쉽게 길을 발견할 수 있도록 해 줄 것이다.

다시 한 번 위 인용문을 보자. 주인의 눈을 언급하고 있는 처음 문장은 라 퐁텐 스스로가 파이드루스가 한 말이라고 밝히고 있는데, 그 다음 문장의 "연인의 눈"이란 대체 무엇인가. 이야기의 흐름에서 멀리 벗어나 있는 이 말은 라 퐁텐 특유의 재치이자 여유이다. 주인의 눈이 모든 것을 잘 살피듯이 연인의 눈 또한 사랑하는 사람의 모든 것에 애정을 갖고 살펴보는 법이다. 오늘 그의 안색은 어떠한지, 그의 옷은 또 어떠한지, 연인의 눈을 피하기는 쉽지 않은 법이다. 바람피우고 들어 온 남편에게서 아무런 낌새도 못 챈다면 그 부인은 이미 남편에게서 마음이 떨어져 나간 사람일지도 모른다. 아무리 남편이 위장을 잘 해도 여인의 눈을 피하기는 결코 쉽지 않다. 설사 그것이 사랑이 아니라 질투에서 나온 것이라 할지라도 말이다. 질투도 엄연히 사랑의 한 형태이다. 라 퐁텐 우화의 주된 독자는 궁정의 사람들, 특히 궁정의 귀부인들이다. 궁정에서 화려한 옷차림에 우아한 자태를 뽐내며 남성들의 색깔 있는 시선을 의식하고 사랑의 담론에 열중하는 그들에게 라 퐁텐은 최대한의 서비스를 하고 있는 셈이다.

「주인의 눈」과 같은 교훈을 담고 있는 우화가 또 하나 있다.[44] 여우의 기나긴 독백으로 이야기는 시작된다. 배는 고프지만 함부로 농부의 집에 들어갈 수 없는 여우. 대체 농부는 저렇듯 많은 닭을 가지고 있으면서 때로는 그걸 내다 팔기도 하고 또 때로는 자기 맘대로 잡아먹는데 대체 나는 뭐람. 어쩌다 늙은 닭 한 마리라도 잡게 되면 좋아서 어쩔 줄 몰라 하니, 왜 나는 여우로 태어났을까. 여우는 넋두리를 일삼으며 호시탐탐 농부의 닭장을 노리고 있었다. 그러다가 모두들 잠이 든 어느 날 밤, 여우는 마침 농부가 닭장 문을 열어 놓는 어리석음을 범한 것을 확인하고는 잽싸게 들어가서 닭장을 쑥밭으로 만들었다. 나중에 이 처참한 모습을 본 농부. 대체 그가 할 수 있는 일이라고는 무엇이 있을까. 그는 하인과 개에게 소리를 지르는 것 외에는 할 일이 없었다. 농부는 개에게 왜 크게 짖지 않았냐고 호통을 쳤다. 그러자 개는 아주 똑 부러지게 대답한다.

그러면 왜 당신은 미리 살피지 못했지요?
그게 먼저 아닌가요?
주인이자 농부이고 직접 관련이 있는 당신이
문이 닫혔는지 신경도 쓰지 않고 자는 판에
아무 상관도 없고, 어떤 이득도 없는 내가
휴식을 방해받아야 하나요?

44) 「농부와 개와 여우 (XI-3)」를 말한다. 이 우화의 원전은 압스테미우스의 우화이다.

개의 대답은 어디 하나 틀린 것이 없다. 그러나 이 말은 주인이 땅을 치며 후회하면서 하는 말이지 개가 할 수 있는 말이다. 오히려 주인의 화만 돋우는 말이 될 뿐이다. 불쌍한 개는 흠씬 얻어맞고 만다. 이제 라 퐁텐은 다음과 같은 교훈으로 우화를 끝낸다.

> 당신이 누구든, 오, 가장인 그대여,
> (나는 당신의 이 지위를 결코 부러워하지 않는다)
> 당신이 자고 있을 때, 다른 사람의 눈을 의지한다는 것은 잘못된 것이다.
> 마지막으로 잠자리에 들고, 문이 닫혔는지 확인하라.
> 만약 중요한 일이 있다면,
> 절대로 남을 시키지 말라.

우리는 어떤 일이 잘못되었을 때, 자신의 불찰은 생각하지 않고 남의 탓만 한다. 위의 농부가 바로 대표적인 경우인데, 똑 같은 실수를 되풀이하지 않기 위해서는 자신의 잘못이 무엇인지를 진지하게 생각해 보는 것이 필요하다. 더 바람직한 것은 일이 잘못되기 전에 자신의 눈으로 모든 것을 확인하고 점검하는 것이다. 위 우화에서 재미있는 것은 개의 말대꾸이다. 만약 이 개가 라 퐁텐 우화를 잘 읽었더라면 그는 이렇듯 고개를 뻣뻣하게 들고 말대답하지 않았을지 모른다. 자기의 처지를 모르고 주인에게 맞대응한 것은 화를 스스로 자초할 뿐이다. 바람이 세게 불 때에는 갈대처럼 그저 고개를 숙이는 것이 바람을 피하는 지름길이거늘 이 개는 떡갈나무처럼 맞서다가 매를 실컷 맞는다.

라 퐁텐의 우화에는 인생에 대한 교훈 외에도 되새김할 내용이 대단히 풍성하다. 특히 그는 그리스 로마 신화에서 많은 것을 차용하고 있는데 이 작품 역시 예외가 아니다. 가장 눈에 띄는 것은 여우가 닭장을 완전히 피바다로 만드는 장면이다. 라 퐁텐은 이 부분을 우선 아가멤논에 대한 분노로 가득 찬 아폴론이 그리스 군 진영을 피로 물들이는 것으로 비유한다. 또한 자신의 경쟁자인 오디세우스가 숨어 있는 것으로 착각하고 그를 죽일 요량으로 주위의 양과 염소를 모두 죽여 버리는 성미 급한 아이아스에 비유하기도 한다. 한편, 여우의 학살 부분을 마치 그리스군이 트로이군을 전멸시키는 것으로 확대 해석하는 경우도 있다. 왜냐하면 농부가 방심해서 닭장 문을 열어 놓고 잠이 든 것이나, 하인이나 개가 방심하여 닭장을 돌보지 않은 것을 트로이군이 트로이에 들어 온 목마에 대해 아무런 의심도 하지 않은 것과 같은 맥락에서 해석하고 있기 때문이다.

"하늘은 스스로 돕는 자를 돕는다."라는 유명한 진리가 있다. 이 격언은 라 퐁텐의 우화에도 존재한다. 진창에 빠진 마부가 어떻게 행동하는지를 보자.[45] 브르타뉴 지방의 한 마을에서 일어난 일이다. 건초더미를 싣고 가던 마차가 진창에 빠진 사건이 일어났다. 도와 줄 사람이라고는 아무도 없는지라 마부는 답답하고 화가 나서 냅다 욕을 해대었다. 길가의 구덩이와 자신의 말들과 마차, 그리고는 자기 자신에 대해서 말이다. 마침내 그는 신에게 도움을 청하기로 하였다. 그 신은 다름 아닌 헤라클레스였다. 대체 힘에 있어서 이를 당할 자가 있겠는가. 우화는 다시 신화에 기대고 있음을 주목하자. 라 퐁텐은 이 마부를 파에톤이라

45) 「진창에 빠진 마부 (VI-18)」

적고 있다. 파에톤은 태양의 신인 아폴론의 아들로서 단 한 번만 아버지의 태양 마차를 몰도록 허락 받는다.[46] 그러나 파에톤의 미숙함과 천방지축으로 인해 세상은 태양의 뜨거운 열기로 타버릴 위험에 처한다. 진흙땅에 바퀴가 박혀서 꼼짝 않는 마차로 인해 곤욕을 치르는 마부와 제멋대로 날뛰는 태양 마차로 인해 당황하는 파에톤이 여기서는 동일시된다. 하찮은 마부를 신화 속의 인물로 대체하는 것은 재미있고 유쾌한 일이다. 여하튼 이 마부가, 아니 파에톤이 헤라클레스에게 도움을 청함으로써 우리는 신화의 세계로 들어오는 착각에 빠진다.

헤라클레스여, 나를 도우소서,
당신의 등이 이 세상을 지고 있다면
당신의 팔 정도는 능히 나를 이 곤경에서 구할 수 있을 겁니다.

그러자 구름 사이에서 한 목소리가 들려오더니

헤라클레스는 인간들 스스로가 힘을 쓰기를 바라노라.
그러면 그가 인간들을 도우리니

라고 말하면서 먼저 어떤 장애물이 길을 막고 있는지를 살필 것과, 수레 축에까지 묻어 있는 바퀴 주변의 진흙과 모르타르를 제거할 것을 명하였다. 다음으로는 또 무엇을 할 것인지 헤라클

46) 파에톤은 원래 그리스 신화에 나오는 태양신 헬리오스의 아들로 알려져 있는데, 후에 헬리오스는 아폴론과 동일시된다.

레스는 차근차근 일러 주었다. 마차꾼은 헤라클레스의 말대로 일을 모두 끝내었다. 헤라클레스는 마침내 마차꾼에게 채찍을 들라고 말하였다. 마차꾼이 채찍을 들자 이게 어찌된 일인지, 마차가 움직이기 시작하였다. 그는 신을 찬양하였고, 이 때 다시 신의 목소리가 들려왔다.

> 네 말들이 어찌 쉽게 진창을 빠져나왔는지 보았느냐?
> 먼저 네 스스로를 돕도록 하거라. 그러면 하늘이 너를 도울 것이니라.

스스로를 도우면 하늘이 돕는다는 이 말은 1656년에 나온『프랑스 속담의 어원 혹은 설명』이라는 책에도 나오는 것으로 보아서 당시 많이 통용되던 것임을 알 수 있다. 1431년 3월 15일 잔다르크가 재판 중에 이 말을 인용하기도 하였다.

4-7. 부지런히 일하라

워낙 인간의 본성에 대하여 회의적인 라 퐁텐인지라 그의 우화는 인간에 대한 불신으로 가득 차 있다. 따라서 신중하게 살아야 하고, 분수를 알아야 하고, 자신보다 힘이 센 자에게는 허리를 굽히고 살아야 한다. 그러다보니 그의 우화는 삶에 대한 밝은 미래 대신 어둡고 힘든 현실을 이겨나갈 수 있는 교훈을 더 많이 담고 있다. 자신만을 믿으라는 것도 결국은 남을 못 믿는 불신에서 나온 교훈임이 틀림없다. 그러나 여하튼 이 덕목은 주인 의식을 가지면 나름대로 무언가를 할 수 있다는 긍정적인 메시지를 담고 있는 것도 사실이다.

이와 관련하여 주인 의식을 갖고 열심히 일을 하라는 교훈도 덧붙일 필요가 있다. 게으른 자는 인생의 길에서 낙오하기 마련이다. 사회 보장이 아무리 잘 되어 있다 하더라도 자신이 일을 안 하면 가난의 굴레에서 벗어 날 수 없다. 가난은 나라도 구제 못 한다는 말은 가난의 속성이 나라도 구하기 힘든 만큼 개인의 힘으로는 더 더욱 어렵다는 말이지만 이는 곰곰 생각해 보면 가난을 벗어나기 위해서는 우선 자신이 열심히 일을 하라는 뜻이기도 하다. 라 퐁텐『우화시집』의 첫 장을 여는 작품은 이미 살펴본 대로「매미와 개미」이다. 이 우화의 해석은 여러 가지 분분할 수 있지만 불변의 진리라면 게으른 매미는 굶는다는 것이고 부지런히 일하는 개미는 풍족하게 산다는 것이다.

누구라도 자식에게 풍족하고 그럴 듯한 유산을 남겨 주고 싶어 한다. 그러다 보니 요즘 세상에 돈 많은 사람들은 어떻게 하면 더 많은 유산을 물려줄까 노심초사 하는데, 다음 우화에 나오는 농부 정도라면 감히 귀감이 될 만도 하다.

죽을 때가 가까워짐을 느낀 한 부자 농부가 자식들에게 유언을 하였다. 조상들이 물려 준 땅을 절대로 팔지 말라는 것, 왜냐하면 그 땅에는 보물이 숨겨져 있는데 정확한 위치는 자신도 모르기 때문에 너희들이 열심히 땅을 파고 부지런히 찾는다면 얻을 수 있으리라는 말이 농부가 남긴 유언이었다. 땅을 휘젓고, 구덩이를 파고, 파헤치고 구석구석 손이 닿지 않는 곳이 없도록 하라는 것이 농부의 마지막 말이었다. 농부가 죽자, 자식들은 보물을 찾을 요량으로 밤낮을 가리지 않고 땅과 씨름하였다. 일 년 후, 그들은 더 많은 농사의 수확을 올릴 수 있었다. 보물은 땅에 있는 것이 아니라 그들이 흘린 땀이요, 노동이었다. 아버지는 노동이 보물임을 알려준 것이다.

노동은 참으로 귀중한 일이요, 다른 어떤 일과도 바꿀 수 없는 생존의 일이다. 게다가 이 우화에서의 노동은 땅을 일구어 곡식을 거두는 일이니 더욱 중요할 수밖에 없다. 그러나 유감스럽게도 지금은 농업이 가장 천대 받는 일이요, 육체노동은 아무도 거들떠보지 않으니, 라 퐁텐의 이 우화가 얼마나 공감을 얻을지 모르겠다. 요즘은 땅을 물려주되 부동산 개발 정보를 함께 알려주는 것이 더 효과가 있으리라. 그래도 땅을 팔지 말라고 한 농부의 유언은 나름대로 땅을 가지고 있어야 한다는, 또 다른 혜안이라고 위로 삼을 수밖에 없다. 그러나 세상이 어떻게 바뀌어도 불변의 진리이자 중요한 것은 일을 하는 것이다. 라 퐁텐은 이러한 교훈을 작품 서두에서 다음과 같이 밝힌다.

> 일하라, 노력하라.
> 이것이 가장 부족함 없는 재산이다.

여하튼 우화는 자식들이 노동을 함으로써 아버지의 유언을 잘 받들었음을 보여준다. 그런데 혹 자식들이 수확물을 가지고 분란이 나지 않았을까 걱정이 되기도 한다. 요즘 유산 배분 문제로 형제간에 법정 소송까지 가는 경우도 있기 때문이다. 실제로 라 퐁텐 우화에 이런 경우가 있다. 여기서 다루기에는 약간 주제가 빗나가긴 하지만 한 번 감상해보자. 제목은 위 우화와 비슷한 「노인과 자식들 (IV-18)」이란 우화인데 상황 역시 위 우화와 마찬가지로 죽음을 앞 둔 노인이 자식들에게 유언을 남기는 것으로 이야기가 시작된다. 노인은 창을 여러 개 묶은 것을 아들들에게 보여 주며 이를 부러뜨려 보라고 하였다. 세 아들 모두 아무리 힘을 써 보아도 창들은 부러지지 않았다. 노인은 아들들의 힘이 약함을 탓하며 자신이 직접 해 보겠노라고 한다. 그리고는 창들을 하나하나 떼어 놓더니 그다지 큰 힘을 들이지 않고 부러뜨렸다. 노인은 자식들에게 단결과 화합의 힘을 실제로 보여주고 싶었던 것이다. 마침내 아버지는 세상을 떠나고 아들들은 울면서 아버지의 유언을 따를 것을 다짐하였다. 그러나 그 약속은 오래 가지 못하였다. 그들은 아버지의 유산을 놓고 분쟁에 휩싸였다. 서로 자기 몫을 챙기기 위해 소송을 제기하고 이러한 싸움 끝에 가지고 있던 유산 모두를 잃고 말았다.

이 우화는 "어떤 힘이든지 합쳐지지 않으면 약하게 된다."라고 라 퐁텐이 서두에서 밝히고 있는 것처럼 단결의 힘이 얼마나 중요한가를 보여주기 위한 작품임에 틀림없는데 이 우화를 보면 예나 지금이나 자식들 간의 유산 분쟁이 심심치 않게 있었던 모양이다. 실제로 라 퐁텐 역시 1658년 그의 아버지가 죽고 나서 동생인 클로드와 유산 문제로 어려움을 겪었다고 한다.

라 퐁텐은 자신의 이야기가 다른 우화, 혹은 다른 실제 이야기에서 기인하고 있음을 밝히고 있는데 여기서의 우화는 아이소포스의 우화를, 실제 이야기는 플루타르코스가 기록하고 있는 역사적 사실을 가리킨다. 플루타르코스가 쓴 『윤리론』의 「너무 말이 많은 것에 대하여」편을 보면, 스키타이의 왕인 스킬루로스가 죽음을 앞두고 80명의 자식들에게 막대기 묶음을 가져오게 하는 대목이 나온다. 처음에 그는 아들들에게 막대기 묶음을 통째로 꺾어보라고 하였다. 자식들 중 그 어느 누구도 이 묶음을 꺾지 못하자, 그는 묶음을 푼 다음 막대기를 하나씩 꺾기 시작하더니 너무도 쉽게 모든 막대기를 부러뜨렸다. 그의 행동이 주는 교훈은 간단하다. 그는 죽기 전에 아들들에게 만약 분열하면 모두가 패할 것이나, 단결하여 하나로 합치면 어떤 적에게도 지지 않을 것이라는 교훈을 주려 한 것이다. 또한 플루타르코스의 『영웅전』중 「세르토리우스의 생애」에도 이와 유사한 이야기가 나온다. 어느 날 세르토리우스는 병사들에게 두 마리의 말을 데려오라고 명한다. 하나는 젊고 튼튼한 말이고 다른 하나는 늙고 쇠약한 말이었다. 세르토리우스는 나이 들고 힘없는 병사에게는 튼튼한 말의 꼬리털을, 젊고 건장한 병사에게는 쇠약한 말의 꼬리털을 뽑으라고 하였다. 젊은 병사는 자신의 힘을 믿고 한꺼번에 말의 꼬리털을 뽑고자 하였지만, 힘도 하나도 없어 보이는 삐쩍 마른 말의 꼬리털은 꿈쩍도 하지 않았다. 아무리 젊은 병사가 힘을 써 봐도 소용없는 일이었다. 반면 늙은 병사는 털을 하나씩 뽑기 시작했다. 시간이 지남에 따라 서서히 털은 뽑히고 마침내 병사는 임무를 완수한다. 이 모습을 보고 세르토리우스는 참고 기다리는 인내의 힘이 얼마나 중요한가를 병사들에게 강조한다. 세르토리우스는 과도한 힘이나 폭력보다는 인내가 더 낫다는 점을 중시한다. 그런데 관점을 약간 바꾸어 보면, 이 이야기 역시 단결의 중요함을 적나라하게 보여줌을 알 수 있다. 즉, 꼬리털이 하나로 뭉쳐 있을 때에는 아무리 힘을 써도 뽑히지 않지만, 하나하나 나뉘어져 있을 때는 너무도 쉽게 뽑힌다는 사실이다.

이제 다시 본론으로 돌아가자. 열심히 일하라는 덕목은 너무도 당연한 것 같지만 실제로 실행하기에는 쉬운 일이 아니다. 우리는 직접 일하기보다는 남이 해 주기를 바라고, 남이 해 놓은 것을 뒤에서 무어라고 트집 잡는 데에 너무도 익숙해져 있다. 라 퐁텐은 입으로 일하기보다는 몸으로 일하기를 요구한다. 「상인, 귀족, 목동, 그리고 왕자 (X-15)」를 보면 라 퐁텐이 말하고자 하는 노동의 의미를 알 수 있다.

새로운 세계를 향하여 모험을 떠난 네 명의 사람들, 즉 상인과 귀족, 그리고 목동과 왕자가 험한 파도를 만나 모든 것을 잃어버리고 거지가 되어 행인에게 먹을 것을 구하는 비참한 처지가 되었다. 그들 네 명은 각각 다른 곳에서 태어났는데 어찌어찌한 이유로 한 자리에 모이게 되었다. 그들 사이에 이야기가 오가게 되자 왕자는 신분 높은 사람들이 겪는 불행에 관하여 기나긴 이야기를 늘어놓는다. 그러자 목동은 과거의 이야기는 그만 하고 이제는 공동의 이익을 추구하는 방향으로 일을 하자고 말한다.

불평이 인간을 치료해줍니까?
일을 합시다. 그것이 우리를 로마로 인도하는 길입니다.

다른 세 명은 목동의 의견을 따르기로 했다. 우선 상인은 산수를 알고 있으니 이를 남에게 가르치는 일을 하겠노라 하였다. 그 뒤를 이어 왕자는 정치를 가르치겠다고 말하였다. 귀족은 문장학(紋章學)을 잘 아니까 이를 가르치는 학교를 운영해보겠다고 공언하였다. 지금 먹을 것도 없는 형국에 이들은 허영심에 가득 차서 입을 놀리고 있는 것이다. 듣다못해 목동은 말한다.

친구여, 그대들은 참으로 말을 잘 하는구려.
한 달은 30일인데 그 때까지 정말 굶으려 합니까?

여러분은 내게 참으로 그럴듯한 희망을 주고 있지만,
대체 그게 언제 이루어질런지. 난 지금 배가 고픕니다.
우리 중에 누가 내일 저녁을 마련할 수 있나요?
아니 당장 오늘 저녁을 먹을 수 있다고 누가 믿음을 줄 수 있나요?
다른 무엇보다 그게 바로 중요한 겁니다.
여러분의 지식은 그 점에 있어서 부족합니다. 내 손이 그 부족함을 채우지요.

목동은 말을 마치고 숲으로 갔다. 그는 나무를 해서는 그것을 팔아다가 동료들의 배를 채웠다. 라 퐁텐은 이야기를 마치고 다음과 같은 결론을 내린다.

목숨을 유지하기 위해서는 그다지 많은 재능이 필요하지 않다.
자연의 은혜 덕택으로
우리의 손이 가장 확실하고 가장 신속한 해결책이다.

세상의 지혜라는 것은 무엇인가, 현명하다는 것은 무엇인가. 위 우화는 인생의 이러한 본질적인 문제에 대한 답을 준다. 아무리 아는 것이 많아도 실제 생활에 쓸모가 없다면 그것은 죽은 지식임을 이 우화는 가르쳐 준다. 실천적인 지혜야말로 우리 삶에 있어서 가장 필요한 지혜이다. 우리는 라 퐁텐의 우화를 실사구시의 실학정신과 연결해 본 적이 있다. 바로 이 우화는 이 실사구시의 정신을 가장 잘 보여주는 예가 된다. 18세기 계몽주의 사상의 태두였던 볼테르는 『캉디드(*Candide*)』라는 작품에서 이와 비슷한 이야기를 한다. 세상물정 모르는 순진한 주인공 캉디드. 그는 스승 팡글로스의 세상은 좋은 방향으로 잘 가기 마련이라는 낙관론에 이끌리지만 실제 그가 보는 세상은 전혀 딴판이다. 천재지변과 인간의 잔혹함은 대체 이 세상은 어떻게 되어 있는가에 대한 심각한 고민을 하게 만든다. 그러한 그가 마지막으로 깨달은 것은 인간은 자신의 밭을 일구어야 한다는 사실이다. 논리로, 사변으로 세상 이치를 따지기 전에 묵묵히 밭을 일구라는 것, 이는 생에 대한 우리의 의무이자, 어두운 세상의 빛이 되는 진리이다.

우리의 삶도 마찬가지이다. 전 세계적으로 20세기에 들어서 두 번의 세계 대전을 겪었고, 지금도 지구 어디선가는 전쟁과 학살이 끊이지 않는다. 게다가 지진과 해일, 홍수 등 자연재해는 또 얼마나 우리를 공포에 떨게 하는가. 가까이는 우리 이웃에서 살인과 강도, 사기 등 숱한 범죄들이 일어나고 있다. 대체 이 세상은 어찌 된 일인가. 과연 신은 존재하는지, 깊은 회의에 빠질 때도 있고, 때론 신은 죽었다고 외쳐 보아도 세상은 미동도 하지 않는다. 그래도 하루는 지나가고 우리는 늙어 간다. 자기도 모르는 죽음의 끝으로 한 발자국씩 가고 있을 때 언제까지 입만 놀리고 머리만 굴릴 것인가. 그렇다고 세상의 답이 나올 것도 아니고, 지구의 자전이 멈추는 것도 아니다. 일을 하라, 행동을 하라. 자기가 배가 고프면 내가 왜 배가 고파야 하는가, 세상이 잘못된 것 아닌가 따지기 전에 나가서 일을 하라. 이웃 중에 굶어 죽는 자가 있다면 세상의 부조리를 논하고 사회 보장 제도를 떠들기 전에 그를 위하여 밥 한 그릇을 대접하라. 다시 한 번 라 퐁텐의 우화는 우리가 현실에 살고 있음을 깨우쳐 준다.

5. 여성, 사랑 그리고 결혼

5-1. 여성의 본성

현실은 버겁다. 무엇보다 인간 자체가 그 본성에 문제가 있기 때문이다. 인간은 약한 자를 돕고, 남을 배려하는 것이 아니라 가진 자가 더 가지려하고, 어떻게 하면 자기 배를 불릴 것인가를 고민한다. 그런데 우화에는 이러한 인간보다 더 문제가 많은 인간의 또 다른 존재가 있다. 이는 다름 아닌 여성이란 인간이다. 우화가 인간의 본성에 대하여 깊은 회의감을 표시할 때, 굳이 남성과 여성의 차이를 구분하지 않는다. 영어에서도 남성을 나타내는 man이라는 단어가 인류 전체를 의미하듯, 프랑스어에서도 남성을 나타내는 homme라는 단어가 인간 전체를 뜻하기도 한다. 따라서 여성은 남성이라는 단어에 그냥 묻혀 있을 뿐, 자신의 정체성을 갖지 못한다. 그렇다면 우화에서 왜 굳이 여성을 별도로 취급하는 것일까. 여성이 별도로 다루어진다면 의당 남성도 별개로 언급되어야 할 터이고, 결국은 인간이라는 큰 테두리 안에서 남성과 여성의 하위 범주를 다루는 것이 좀 더 정밀하고 공정한 글쓰기가 아닐까. 그러나 우화에는 이러한 공평함과 면밀함이 없다. 얼핏 보면 아무 생각 없이 여성을 별개의 인간으로 다루는 것처럼 보인다. 여성을 별개의 인간으로 다룬다는 것은 여성을 우대해서가 아니다. 인간도 문제가 많지만 여성은 별도로 다루어야 할 정도로 더 큰 문제가 있음을 의미한다. 한 마디로 여성은 인간이 지닌 모든 결점에다가 여성 특유의 단점을 더 지니고 있다는 뜻이다.

그런데 라 퐁텐이 자신의 우화에서 여성을 문제 삼고 있는 것은 어찌 보면 자기모순일 수 있다. 오히려 그는 여성에 대하여 할 수 있는 모든 찬사를 작품에 쏟아 부어도 모자랄지 모른다. 왜냐하면 그는 평생을 거의 여성의 보호막에서 지내왔기 때문이다. 당시에는 글을 써서 그 수입으로 먹고 산다는 것은 거의 불가능한 일이었다. 대개는 권세와 돈이 있는 귀족들의 밑에서 그의 보호를 받으며 작품을 쓰는 것이 통례였는데 라 퐁텐의 경우, 후견인으로서 늘 여성이 뒤에 자리 잡고 있었다. 물론 문예 후견인으로서 가장 듬직한 경우는 국가 권력의 최고 자리를 차지하고 있는 국왕이 되겠지만, 국왕의 총애를 받지 못했던 라 퐁텐에게 귀부인들의 도움은 너무도 은혜롭고 감사한 일임에 틀림없었다. 특히, 그가 작가로서 활동하던 초기, 그를 돌봐주었던 푸케가 어느 날 갑자기 몰락한 이후, 여인들의 재정적 도움은 거의 절대적이라 하더라고 결코 과장이 아니다. 이러한 그가 여성에 대하여 좋은 글은 쓰지는 못할망정 왜 여성을 힐난하는 우화를 남긴 것일까. 물론, 그렇다고 해서 그가 모든 우화에서 여성을 비웃고 있는 것은 아니다.

아홉 권째 우화집은 라 퐁텐의 후견인인 라 사블리에르 부인에게 바치는 글로 끝을 맺는다. 그런데 여기서 라 퐁텐은 라 사블리에르 부인을 신과 군주의 반열에 올려놓는다.[47] 너무 과도한 찬양일지 모르지만 부인이 라 퐁텐의 재정적 후원자인 점을 고려하면 이해 못 할 일도 아니다. 실제로 라 퐁텐은 만약 자신

47) 여성 후견인에 대한 칭송은 뒤에 소개하는 「신들의 보호를 받는 시모니데스」에서 다시 한 번 언급할 것이다.

의 뒤를 봐주는 여성이 없었더라면 작가로서 제대로 활동을 할 수 없었을 것이다. 이는 라 퐁텐만이 아니라 많은 지식인, 학자, 작가들에게 마찬가지로 적용되는 문제이다. 그럼에도 불구하고 라 퐁텐의 우화에는 여성을 희화화하고 비웃는 작품이 여기저기 널려 있다. 이는 라 퐁텐 개인의 문제가 아니라 당시의 뿌리 깊은 사고방식에서 기인한 것으로 볼 수 있다.

당시 사회가 요즘과는 비교할 수 없을 정도로 보수적이고 특히 여성에 대한 사회적 편견이 심했던 것만은 사실이다. 그러나 극히 일부이긴 하지만, 여성이 독신으로 지내거나, 부부관계보다는 애인관계로 만족하는 경우도 있었다. 이는 흔히 재력 있고, 나름대로 학식이 있는 여자에게서 볼 수 있는 일이다. 재력 있는 남편과 사별한 여자의 경우는 더욱 자유스럽다. 귀부인들이 살롱을 만들어서 재능 있는 남성들을 불러 모으고, 그들의 입에 발린 칭송을 즐기는 자체가 이미 여성의 위치가 상상 외로 높았음을 반증하는 것이기도 하다. 이런 여자들이 때론 눈에 거슬릴 정도로 거만할 수도 있고, 겉으로는 정숙한 척 하면서도 뒤로 다른 짓하는 것이 위선으로 보일 수도 있다. 귀부인들이 권세와 재력으로 작가들을 후원함으로써 문학 생산의 중요한 축을 담당했던 것은 사실이다. 그러나 머리에 든 것 없는 여자가 교양 있는 여자의 흉내를 내는 것은 능히 조롱의 대상이 되는 법이다.

위선이든 무엇이든 많은 남성들의 칭송을 받으며 애인도 여럿 거느릴 수 있는 여성들이 있다는 것은 나름대로 흥미로운 일이다. 이들의 사고방식은 지극히 자유스럽고, 행동 역시 과감하기 그지없다. 그들은 남자 하나로 만족하지 않는다. 이런 여자들에게서 조선 시대의 정절을 기대하기는 불가능하다. 그러다보니 여성들의 이미지는 때론 고귀하고 우아할지 몰라도, 다른 한편으로 바람기 많고, 사치스럽고, 허영에 가득 찬 모습으로 나타나는 경우가 종종 있다. 그렇다면 일반 여성들은 어떠한가. 이들은 애초부터 남성으로부터 존경이나 경배의 대상이 되지 않는다. 돈도 없고, 지위도 없는 여성들을 왜 남성들이 떠받들겠는가. 지금보다도 더 철저한 남성 우월 시대에 살고 있던 당시 대다수 여성들은 욕심 많고, 질투심 강하고, 말 많은, 그야말로 좋지 않은 습성은 모두 갖춘 이미지로 묘사된다. 기독교 문화의 서구 사회에서 남성을 타락으로 인도하고 인간 사회에 죄악을 불어 넣은 이브의 후손들이 어찌 고상하고 우아하길 바라겠는가. 참으로 유감스럽지만 레이디 퍼스트라는 서양의 전통은 모든 여성을 대상으로 시작된 것이 아니라 돈 많고, 시간 많은 일부 귀부인만이 누리는 특권에서 나온 말일 뿐이다.

속담만 보더라도 여자에게는 달갑지 않은 표현들이 상당수 있다. "여자가 원하는 것은 하늘이 원하는 것이다."라는 속담은 여자의 욕심이 인간의 영역을 넘어 선 것으로 얼마나 허무맹랑한 것인지를 보여주는 것이며, "아내가 있는 사람은 분란을 피할 수 없다."라는 말은 여자의 이기심을 비꼰 표현임에 틀림없다. 위고(Hugo)는 『왕은 즐기다』라는 작품에서 "여자는 변하기 십상이니. 이를 믿는 것은 진짜 멍청한 것"이라고 말하는데, 이 작품은 그 유명한 베르디의 오페라 『리골레토』의 원전이 된다. 리골레토에 나오는 "여자의 마음은 갈대와 같다."라는 말은 우화에서도 진리로 남는다.

우화에 나타난 여성은 수다스럽고, 질투 많고, 변덕스러운, 그리하여 조롱 받아 마땅한 존재로 전락한다. 라 퐁텐은 이러한 여인의 모습을 작품 곳곳에서 매섭게, 그러나 은근하고 유쾌하게 꼬집는다. 여성이 얼마나 유별난 성격을 지니고 있는지를 보자.

「물에 빠져 죽은 부인 (III-16)」의 첫 부분에서 작가는 사뭇 여성에 대하여 존경심을 갖추고자 애쓰는 듯 보인다.

> 나는 여자가 물에 빠진 것 정도는 대수롭지 않게
> 생각하는 사람이 아닙니다.[48]
> 그건 심각한 일이지요. 여성은
> 우리가 불평하는 것보다는 훨씬 가치 있는 존재랍니다.
> 왜냐하면 여성은 우리에게 기쁨을 주기 때문이지요.

그러나 작가의 이 말은 참으로 진실성이 의심된다. 어쩌면 샹포르가 말했듯이 그가 자신의 후견인인 귀부인들을 의식하여서 미리 살그머니 연막을 치는 것인지 모른다. 우화의 내용은 라 퐁텐의 이 예의바른 서론과는 거리가 멀다. 이제 라 퐁텐은 본격적으로 이야기를 시작한다. 한 사내가 물에 빠져 죽은 자기 부인의 시체를 찾아 헤매다가 강가를 거닐고 있는 사람들에게 혹 자기 부인의 시체를 본 적이 있느냐고 묻는다. 그러자 한 사람이 나서서 말하기를, 좀 더 하류 쪽으로 내려가 보라는 충고를 한다. 이는 흐르는 물살을 생각하면 너무도 당연한 말이다. 그런데 다른 한 사람은 오히려 반대의 충고, 즉 상류 쪽으로 가 보라는 말을 한다. 그 이유는 간단하다. 여자의 본성은 청개구리 같아서

48) "여자가 물에 빠졌다고? 알게 뭐야"이는 당시 자주 쓰이던 표현으로 여성 경시 풍토를 보여준다.

늘 반대로 하는 경향이 있으니 시체마저도 분명 물의 흐름을 따르지 않고 거슬러 올라갔으리라는 말이다. 라 퐁텐의 우화는 이미 중세의 마리 드 프랑스(Marie de France)라는 여성 작가가 다룬 바 있다. 같은 여성에 의하여 이와 같은 우화가 씌어졌다는 사실이 상당히 흥미로울 뿐이다. 이탈리아의 우화작가인 파에르노(Faerno) 역시 이 우화를 다시 쓰고 있는데 이는 우리가 동화작가로 잘 알고 있는 페로(Charles Perrault)의 프랑스어 번역을 통해서 전해져 온다. 파에르노의 우화에서는 남편이 아예 부인의 기질을 알고 상류 쪽에서 시체를 찾는 것으로 되어 있다.

다음 우화에는 여성의 단점이 더욱 극대화된다. 여자들은 입이 가벼워서 비밀을 간직하지 못할 뿐더러 한술 더 떠서 남의 말을 한껏 부풀려서 퍼뜨리는 믿을 수 없는 존재라고 라 퐁텐은 험담을 늘어놓는다. 우화 「여인네들과 비밀 (VIII-6)」은 처음부터 노골적으로 여인네들의 이러한 결점을 내세운다.

비밀만큼 무거운 것은 없다.
부인네들이 비밀을 지키기는 힘든 법.

여자들이 입이 가볍다는 것은 만고의 진리일까, 한 남편은 자기 부인을 시험해 본다. 그는 어느 날 밤, 자기가 달걀 하나를 낳았다는 허무맹랑한 이야기를 늘어놓는다. 남들이 알면 자기를 암탉이라고 생각할 테니 절대로 남에게 이야기하지 말라는 당부를 잊지 않는다. 부인은 결단코 비밀을 지키겠다고 다짐하지만 이는 라 퐁텐의 표현을 따르자면 "밤의 어두움과 더불어 날아가고 만다." 부인은 날이 밝기가 무섭게 이웃집 여자에게 귕

장한 일이 벌어졌다고 수선을 떤다. 이건 절대로 비밀이라는 전제 아래 자기 남편이 엄청나게 큰 달걀을 낳았노라고 떠벌린다. 이웃집 여자는 정색을 하며, 자기는 입이 무거우니 아무 걱정 말라고 큰소리친다. 그러나 이것도 오래가지 못한다. 그녀는 이웃에게 달걀 하나라고 이야기하는 것이 아니라 세 개라고 부풀리고 이야기는 계속 퍼져나가서 하루가 지나기도 전에 달걀은 백 개가 넘고 만다.

문제는 여자의 이러한 결점이 치유 불가능하다는 사실이다. 라 퐁텐이 보기에 이는 너무도 당연한 일이다. 왜냐하면 이는 여성의 본성이기 때문이다. 「불행한 남편 (VII-2)」에 나오는 여인은 싸우기 좋아하고 구두쇠인데다가 질투마저 많아서 늘 불평만 한다. 아내의 성격이 너무도 거칠어서 부득이 남편은 그녀를 잠시 친정에 있게 한다. 그러나 아내가 시골 친정에서 바깥바람을 쐬고 오면 그 성질이 조금이라도 누그러질까 하는 남편의 바람은 한낱 꿈으로 그치고 만다. 그녀는 집에 돌아와서도 계속 불평만 늘어놓는다. 남편은 깨닫는다. 여자의 이러한 본성은 결코 고칠 수 없다는 것을. 남편은 부인을 다시 친정으로 쫓아내면서 이렇게 말한다.

그만 시골로 돌아가구려, 안녕. 만약
내가 당신을 또 다시 부른다면, 그런 마음이 든다면
나는 그 죄로 인해 저승 세계에 가서
당신과 같은 마누라를 둘씩이나 끼고 살게 될 거요.

5-2. 즐거운 과부들

여성의 본성 자체에 문제가 있다는 것은 인간의 본성은 쉽게 변하지 않는다는 라 퐁텐 우화 전편에 깔려 있는 진리를 다시 한 번 확인시킨다. 그러나 왜 하필이면 여자의 본성을 문제 삼고 있는 것일까. 작가는 왜 여자의 나쁜 본성만을 전면에 내세우는 것일까. 게다가 여기서 한 가지 주목할 것은 이 결점투성이 여자들이 대개 유부녀라는 사실이다. 작가가 결혼하지 않은 여자와 유부녀와의 어떠한 경계를 정하고 그 차별을 두는지는 명확히 알 수 없지만, 공교롭게도 라 퐁텐의 조롱의 화살은 거의 모두 결혼한 여자에게로 향한다. 사람들이, 정확히는 남자들이 여자에게 가장 비난의 화살을 쏘아대는 경우는 여자가 바람을 피울 때 그러하다. 그런데 이 바람을 피운다는 말 자체가 상당히 범위가 넓게 설정되어서 다각도로 철저하게 여자의 행실을 옭아맨다. 남편이 살아 있는 경우에 다른 남자에게 눈을 돌린다는 것은 문제가 될 수 있다. 하지만, 남편이 죽은 경우에도 꼼짝 말고 혼자 살아야 하는 것이 여자의 운명이라면 이는 참 억울하기 그지없다. 그런데 여자의 본성 자체는 바람에 날리는 갈대와 같아서 대체 이 운명을 그대로 받아들이지 않는다. 본성이 운명을 이기는 경우라고나 할까.

「젊은 과부 (VI-21)」란 우화를 보자. 이 작품에서 시인은 믿을 수 없는 여인의 마음, 바람에 날리는 갈대와도 같은 여인의 가벼움을 마음껏 비웃는다. 이야기의 줄거리는 간단하다. 남편을 잃은 젊은 여인은 슬픔에 젖어서 그 어떤 위로의 말도 그녀를 달래주지 못한다. 죽은 남편보다 훨씬 멋있고, 젊은 새 남편을 소개해

준다는 아버지의 말도 전혀 귀에 들어오지 않는다. 그러나 여자의 이런 굳은 마음은 시간의 흐름 속에 눈 녹듯 사라지고 언제 그랬냐는 듯, 그녀는 시간이 흐르자 아버지에게 그 멋진 자기의 남편감은 어디 있느냐고 되묻는다. 정숙한 척하고, 영원한 사랑의 맹세를 하는 여성의 위선은 여기서 여지없이 벗겨진다. 이제 이 우화를 좀 더 자세히 살펴보자.

젊은 과부, 흔히 청상과부라고 우리가 말하는 여인네의 이미지는 애처롭고 때로는 비극의 주인공으로 여겨지지만 라 퐁텐에 와서는 오히려 그 반대의 이미지를 갖는다. 즉 한번 결혼을 한 사람으로서 항상 남자를 필요로 하는, 지극히 평범한 하나의 여자로 묘사된다. 그녀는 남편을 잃은 이상 이제는 혼자 슬픔 속에 죽은 남편만을 생각하며 살겠노라고 다짐하고, 남들에게도 그리 말하지만 결국은 자신의 본능을 이기지 못한다. 그녀가 아무리 자신은 결코 그런 사람이 아니라고 부정하여도, 아니 그러면 그럴수록 그녀의 다짐은 더욱 가벼워질 뿐이다. 이제 그녀의 껍데기를 벗기자. 그것은 너무도 쉬운 일이다. 왜냐하면 그것이 여자의 본성이니까. 그러나 한편으로 그것은 결코 쉬운 일이 아니다. 왜냐하면 그 작업은 간단한 이야기의 줄거리에 비해 결코 간단하게 넘어 갈 수 없는 라 퐁텐의 놀라운 글쓰기 솜씨와 씨름을 해야 하기 때문이다. 여인의 내숭, 그녀의 변심을 까발리는 시인의 테크닉은 정교하고 세련되기 그지없다. 남의 이야기에 의지하면서도[49] 그것을 자기 것으로 만들 줄 아는 라 퐁텐의 힘, 그것은 이 작품에서도 여지없이 발휘된다. 총 48행으로 되어 있

49) 이 우화는 압스테미우스의 작품에 뿌리를 두고 있다.

는 이 시에서 젊은 과부의 에피소드는 16행부터 시작된다. 작가는 처음의 15행까지는 자신의 우화가 어느 특정한 경우, 어느 특정한 여자의 경우를 다룬 것이 아니라 지극히 보편적이며, 모든 여자에 다 해당되는 이야기임을 밝힌다. 라 퐁텐은 자신의 우화가 허구가 아니라 진실임을 강조하며 이야기를 시작한다. 우화가 "아이소포스의 꾸민 이야기"[50]라며 상상의 날개를 마음껏 펼치던 작가가 유독 여기서 진실임을 강조하는 것은 이제 그가 풀어나갈 이야기의 실타래가 상상이나 허구의 세계가 아닌 바로 이 세상, 인간이 발붙이고 사는 현실의 이야기임을 인식하고 있음이다. 현실은 여인의 마음이 변하듯이 늘 변한다. 거기에는 절대의 시간이란 없다. 시간이 늘 움직이고 변화하는 이상, 남편을 잃은 슬픔이 마냥 계속되는 것은 아니다. 오히려 시간의 흐름은 슬픔을 기쁨으로 바꾼다.

시간의 날개를 타고 슬픔은 날아가고
시간은 다시 기쁨을 가져다준다.

남편을 어제 잃은 여인과 일 년 전에 잃은 여인과의 차이는 엄연히 존재한다. 비록 같은 인물일지라도 일 년이라는 세월은 이 둘을 완전히 다른 존재로 갈라놓는다. 하루 과부는 주위 사람과 그녀를 고립시켜 놓지만, 일 년 과부는 새 단장을 하고 남의 시선을 끌고자 한다.

라 퐁텐의 글쓰기는 바로 이 변화에 주목한다. 이 변화란 무엇

50) 우화 「까다로운 취향을 가진 사람에 반대하여 (II-1)」, 3행.

인가. 이는 궁극적으로 여인의 마음의 변화를 가리키며 이는 곧 그녀의 변심이며 위선이다. 여인은 처음에는 "기다리세요, 내 당신을 따라갈 테니."하고 남편과 함께 죽겠노라고 울부짖지만, 아버지의 충고가 있고 난 후 그녀는 죽겠다는 말 대신 수도원을 남편 삼아 지내겠노라고 이미 마음의 동요를 은연중 내비친다. 그리고 시간이 더 지남에 따라 그녀는 치장을 하고 마침내는 아버지에게 지난 번 약속했던 그 젊은 남자는 어디 있냐고 당돌하게 묻는다.

여인의 변심과 거짓, 그 위선을 발가벗기기 위하여 그의 글쓰기 역시 변화와 움직임을 기본으로 한다. 그는 앞의 말을 부정하면서 끊임없는 변화 속으로 독자를 안내한다. 짧지만 그의 문장에는 서로 반대되는 어휘들이 자주 등장한다. 슬픔과 기쁨, 하루와 일 년 등, 이는 시인이 얼마나 대립과 변화의 글쓰기를 즐겨 사용하고 있는지를 보여주는 명백한 증거가 된다.

변화는 끊임없이 일어난다. 과부의 아버지는 당장은 아닐지라도 언젠가는 딸의 고통이 다시 혼인의 즐거움으로 바뀔 것이라 말한다. 죽은 남편은 이보다 더 그럴싸한 새 남편으로 대체되고, 이야기는 궁극적으로 여인의 슬픔이 다시 사랑의 기쁨으로 변하는 것으로 끝을 맺는다.

변화는 이 시의 이미지를 온통 움직임과 유동성의 세계로 바꾸어 놓는데 시인이 사용하는 어휘 역시 이와 호흡을 같이 한다. 유달리 이 시에는 장소 이동과 움직임의 동사가 자주 눈에 띈다. 가다(aller), 날아가다(s'envoler), 떠나다(partir), 흐르다(couler), 변하다(changer), 되돌아오다(revenir), 잠기다(se plonger) 등이 그러하고, 명사 역시 한숨(soupirs), 여행(voyage), 급류(torrent), 눈물(larmes), 격한 고통(transports), 날개(ailes)처럼 변화와 흐름의 이미지가 주를 이룬다.

남편 잃은 슬픔을 한 꺼풀 얇은 베일에 감추고, 약간의 시간만 허용된다면 언제든지 이 베일을 벗어 던질 수 있는 젊은 과부의 모습은 라 퐁텐의 또 다른 작품인 「에페소스(Ephèse)의 귀부인(XII-26)」에서도 나타난다. 로마 시대 작가인 페트로니우스의 『사티리콘(*Satiricon*)』이후 많은 작가들이 즐겨 소재로 사용해왔던 이 작품은 라 퐁텐에 와서 한층 더 새롭고 재미있게 다듬어진다. 여기 나오는 젊은 과부는 평범한 여인이 아니라 모든 사람이 칭송해마지않는, 정숙하고 지혜로운 부인이다. 모든 시어머니들은 며느리에게 이 여인을 본받으라고 권하고, 남편들은 아내 앞에서 그녀를 칭송한다.

그러나 이런 여인도 여자의 본성을 이기지 못한다. 죽은 남편을 따라 무덤에서 먹지도 않고 오직 눈물과 한숨으로만 지내던 여인은 죄수의 시체를 지키다가 우연히 이 무덤에 오게 된 젊은 병사와 사랑의 감정을 나누게 된다. 병사는 과부와 즐거운 시간을 보내다가 그만 자신이 지키던 시체를 도둑맞는다. 그는 이로 인해 받게 될 형벌을 두려워하지만, 새로 나타난 사랑에 모든 것을 빼앗긴 여인은 서슴없이 남편의 시체를 내 놓으며 이를 죄수의 시체로 사용하라고 말한다. 이 얼마나 무서운 여인의 변심인가. 그러나 시인은 아무렇지 않게, 오히려 당연하다는 듯이 노래한다. 여자는 다 그런 것이라고.

여인의 마음을 빼앗는 것은 그다지 어려운 일이 아니다. 그저 달콤한 몇 마디 말이면 족하다. 아무리 여자의 정절이 높다 하더라도 결코 믿지 말라. 아무리 그녀가 슬픔의 눈물을 흘린다 할지라도 그 눈물에 속지 말라. 시간만 잠시 흘러 준다면, 그럴 듯한 말만 옆에서 살짝 누군가 해 준다면, 그녀의 슬픔은 곧 환한 웃음으로 변하고 말 터이니. 남편의 차디찬 시체를 평생의 반려로 삼겠다던 여인마저도 언제 그랬냐는 듯, 그 소중한 남편의 시체를 새로운 사랑의 제물로 삼고 있는데 세상 그 어느 여인의 다짐을 믿을 것인가.

이 여인에게는 사랑에 대한 고민과 진지함이 없다. 그렇기 때문에 사랑의 뜨거운 정열로 인한 갈등이나 긴장도 찾아보기가 힘들다. 다른 작가들의 작품을 보자. 여기에서의 사랑은 참으로 진지하고, 위험하기까지 하다. 라신의 페드르가 의붓아들에게 보이는 감정은 일종의 근친상간이다. 그녀의 남편이 죽었다는 거짓 소식을 듣고, 즉 이제는 스스로 과부가 되었다고 생각할 때 그녀는 넘지 말아야 할 위험한 선을 넘고 만다. 엄청난 고뇌와 위험이 뒤따르는 그녀의 사랑, 결국 그녀의 사랑은 열매를 맺지 못하고 그녀는 비극적인 죽음을 맞이한다. 라 파이예트 부인의 클레브 공작 부인은 남편과 외간 남자 사이에서 고민을 한다. 그런 그녀에게 남편의 죽음은 새로운 사랑을 취할 수 있는 기회이기도 하지만 그녀는 모든 것을 포기하고 조용히 수도원에 몸을 맡긴다.

반면 라 퐁텐의 과부들은 어떠한가. 그들은 처음에는 사랑의 순수성과 영원함을 과도할 정도로 강조한다. 그들은 단호하게 남편을 따라 죽을 각오가 되어 있노라 말하지만 기회가 되면 재빨리 새로운 연인을 찾아 떠난다. 그들은 너무도 쉽사리 새로운 사랑에 적응한다. 아마 이들이 고민과 갈등에서 허우적대다가 결국에는 사랑도 이루지 못하는 페드르와 클레브 공작 부인을 본다면 박장대소를 하고 비웃을지도 모른다. 무슨 사랑을 그리 어렵게 하냐고.

오늘날의 시각에서 보자면 이혼한 여자가, 특히 남편이 죽은 여자가 다시 새로운 삶을 꾸리는 것은 너무도 당연한 일이어서 라 퐁텐의 이러한 우화들이 낯설고 불편하게 여겨질지 모른다. 그러나 라 퐁텐이 말하고자 하는 것은 이러한 여성에 대한 불평등한 인습이 아니다. 그는 결코 다른 남자에게 마음을 두지 않을 거라며, 심지어는 남편과 함께 죽겠노라고 하면서까지 남편에 대한 일편단심을 부르짖다가도 한 순간에 태도를 바꾸는 여자의 위선을 비웃는 것이다. 여성이여 본성을 속이지 말라, 그대들이 아무리 다짐을 해도 본성을 부정할 수는 없다고 라 퐁텐은 노래한다. 그렇다고 라 퐁텐이 이 여자들을 꾸짖는 것이 아니다. 다만 유쾌하게 그들을 놀리고 있을 뿐이다. 여자들이 가벼운 만큼, 그의 글쓰기도 가볍다.

5-3. 사랑에 대하여

가벼운 것이 어디 여자뿐이고, 라 퐁텐의 글쓰기만이랴. 사랑 자체가 가벼운 것을 또 어찌하겠는가. 아무리 여자의 본성이 갈대와 같다 할지라도 사랑이 깨어지는 것을 어찌 여자의 탓으로만 돌릴 수 있겠는가. 어쩌면 사랑, 그 자체의 성격이 유리처럼 깨지기 쉬운 것인지도 모른다. 남녀가 만나 처음에는 백년해로를 꿈꾸지만, 이 사연, 저 사연으로 갈라지는 것은 애초에 사랑이란 믿을 만한 것이 되지 못하기 때문은 아닐까. 특히 라 퐁텐 우화에 나타난 사랑은 가볍기 그지없다. 여성은 바람에 날리는 갈대와 같고, 사랑 또한 변하기 일쑤이다. 그러나 이것이 전부는 아니다. 라 퐁텐의 우화에는 때로는 사랑의 진지함과 불변성이 강조되는 것도 있다. 그의 우화에는 사랑의 두 가지 얼굴, 즉 진지함과 가벼움이 혼재한다. 이제 우리는 여성에 대한 주제를 바탕으로, 사랑이란 무엇인가에 대한 담론으로 넘어간다.

우선 라 퐁텐의 우화에 남녀 간의 사랑에 대한 주제가 상대적으로 그다지 많지 않음을 말해두자. 여기서 상대적이라 함은 그의 다른 작품과의 비교를 전제로 하는 말이다. 1658년, 푸케에게 바쳐진 『아도니스』를 필두로 그의 가장 활기찬 창작시기인 1660년대부터 1670년대에 이르기까지의 주요 작품들, 예를 들어 『보에서의 꿈(*Le Songe de Vaux*)』, 『프시케(Psyché)와 큐피드(Cupidon)의 사랑(*Les Amours de Psyché et de Cupidon*)』을 보면 작가의 주된 관심이 남녀 간의 사랑에 있음을 쉽사리 알 수 있다. 이 일련의 작품들에는 사랑의 달콤함과 슬픔, 그리고 말로 표현하기 어려운 그 미묘한 감정의 세계가 현란하고 화려한 당시의 궁정 분위기와 한껏 어우러져 있다. 게다가 우화 이전에 이미 라 퐁텐에게 대중적 인기를 가져다 준 콩트와 누벨 역시 상당 부분이 남녀 간의 사랑을 다루고 있는데 여기서는 사랑이 이상화되어 표현된 것이 아니라 대단히 현실적이며, 육체적이고, 희화화(戲畵化)되어 있고 외설적이다 싶을 정도로 노골적인 묘사가 있어서 문제가 되기도 하였다.

그렇다면 이러한 그의 전반적인 작품 세계에 비추어 볼 때, 라 퐁텐의 우화에 사랑의 이야기가 빠져 있다는 것이 예외적인 것으로 간주될 수도 있다. 이 점에 있어서 1668년 발간된 그의 첫 번째 『우화시집』의 에필로그는 대단히 시사적이다. 이 에필로그에서 시인은 우화의 기나긴 여정 끝에 다시 사랑의 주제로 돌아갈 것을 다짐한다.

> 사랑, 내 삶의 폭군이여,
> 그 사랑이 내가 주제를 바꾸기를 원하노니
> 그의 바람을 만족시켜야 한다.

분명 시인 자신이 고백하고 있듯이 사랑의 세계는 그의 삶의 커다란 영역을 차지하고 있었으며 이 세계를 시인은 우화에서는 한동안 떠나 있었던 것처럼 보인다. 한 주제에 매달리기보다는 늘 다양한 이야깃거리를 찾아다니는, 그래서 자신을 이 꽃 저 꽃으로 옮겨 다니기를 좋아하는 한 마리 나비로 비유하던 시인, 그에게 우화의 작업은 실로 기나긴 여정이었으리라. 그는 우화에 몰두하고 있던 중에도 다른 작품 즉『프시케와 큐피드의 사랑』을 쓰고 있었으며 이제 우화를 마친 이상 다시 그 곳, 즉 사랑의 세계로 돌아가고자 한다.

이 에필로그의 바로 그 앞에는, 그러니까 첫 번째『우화시집』의 마지막에는 이미 우리가 살펴본「젊은 과부(VI-21)」란 우화가 실려 있다. 이 작품은 첫 번째『우화시집』의 다른 우화들과는 판이하게도 사랑의 감정 변화를 전면에 내세우고 있다. 아마도 작가는 마치 떠나온 고향을 되찾듯, 혹은 잃어버린 그 무엇인가가 불현듯 생각이 난 듯, 이 사랑의 우화로 대뜸 첫 번째 작품집의 대단원을 내리고 곧 바로 에필로그에 가서는 사랑의 이야기로 다시 돌아갈 것을 적어 놓는다. 라 퐁텐은 우화 작업 중에도 끊임없이 사랑의 이야기를 쓰고 싶었는지 모른다. 그러나 전통적으로 우화는 사랑의 이야기라기보다는 인생의 처세술을 담고 있는 장르임을 그는 의식하고 있었을 것이다. 비록 그가 우화에 새로움을 불어넣은 것은 사실이지만 그의 다른 작품에서처럼 사랑의 언어로 이 장르를 치장할 만큼 멀리 나가지는 못했다. 특히 1668년의 첫 번째 『우화시집』은 그 후에 나온 라 퐁텐의 우화에 비해 비교적 '전통적'이란 수식어가 어울린다는 것을 상기할 필요가 있다.

이런 까닭인지 라 퐁텐 우화에 대한 연구는 대단히 다양하고 풍요롭게 이루어져 왔음에도 불구하고 사랑을 주제로 한 연구는 상대적으로 적은 편이다. 여기서 우리는 비록 라 퐁텐의 우화가 그의 다른 주요 작품에 비해 사랑의 이야기를 많이 다루고 있지 않음에도 불구하고, 그의 우화 곳곳에서 이 문제가 모습을 감추고 있거나 때로는 어떤 작품에서는 전면에 부각되어 있음에 주목하고자 한다.

5-4. 사랑과 광기

우리는 주위에서 사랑의 두 형태를 쉽사리 볼 수 있다. 갈수록 드물어지는 현상이긴 하지만 순수한 사랑에 목숨을 거는 사람이 있는가하면 내일이 멀다하고 사랑을 바꾸는 사람이 있다. 전자의 예를 문학 작품은 얼마나 많이 다루었는가. 로미오와 줄리엣이 그러하고, 춘향이의 사랑이 그러하다. 베르테르처럼 사랑에 실패하고 목숨을 버리는 것이 때로는 유행이요, 낭만인 경우도 있었다. 그러나 반면, 동 쥐앙이나 카사노바처럼 한 여인에게 만족하지 못하고 이 여자 저 여자를 넘나드는 천하의 바람둥이를 만나는 경우도 비일비재하다. 그런데 묘하게도 사랑의 이러한 두 양상은 사랑이 한 번 빠지면 헤어나지 못하는 무서운 속성을 지니고 있다는 사실에서 발원한다. 사랑에 목숨을 거는 사람은 바로 이 무서운 사랑의 덫에 걸린 사람이다. 사랑에 한 번 제대로 빠지면 아무리 이성(理性)의 힘으로 발버둥 쳐도 그 깊고 흡입력 있는 늪에서 벗어나지 못한다. 로미오와 줄리엣이 죽은 것은 바로 이 때문이다. 반면, 사랑을 하루살이 게임으로 여기는 사람은 이러한 사랑의 속성을 너무도 잘 알고 있기 때문에 사랑의 그물에 자신을 함부로 맡기지 않는다. 너무도 무서운 존재인지라 늘 가볍게 사랑의 주위를 맴돌 뿐이다.

사랑이 얼마나 큰 힘을 발휘하는지는 「여자로 변해 버린 고양이 (II-18)」를 보면 쉽게 알 수 있다.[51] 여기서는 고양이를 끔찍이 사랑한 한 남자의 정성이 마침내는 이 동물을 어느 날 아침 여자로 변화시키게 되고, 남자는 지체 없이 이 여자를 아내로 삼는 이야기가 나온다. 이 남자가 고양이에게 푹 빠져있는 모습은 사랑하는 여자를 대하는 모습과 다름없으며, 여자로 변한 고양이가 남자와 사랑을 나누는 모습은 짧게 묘사되어 있기는 하여도 신혼부부의 달콤한 사랑을 느끼기에 부족함이 없다.

원래 이 우화는 아이소포스의 「고양이와 아프로디테」란 우화를 모델로 하고 있다. 그리스 우화에는 역할이 반대로 되어 있다. 즉, 고양이가 젊은이에게 푹 빠져서 미의 여신인 아프로디테에게 자신을 사람으로 만들어 달라고 기도한다. 그 역할이야 어

51) 우리는 이미 이 우화를 인간의 본성이 얼마나 고치기 힘든 것인가를 말하면서 살펴 본 바 있다.

떠하든 대체 사랑이 무엇이기에 고양이를 사람으로 바꾼단 말인가. 아이소포스의 경우는 여신의 힘이 더 강조되어 있지만 라 퐁텐의 작품에서는 남자의 애타는 사랑이 더 크게 부각된다. 무엇보다 이 우화는 그리스 신화에 나오는 피그말리온의 이야기를 연상시킨다. 조각가 피그말리온이 성심을 다해 여인의 조각상을 만들고 이 조각상을 사랑하자 돌덩이가 뼈와 살이 있는 여인으로 변한다는 이야기이다. 이 이야기는 흔히 교육학에서 피그말리온 효과라고 해서 교사가 어느 학생을 가르칠 때 이 학생이 잘 될 수 있다는 확신을 가지고 성심을 다하면 반드시 효과를 본다는 이론으로 많이 알려져 있다.

그래도 이 우화가 사랑의 힘보다는 인간의 본성을 바꿀 수 없다는 교훈에 더 비중을 두고 있다고 생각한다면, 혹은 굳이 여자의 본성은 결코 변하지 않는다는 것이 더 중요하다고 생각한다면 다음 우화로 넘어가 보자. 문제가 되는 작품은 이미 앞에서 살펴 본 바가 있는 「사랑에 빠진 사자 (IV-1)」란 우화이다. 우리는 이 우화를 신중함을 강조하는 인생 처세술에서 다룬 바 있지만, 여기서는 사랑을 함에 있어서 무분별하거나 사랑에 너무 집착하는 것은 대단히 위험한 결과를 초래할 수 있다는 교훈으로 되새김해 볼 수 있다. 라 퐁텐 우화 전편에 깔려 있는 중용의 미덕, 즉 과도함과 무분별에 대한 경고가 사랑의 감정에도 마찬가지로 적용되는 경우이다. 고양이를 아내로 삼은 남자의 그 후의 운명에 대하여서는 우리가 알 수가 없지만 「사랑에 빠진 사자」에서는 젊은 여자에게 마음을 빼앗긴 나머지 비참한 운명에 빠지게 되는 사자의 이야기가 나온다. 사자는 여자와 결혼하고 싶어하나 여자 측에서는 사자에게 온순하고 부드러운 신랑이 될 것을 요구한다. 사랑에 눈 먼 사자는 멋모르고 자신의 이빨과 발톱 모두를 빼어 버리고, 그리하여 사자로서의 힘과 무서움을 상실하여 결국은 사랑을 얻기는커녕 개한테도 쫓기는 불쌍한 신세가 되고 만다. 앞에서 인용한 바 있지만, 시인의 사랑에 대한 경계심을 다시 한 번 들어보자.

> 사랑, 사랑이여, 우리가 너의 포로가 되는 순간
> 이렇게 말할 수 있겠지. "신중함이여, 이젠 안녕".

이 사자는 궁극적으로 누구를 가리키는가. 사려 깊지 못하고 무분별하게 감정의 포로가 되어 자신의 운명을 망치는 어리석은 우리 인간의 모습이 아닌가. 여기서 바로 그 감정이란 남녀간의 사랑이요, 이는 지혜롭게 다스려지지 않으면 우리를 파멸로 이끈다. 좀 더 정확히 말한다면 다른 어떤 감정보다도 사랑 앞에서 우리는 더욱 더 신중해야 한다. 왜냐하면 사랑이란 우리의 이성을 흐트러트리고 분별력을 앗아가기도 하는 무서운 힘을 지니고 있기 때문이다.

사랑은 왜 이렇듯 맹목적이고 무분별한 것일까. 라 퐁텐은 이 까닭을 「사랑과 광기 (XII-14)」란 작품을 통하여 설명한다. 예전에 사랑과 광기는 사이좋게 잘 놀고 있었다. 그런데 어느 날 둘은 어떤 일로 다투게 되고 사랑은 모든 신들을 다 불러 모아서 누가 옳은지 따져 보자고 하였지만 광기는 참을성이 없는지라 주먹을 앞세우고, 결국 사랑은 그의 주먹에 시력을 잃고 만다. 사랑은 지팡이 없이는 한 발자국도 움직일 수 없는 처지가 되었고, 사랑의 어머니인 비너스 신은 복수를 다짐한다. 신들은 이 사건에 모두 놀라서 과연 이 범죄를 어떤 벌로 다스려야할지 고민하다가 결국은 회의를 소집하여 광기로 하여금 평생 사랑의 곁에서 그의 가는 길을 보살펴 주도록 명하였다. 앞을 볼 수 없게 된 사랑, 그리고 그의 길을 안내해 주어야만 하는 광기, 이렇듯 사랑과 광기는 한 몸이 되어 행동한다. 이제 왜 우리는 사랑에 빠지면 그토록 앞을 못보고 헤매게 되고 미친 듯이 거기에 빠져서 이성을 잃어버리는지 이해가 간다.

그런데 이 작품에는 이런 사랑과 광기의 다툼 이야기 외에도 곰곰 되새겨 보아야 할 부분이 있다. 시인은 작품 첫 머리에서 사랑에 있어서는 모든 것이 신비에 싸여 있다고 말한다. 사랑 즉 큐피드의 화살, 화살 통, 그리고 그 사랑의 불꽃, 이 모든 것에 대하여 알 수 없노라 노래한다. 사랑이 왜 생기고, 그것이 어떻게 발전하는지, 대체 그 불길은 어디로 번지는지, 어떻게 꺼지는지 아무도 모르는지라 시인은 단지 사랑이 앞을 못 보게 된 그 이유만을 우리에게 알려 줄 수 있다며 그의 이야기를 시작한다. 이는 분명 남녀 간의 사랑의 감정이 얼마나 복잡하고 섬세하며 미묘한 것인지를 작가 자신도 인정한다는 의미이다. 더구나 사랑이 시력을 잃게 된 것이 과연 나쁜 것인지 그 결과에 대해서도 작가는 판단을 유보한다. 이는 사랑하는 당사자가 판단할 수 있는 문제이지 시인은 아무 것도 결정할 수 없기 때문이다.

사랑의 감정에는 어떤 법칙이 있는 것이 아니다. 때로 이 사랑의 화살은 서로 어긋나서 서로에게 상처를 주기도 한다. 사람들은 사랑하는 사람이 마찬가지로 자기를 사랑해 주기를 바라나 종종 이 희망은 좌절로 바뀐다. 우화 「티르시스와 아마랑트(VIII-13)」에서 양치는 소년 티르시스(Tircis)는 아마랑트(Amarante)에 대하여 스스로가 어떤 병이라 부르는 감정을 지니고 있음을 느낀다. 이 맹목적이고 미친 듯한 감정, 그런데 아마랑트 역시 이 병을 앓고 있었기에 그녀는 티르시스에게 이 병의 이름이 무엇이냐고 묻는다. 이 병의 이름은 사랑. 이 병에 걸린 사람은 자기가 사랑하는 사람을 보고 싶으면서도 보기가 두려운 것이며, 그에게 가까이 가기만 하여도, 그의 목소리를 듣기만 하여도, 그 이름만 들어도 가슴이 설렌다. 이 병에 걸리면 아무리 애를 써도 대체 그 굴레에서 벗어날 수가 없다. 시냇물에 자신의 얼굴을 비춰 보면 자기 얼굴은 보이지 않는다. 오직 어른거리는 것은 사랑하는 사람의 모습뿐이고 그 외에는 아무 것도 보이지 않는다. 티르시스는 아마랑트가 자신도 이 병에 걸려 있다고 하자 그녀가 자기를 사랑하고 있다고 착각한다. 그러나 무심한 아마랑트는 대뜸 다른 목동의 이름을 입에 올린다. 티르시스는 창피함과 분함으로 삶의 희망을 잃어버린다.

라 퐁텐이 이 우화를 쓴 이유는 무엇일까. 작가 자신이 작품 끝에서 밝히고 있듯이 이 우화를 통하여 라 퐁텐은 남의 생각은 전혀 고려하지 않고 자기 멋대로 생각하는 인간의 어리석음을 비웃고 있는 것만은 틀림없다. 사랑에 있어서도 이 교훈은 마찬가지이다. 자기가 아닌 다른 사람을 좋아하는 줄도 모르고 들뜬 마음으로 장광설을 늘어놓는 티르시스의 모습은 어리석기 그지없다. 게다가 라 퐁텐이 이 우화를 마드무아젤 드 시에리 (Mlle de Sillery)에게 바친 것을 생각해 보자. 라 퐁텐이 이 우화를 쓴 시기는 그녀 나이가 25살로, 다음 해에 결혼을 하게 된다. 이런 상황에서 라 퐁텐은 이 우화를 통해 사랑에 있어서의 어떤 교훈을 젊은 아가씨에게 전하고 싶었는지도 모른다. 사랑하는 사람에 대한 그 지극한 사랑의 감정과 더불어, 그 사랑의 화살이 어긋남으로 인하여 빚어지는 비극적인 면, 즉 인간을 죽음까지로 몰고 갈 수 있는 사랑의 무서운 힘과 잔인함을 보여주는 이 우화를 통하여 시인은 사랑에 있어 좀 더 신중할 것을 젊은 여인에게 충고하고 있는 듯 보인다.[52]

5-5. 진지한 사랑

이러한 잔인한 사랑의 모습은 「다프니스와 알시마뒤르(*Daphnis et Alcimadure* : XII-24)」에서 더욱 뚜렷이 나타난다.[53] 아름답지만 도도하기 그지없는 알시마뒤르, 그녀는 젊은 목동 다프니스의 사랑에 전혀 관심을 갖지 않는다. 그녀는 다프니스에게 그 어떠한 호의도 보이지 않을뿐더러, 단 한 번의 시선도 주지 않고, 단 한 마디의 말도 건네지 않는다. 아무리 그녀를 따라다녀도 오직 남는 것은 절망뿐, 이 가엾은 목동은 죽음을 생각한다. 그는 자신이 죽거든 신전을 세우고 그곳에 이런 묘비명을 세워달라고 한다.

52) 라 퐁텐이 이 우화를 쓴 것은 1674 년으로 추정되는데 그 당시 그는 1668년 첫 번째 『우화시집』, 그리고 1671년 발간된 『새로운 우화들과 다른 시들(*Fables nouvelles et autres poésies de M. de La Fontaine*)』이후 콩트의 세계, 즉 보카치오의 모방에 빠져 있었다. 이런 그에게 마드무아젤 드 시에리는 예전 우화의 세계, 즉 여우와 늑대가 운을 맞추어 이야기하던 그 유쾌하고 재미나는 세계로 다시 되돌아 가 줄 것을 부탁한다. 따라서 이 우화는 비록 사랑의 교훈을 담고는 있되 분위기는 전적으로 쾌활하기 그지없다. 이는 결혼을 앞둔 처녀에게 사랑에 있어서 주의해야 할 점을 알려는 주되 그것으로 인해 결혼으로 가는 그녀의 발길을 무겁게 하고 싶지 않으려는 시인의 배려 때문일 것이다.

53) 이 우화는 그리스 시인인 테오크리토스를 모방한 것이라고 라 퐁텐 스스로가 밝히고 있다. 테오크리토스의 『목가시집』, 23편 참조.

여기 사랑으로 죽은 다프니스가 있으니, 지나가는 이여 멈추어서,
눈물을 흘리고 이리 말해 주시오. 다프니스는
잔인한 알시마뒤르 때문에 죽었다고.

자기가 사랑하는 여인의 매정함, 그로 인한 자신의 억울한 죽음, 그런 자신을 위로해달라는 그의 간절함이 이 묘비명에 담겨 있다. 매몰찬 알시마뒤르는 다프니스의 한 맺힌 죽음에도 아랑곳 않고 의기양양하고 도도한 태도를 누그러뜨리지 않는다. 결국은 신이 다프니스의 복수를 하게 되고 지하 세계에서 다시 만난 두 남녀의 입장은 이제는 완전히 뒤바뀐다. 알시마뒤르는 다프니스에게 용서를 구하나 다프니스는 더 이상 그녀의 말에 귀를 기울이지 않는다. 여기서 우리가 주목할 것은 다프니스가 보여주는 사랑이 한 순간의 장난스런 감정이 아니라는 사실이다. 이는 자신의 목숨을 걸고 하는 진지하고 엄숙한 감정의 발로이다. 그러나 이 감정은 아름다운 열매를 맺지 못하고 그만 비극으로 끝을 맺는다.

「다프니스와 알시마뒤르」에서의 비극은 두 사람의 사랑의 감정이 어긋남으로 인하여 빚어지는 것이지만 라 퐁텐이 피라모스(Pyrame)와 티스베(Thisbé)의 이야기에서 보여주는 두 연인의 사랑은 아무리 당사자가 서로 좋아해도 맺어지지 못하고 비극으로 끝나는 경우이다. 오비디우스의 『변신』에서 시작하여 이미 17세기 라 퐁텐 이전에도 많은 작가들에 의해 다루어졌던 이 이야기는[54] 두 남녀의 지극히 순수하고 격정적이기까지 한, 그러

54) 이 유명한 비극적 사랑 이야기는 테오필 드 비오(Théophile de Viau), 프라동

나 부모들의 반대로 맺어지지 못하고 결국에는 운명의 장난으로 자살로 끝나는 슬픈 이야기를 담고 있다. 피라모스와 티스베의 이야기는 라 퐁텐의 작품「미니아스의 딸들(XII-28)」[55]에 실려 있는데 여기에는 케팔로스와 프로크리스, 그리고 텔라몬과 클로리스의 사랑 이야기가 담겨 있다. 그런데 이들의 사랑은 운명의 장난, 혹은 신의 개입으로 모두 비극적으로 끝난다.

반면,「필레몬과 바우키스(XII-25)」에서 펼쳐지는 두 주인공의 사랑은 지극히 순수하고 경건하며, 결국은 아름답고 행복하게 끝을 맺는, 가장 이상적인 사랑의 전형을 보여준다. 여기서의 주인공은 젊은 남녀가 아니라 이마에 주름 가득한 나이 든 사람들이다. 그들의 사랑은 젊은 시절부터 변함없이 지속된 것이어서 어느 순간 뜨겁게 달아오르는 불길이 아니라 마치 흔들리지 않는 굳건한 바위와도 같다. 위에서 살펴 본 젊은 연인들의 사랑은 순수하기는 해도 너무 뜨겁고 절제됨이 없어 결국은 파국으로 치닫는 반면, 이 노부부의 사랑은 뜨겁지는 않을지 몰라도 결코 꺼지지 않는 불꽃이며 잔잔하되 세월의 변덕스러움도 이겨내는 위대한 것이어서 이 사랑의 결말은 비극이 아니라 영원한 행복이다. 이는 인간의 과욕과 헛된 야망에 끊임없이 경종을 울리는 우리 우화 작가의 기본 사상과 맥을 같이한다. 뿐만 아니라 작가는 이 부부가 보여주는 사랑의 아름다움 외에도 그들이 지니

(Pradon) 과 같은 17세기 프랑스 작가들에 의해 비극으로 개작된다. 셰익스피어의『로미오와 줄리엣』도 이 작품에 빚지고 있으며,『한여름밤의 꿈』에서도 이 주제를 볼 수 있다. 뿐만 아니라, 미술과 음악 등 여러 예술 장르에서 이 둘의 사랑 이야기를 다룬다.

55) 그리스 신화에 나오는 미니아스(Mynias) 왕의 세 딸로 미니아데스(Myniades)로 통칭된다. 이 여자들은 디오니소스를 경배하지 않아 벌을 받는다.

고 있는 또 다른 미덕에 주목한다. 그들은 따로 하인을 두지 않고 자신들이 직접 농사를 지음으로써 결코 남을 지배하지 않는다. 무엇보다 그들은 신에 대한 경건함에 있어서도 역시 그들의 사랑의 굳건한 끈만큼이나 흔들림이 없고 게다가 어려운 이웃을 보면 기꺼이 도와주는 아름다운 마음씨를 지닌 사람들이다. 주피터 신이 노부부가 살고 있는 마을 사람들의 오만불손함을 벌주고자 나그네로 가장하고 이 마을을 찾아 왔을 때, 그 누구도 문을 열어 주지 않는다. 오직 이 노부부만이 비록 그들이 가진 것 없고 집이 누추하기는 하여도 나그네를 성심껏 대접한다. 부부의 선량함에 주피터는 기적을 행함으로써 자신이 전능한 신임을 나타내고 이 부부를 제외한 모든 사람들을 멸망시킨다. 신의 분노는 사람들은 물론이요, 짐승들, 나무, 논, 모든 집까지도 순식간에 사라지게 한다. 경건한 부부는 그들이 평생 신전을 돌보며 신을 경배하다가 같은 시각에 함께 죽게 해 달라고 부탁한다. 주피터는 살아서나 죽어서나 늘 함께 있고 싶어 하는 그들의 소원을 기꺼이 받아들여 두 부부는 어느 날 자연스럽게 서로 마주보고 있는 나무로 변하고 만다. 필레몬은 보리수나무로, 바우키스는 참나무로 변하여 사람들은 이곳에 와서 신의 위대함에 경배를 드리고, 부부들은 이 나무 그늘에 잠시라도 머물기만 하면 아무리 세월이 방해를 하더라도 그들의 사랑이 식지 않음을 경험하게 된다. 이 작품에는 부부의 선량함과 경건함, 신의 전능함과 인간에 대한 무서운 징벌이 문제가 되지만 무엇보다 우리의 관심을 끄는 것은 부부의 변함없는 사랑이다. 사랑은 결혼으로 결실을 맺고 이는 신에 대한 경건함과 맞물려 영원한 사랑으로 승화된다.

다프니스의 사랑, 피라모스와 티스베의 사랑, 그 외에도 우리가 살펴 본 사랑은 그 결말이 비극으로 끝나든, 혹은 필레몬과 바우키스의 사랑처럼 아름답게 끝나든 한 가지 공통점이 있다. 그것은 바로 여기서의 사랑은 지극히 진지하다는 것이다. 사랑은 한순간 지나가는 바람처럼 가벼운 것이 아니며, 수시로 변하는 변덕스러운 것도 아니다. 그것은 장난이나 시간 보내기 위한 심심풀이가 아니라 자신의 모든 것을 걸고, 마지막에는 목숨마저 바치는 진지한 인간 감정을 드러낸다. 사랑의 이러한 성격은 17세기의 사랑에 대한 담론임과 동시에 프랑스 문학의 역사에서 뚜렷하게 드러나는 사랑의 가장 큰 특성이기도 하다. 이미 중세 궁정 문학에서 사랑은 중심 주제로 자리 잡고 있을 뿐 아니라, 그 고귀함과 진지함은 그 어떤 인간의 가치보다도 가장 큰, 좀 더 확대 해석한다면, 목숨을 바치면서까지 획득하여야 하는 절대적인 가치를 지닌다. 중세 문학을 대표하는 기사도 문학과 서정시는 바로 이러한 사랑의 한 전형을 이룬다. 이 중세 궁정 문학의 고귀하고 진지한 사랑은 이탈리아에서 넘어 온 페트라르카주의(Pétrarquisme)의 영향을 받고 16세기에 와서는 플레이아드(Pléiade) 시인들에 의해 다시 한 번 다루어진다. 17세기, 그 중에서도 특히 17세기 전반은 확실히 이 흐름의 연장선상에 있으며 사랑의 담론이 문학에 있어 크나큰 비중을 차지하고 있던 시기이다. 17세기 전반부 프랑스 문학의 여러 장르에 영향을 끼쳤던 소설 『아스트레』는 사랑의 순수함과 진지함, 소위 플라토닉 사랑을 기저에 깔고 있는 작품으로, 사랑은 종교와도 같이 절대적인 믿음으로 존재하며 소설은 그 아무리 복잡하고 다양한 에피소드를 담고 있더라도 결국은 이 가치를 재확인하는 것으로 결론을 맺는다. 또한 17세기 전반과 중반에 성행하였던 살롱 문학, 혹은 프레시오지테(préciosité) 문학은 이러한 사랑의 양상을 광범위하고 다양하게 표현하고 있다.

그런데 이 진지한 사랑의 담론은 대부분의 경우 여성의 완벽한 아름다움을 전제로 한다. 분명 여기에 등장하는 여인은 도도할 정도의 미를 지니고 있다. 여성은 더할 나위 없는 절대적인 아름다움으로 이상화(理想化)된다. 알시마뒤르, 클로리스는 아예 보통 명사화된 "아름다운 여인(la Belle)"이라는 호칭으로 불리며 그 아름다움은 경이로움마저 불러일으킬 정도이다. 이러한 아름다움은 흔히 여인의 오만함, 자신을 좋아하는 사람에 대한 냉정함과 연결되며 이는 상대편을 고통에 빠뜨린다. 알시마뒤르는 신마저도 우습게 여기는데 이런 여인에게 다프니스의 사랑은 아무 의미도 가지지 못한다. 이제 그녀는 아름답지만 냉정하여 결국은 자신을 사랑하는 사람을 죽음으로 몰고 가는 잔인한 여인일 뿐이다. 우화에서는 여인을 "아름다운 여인"이라고 부를 뿐 아니라, "비인간적인 여인 (l'inhumaine)" 또는 "비인간적인 마음을 지닌 사람(le coeur inhumain)" 등으로 표현한다.

반면, 상대편에게 있어, 이러한 절세의 아름다운 여인을 사랑한다는 것은 일단은 커다란 행복이며 즐거움이다. 그러나 이 최고의 미를 획득한다는 것은 결코 쉬운 일이 아니다. 이는 고통을 수반하는 시련이다. 이제 사랑은 더 이상 기쁨이 아니다. 사랑하였기 때문에 죽을 수밖에 없다는 사랑의 비극적 명제가 여기서 성립된다.

아름다우나 오만하고 자신을 사랑하는 사람에 대한 잔인할 정도의 무관심, 상대방의 고통, 그 죽음, 대략 이러한 도식은 사랑의 순수성과 진지함을 바탕으로 하는 작품, 특히 17세기 전반부의 시 장르에서 흔히 볼 수 있는 도식이다. 라 퐁텐의 우화 중 아마도「다프니스와 알시마뒤르」는 이를 가장 잘 보여주는 경우라 할 수 있다. 그러나 위에서 언급한 작품 중「필레몬과 바우키스」는 이러한 도식에 부합되지는 않는다. 여기에는 아름다운 여인의 거만함도, 상대방의 고통도 존재하지 않는다. 오히려 부부의 사랑의 부드러움과 영원함이 돋보일 뿐이다. 하지만 사랑의 결론이 어떻게 나든, 위에서 언급한 라 퐁텐의 작품은 모두 사랑의 진지한 면을 다루고 있다. 그들은 사랑을 결코 한 순간의 장난으로 여기지 않는다. 완벽의 사랑을 추구하는 그들의 모습은 마치 절대적인 종교의 진리를 추구하듯, 한 치의 가벼움도 허락하지 않는다. 사랑의 노예가 되어 고통 받을지라도, 그들은 마치 순교자처럼 기꺼이 사랑을 위하여 목숨을 버린다.

5-6. 가벼운 사랑

그러나 이러한 사랑이 과연 현실 세계에서 가능한 것인가. 우리는 이 진지한 사랑의 양상이 너무도 현실 세계와는 동떨어진, 이 지상 세계에서 이루어 질 수 없는, 극도로 이상화된 것이 아닌지 반문해보지 않을 수 없다. 분명한 것은, 사랑이 꼭 이렇듯 진지하지만은 않다는 것이다. 라 퐁텐의 우화 중 아마도「다프니스와 알시마뒤르」를 다시 한 번 읽어본다면 이는 쉽게 알 수 있을 것이다. 다프니스의 사랑은 더할 나위 없이 진지하지만 알시마뒤르는 어떠한가. 그녀의 아름다움을 묘사하면서 텍스트는 그녀 성격의 중요한 한 면을 드러내는 것을 잊지 않는다.

거만하고 거친 존재, 늘 숲 속을 헤집고 다니고
늘 풀밭을 뛰어다니고, 푸른 초원에서 춤을 추는 그녀는
자신의 변덕스런 법칙 외에는
아무 것도 알지 못한다.

아름다우나 자신의 미에 대하여 겸손하지 못한 알시마뒤르. 그녀의 성격은 활달하기 그지없다. 동시에 그녀는 진지하지 못하고 변덕스럽다. 사랑의 이야기에서 변덕스럽다는 것은 무엇을 의미하는가. 그것은 사랑의 영원성과 순수함을 거부하는 것이다. 그녀는 왜 사랑이 오직 한 사람만을 향해야 하는지, 다프니스가 왜 자신 때문에 죽음을 택하는지 이해하지 못한다. 그런 까닭으로 다프니스가 죽은 것을 알고도 그녀는 오히려 이 죽음을 조롱하듯 춤을 추고 노는 것이다.

알시마뒤르의 예는 분명 우리에게 사랑의 그 진지한 측면 외에도 그 정반대되는 또 하나의 다른 얼굴이 있음을 보여준다. 이는 바로 진지한 사랑을 의심하고, 부정하고, 조롱하는, 지극히 가볍고, 순간적이며, 변덕스러운 사랑의 모습이다.[56] 진지한 사랑이 극도로 이상화된 세상을 보여주는 것이라면 가벼운 사랑은 이 세상의 보통 사람들이 지니고 있는 지극히 현실적인 사랑이다. 이렇듯 가벼운 사랑은 진지한 사랑과는 정반대에 위치하고 있지만 적어도 문학의 장에서 이 둘 간의 거리는 그다지 멀지 않다. 오히려 이 둘의 관계는 너무도 가깝고 밀접하게 연결되어

---

56) 이러한 사랑의 가벼움은 사랑의 고귀함과 순수함을 표방하는 『아스트레』에서도 볼 수 있다.

있다. 우리가 진지한 사랑을 더욱 강조하고 소리 높이 외칠수록 어느 새 그 사랑은 가벼운 사랑으로 변하고 만다. 즉 이는 전통적으로, 습관적으로, 반복적으로, 무엇인가 진지함에 깊은 의미를 부여하고자 하는 그 노력에 대한 반작용이다. 전통적인 사랑의 담론이 유지하고자 하는 그 진지함과 무거움이 무게를 더하면 더 할수록 이에 대항하여, 혹은 이에 기생하여 가벼운 사랑이 모습을 드러낸다.

게다가 이처럼 가벼운 사랑은 진지한 사랑의 이면에 웅크리고 앉아있음에도 불구하고 진지한 사랑보다 훨씬 더 광범위하게, 그리고 더욱 의도적으로 라 퐁텐 우화 작품 전체에 깔려 있다. 이러한 사실은 무엇보다 작가의 여성에 대한 시각이 결코 우호적이 아니라는 것을 뜻한다. 이제 더 이상 여성은 아름답고, 가까이 할 수 없는, 이상 세계의 존재가 아니다. 오히려 수다스럽고, 질투 많고, 변덕스러운, 그리하여 조롱 받아 마땅한 존재가 되고 만다. 이미 라 퐁텐은 여성의 본능이 얼마나 변덕스럽고 결점이 많은지를 보여주지 않았던가.

그런데 이러한 가벼운 사랑에 대한 담론은 라 퐁텐의 우화에만 있는 것은 아니다. 이는 이미 당시에 널리 퍼져 있던 유행이기도 하다. 그런데 전통적으로 인간 생활의 처세술을 교훈으로 하고 있던 우화가 사랑의 담론에 눈을 돌리고 있는 것은 주목할 만한 일이다. 물론 남녀 간의 사랑도 인간사의 중대한 일 중의 하나임은 부정할 수 없다. 그러나 우화에서 집중적으로 사랑의 주제를 찾아보기는 쉽지 않은 일이다. 심지어 라 퐁텐의 우화에도 양적인 면에서 사랑이 차지하는 비중은 그다지 높지 않음은 이미 언급한 바 있다. 그런데 왜 라 퐁텐의 시대에 사랑의 우화가 꽃을 피우게 되었는지, 그리고 당시의 어떤 작가들이 우화를 통해 사랑을 노래하고 있는지를 살펴보자.

사랑을 노래하는 우화가 생겨난 것은 당시 시대상과 밀접한 관계가 있다. 라 퐁텐이 활약하던 시기는 대략 17세기 중반부터이다. 그런데 이 시기는 프랑스에 있어서 사교계 문화가 꽃을 피운 시기이다. 17세기 전반, 국가를 통치했던 루이 13세 시대에 빛을 발하기 시작한 사교계 문화는 17세기 문학과 예술을 이해하는 데 가장 중요한 현상 중의 하나이다. 우선 살롱과 궁정은 귀족과 귀부인, 그리고 문인과 학자들이 소수의 엘리트층을 형성하며 사교를 통해 새로운 문화를 만들어내는 장소로 자리 잡는다. 당연히 여기에는 자기들만의 예의범절과 처세술이 존재한다. 이제 느끼고, 표현하고, 생각을 전달하는 데에도 새로운 방식이 생겨난다. 이는 곧 바로 문학의 변화를 초래한다. 즉, 문학은 도서관이나 대학 혹은 학자들의 서재에서 나와서 사교계의 새로운 독자에게 접근한다. 따라서 진지함과 엄숙함보다는 가벼움과 부드러움이 더욱 중요하게 된다. 16세기 르네상스 시대 인문주의 문학이 지니는 엄숙함이 17세기 넘어와서 부드러움과 일상의 가벼움으로 변하는 현상이라고 말할 수 있다.

사교계의 발달은 작가들 특히 시인들에게 강력한 영향을 끼친다. 그들은 진지한 내용을 다룬 시보다는 가볍고, 편하며 부드러운 주제를 택한다. 이러한 상황에서 사랑의 감정이 우선적으로 고려되는 것은 당연한 일이다. 우화 역시 이러한 시대상에 발맞추어 변신을 꾀한다. 구체적으로 말하자면, 1670년 빌르디유 부인(Mme de Villedieu)은 8편의 우화가 담긴 작품집을 세상에 내놓는데 여기에 수록된 우화들은 대부분 사랑의 기쁨과 슬픔을 노래하고 있다. 비록 작품 수는 많지 않지만 이처럼 사랑의 이야기를 담은 우화집이 나온 것은 매우 예외적인 일이다. 또한 우리에게는 『잠자는 숲속의 공주』라는 동화의 작가로 알려져 있는 페로(Charles Perrault)는 38편의 우화를 담은 『베르사유의 미로(*Le Labyrinthe de Versailles*)』란 우화집을 펴내는데 여기에서도 거의 대부분의 우화가 사랑을 이야기 하고 있다. 이 두 작가 외에도 무명, 혹은 익명의 많은 작가들이 우화를 통하여 사랑을 노래하고 있는데, 특히 17세기에 나온 가장 중요한 문예잡지라고 할 수 있는 『메르퀴르 갈랑(*Mercure galant*)』[57]에는 사랑의 담론을 펼치는 우화가 다수 발견된다.

문학사에 그다지 비중 있게 등장하는 인물은 아니지만 빌르디유 부인은 여성적인 섬세함을 시와 소설에 담고 있는 작가이다. 그의 우화집에는 작가 개인의 삶의 이야기가 물씬 풍겨난다. 작가는 이 작품집이 나오기 일 년 전 사랑하는 사람을 전쟁터에서 보낸 상황이다. 「멧비둘기와 산비둘기」에서 홀로 흐느끼는 멧비둘기의 탄식은 남편을 잃은 작가의 마음을 그대로 표현한다.

> 더 이상 나에게 사랑이나 기쁨을 말하지 말기를,
>
> [...]
>
> 내 영혼이여, 영원한 탄식에 몸을 맡기라.
>
> 진실한 내 사랑을 잃어 버렸으니.

57) 프랑스어 메르퀴르(Mercure)는 로마의 신 메르쿠리우스(영어로는 머큐리), 그리스 신 헤르메스를 뜻한다.

「원숭이 큐피드」에서 큐피드의 화살을 맞은 요정도 밤낮으로 사랑의 고통을 감수해야만 한다. 요정은 자기가 왜 눈물을 흘려야 하는지, 이 슬픔이 어디에서 오는 것인지 대체 알 수 없다. 사랑한다는 그 자체가 아픔으로 다가 올 뿐이다. 작가는 여성 특유의 감수성으로 사랑을 대한다. 그러나 이 접근이 마냥 감상적인 것은 아니다. 사랑이 고통이라는 것은 사랑이 항상 이루어질 수 없다는 것, 그리고 영원하지 않다는 것을 의미한다. 이제 작가는 사랑을 현실 속에서 바라본다. 사랑의 고통에서 벗어날 수 있는 길은 무엇일까. 슬픔에 잠긴 멧비둘기를 위로할 수 있는 것은 결국 새로운 애인일 뿐이다.

사랑이라는 감정을 다루면서도 작가는 결코 현실감을 잃지 않는다. 사랑이 결코 단순하지 않으며 때로는 사랑에는 계략도 필요한 것임을 알아챈다.「매미, 풍뎅이, 그리고 쇠똥구리」에서 매미와 풍뎅이는 결혼 초반, 한동안 깨가 쏟아지도록 잘 살았지만 시간이 감에 따라 그들의 사랑은 식어가기 시작한다. 남편인 풍뎅이는 이웃에 사는 벌을 자주 찾아 가고, 매미는 이러한 남편의 처사에 심히 화를 낸다. 풍뎅이는 부인이 자꾸 화를 내자 쇠똥구리를 찾아가 조언을 구한다. 현명한 쇠똥구리는 이런 일은 어느 한 특정 개인에게만 있는 일이 아니라 삶 속에서 흔히 있는 일임을 강조하고 다음과 같은 이야기를 들려준다. 한 군주가 결혼을 했는데 부인이 어찌나 질투가 심한지 군주는 옴짝달싹 못 할 지경이었다. 그를 구해 준 것은 부인의 새로운 애인이었다. 부인은 애인이 생기자 마음의 평화를 찾고, 오히려 군주를 떠받든다. 자신이 바람을 피우는 것을 쉽게 하기 위해 부인에게 애인을 안겨준다는 이러한 사랑의 전략은 요새 같이 자유분방한 현대인의 입장에서 보더라도 놀라운 일이 아닐 수 없다.

사랑의 순수함과 고결함, 영원함은 여기에서 더 이상 문제가 되지 않는다. 작가는 「제비와 극락조」의 우화를 통해 현실 속에서 사랑을 발견할 것을 다시 한 번 강조한다. 제비는 추위를 피해 여행하다가 중간에 극락조를 만난다. 둘은 서로 친구가 되고 사랑을 느끼지만 함께 살 수는 없다. 극락조와 제비는 사는 곳이 다르기 때문이다. 제비가 극락조처럼 저 머나먼 하늘나라에서 고상하게 살 수는 없는 노릇이다. 현실을 무시한 사랑은 도저히 이루어질 수 없는 법이다.

페로의 『베르사유의 미로』는 1675년에 나온 우화집인데 여기에 실린 38편의 작품은 거의 전적으로 사랑이라는 주제와 우화를 접목시키고 있다. 페로의 이 우화집을 살펴보기 위해서는 우선 베르사유의 미로가 무엇인지를 알아 볼 필요가 있다. 이 미로는 지금은 없어졌지만 당시 르 노트르(Le Nôtre)의 설계로 베르사유 정원의 남쪽 숲에 만들어진 미로이다. 빽빽한 숲 속에 여러 갈래의 길을 만들어 놓아서 한 번 이 미로에 발을 들여 놓은 사람은 길을 잃고 헤매기 마련이다. 그러나 여기서 길을 헤맨다는 것은 곧 숲의 아름다움, 미로의 경이로움을 맛보는 기분 좋은 경험이 된다. 이는 마치 사랑을 찾아 헤매는 유쾌하고도 달콤한 여행과 비견된다. 그렇다고 이 미로가 사람을 무작정 헤매도록 하는 것은 아니다. 미로 곳곳에, 특히 갈림길이 되는 곳에는 분수를 만들어 놓아서 나름대로의 이정표 역할을 하도록 하였다. 분수는 총 39개가 있었다고 하는데 38개의 분수에는 각기 한 편씩의 우화를 나타내는 조형물들을 설치해 놓았다. 그리고 분수 밑부분에는 이 우화의 내용을 간략하게 요약한 4행시가 새겨져 있어서 조형물과 4행시만 보면 그 어느 누구라도 쉽사리 어떤 우화가 문제가 되는지를 알 수 있게 하였다.

원래 이 4행시는 당시 간결한 글쓰기로 정평이 나 있던 방스라드(Benserade)의 작품인데 이미 그는 1676년에 오비디우스의 『변신』을 4행시로 만든 경력을 지니고 있었다. 방스라드가 베르사유 미로의 4행시를 지었다는 사실은 그가 당시 얼마나 국왕의 총애를 받고 있었는지, 또한 우화가 이미 왕실에서 많은 사랑을 받고 있었는지를 잘 보여주는 예가 된다.[58] 방스라드는 1677년 이 4행시를 『베르사유의 미로(*Labyrinthe de Versailles*)』라는 제목의 책자로 발간한다. 또한 그는 1678년 아이소포스의 우화 220편을 4행시로 바꾸는 작업을 한다.

그런데 베르사유의 미로는 방스라드에게만 그 길을 열어 준 것이 아니다. 1673년, 즉 방스라드가 이 일을 주문 받은 때부터 또 다른 『베르사유의 미로』라는 작품이 나돌고 있었는데 바로 이것이 우리가 말하고자 하는 페로의 우화집이다. 이 우화들은 1675년 『산문과 운문으로 된 작품집(*Le Recueil de divers ouvrages en prose et en vers*)』이라는 제목의 책자에 삽입되어 정식으로 출간된다. 방스라드의 관심이 오로지 우화를 4행시로 만드는 것에 집중되어 오히려 무미건조함으로 치우치고 때로는 시각적인 설명 없이는 우화의 내용조차 모르게 만드는 경우가 있는 반면, 페로는 훨씬 세련되고 융통성 있게 우화의 세계를 펼쳐 보인다. 무엇보다 페로가 자신의 작품 세계를 '사랑'이라는 주제로 큰 틀을

58) 반면 이는 당시 우화 분야에서 정상에 있던 라 퐁텐이 국왕의 총애를 받지 못하였음을 반증하는 것이기도 하다.

구축하고 있다는 사실이 형식적인 면에만 사로잡혀 있는 방스라드와의 차이를 더욱 벌려 놓는다.

루이 14세 친정 초기, 베르사유가 펼치는 화려함과 쾌락, 또한 유쾌하고도 은밀한 핑크빛 장막은 당시 사람들에게 베르사유의 미로가 곧 사랑을 가운데 놓고 벌이는 연인간의 섬세한 감정의 경연장이자 다툼의 장이라는 인상을 주기에 충분했을 것이다. 그리고 페로는 곧바로 우화의 힘을 빌어서 베르사유의 미로를 사랑의 미로로 바꾸어 놓는다. 페로에 따르자면 사랑은 곧 미로이다. 그 곳에서는 사람들이 너무도 쉽게 길을 잃고 헤맨다. 미로 곳곳에서 만나는 분수에는 아이소포스의 멋들어진 우화가 장식되어 있는데 그 우화는 사랑의 미로에서 헤매는 연인들로 하여금 어떻게 하면 여기를 빠져 나갈 수 있는가를 알려주는 교훈과 격언이 담겨 있다.

사랑은 원래 맹목적이기도 하다. 자칫하면 이성을 잃고 파멸 속으로 빠져서 다시는 헤어날 수 없는 무서운 힘을 지니고 있다. 바로 이 때문에 지혜가 필요하고 때로는 계략도 필요하다. 사랑과 우화의 만남은 이리하여 자연스레 이루어진다. 미로의 입구에는 두 개의 상(像)이 서 있는데 하나는 아이소포스이며 다른 하나는 사랑의 신이다. 아이소포스는 원래 추남으로 알려져 있는 지라 외형상으로는 각기 추함과 아름다움을 대표하는 두 인물의 모습이 서로 어울리는 것 같지 않지만, 두 상의 받침대에 새겨져 있는 시구(詩句)는 두 조상(彫像)들이 왜 잘 어울리는지, 사랑과 우화가 왜 하나가 될 수 있는지를 잘 설명해 준다. 우선 아이소포스의 말을 들어 보자.

내 우화에 나오는 동물들은 계략과 재치가 뛰어나다네.
그들은 우리 삶의 생생한 모습을 보여주지.
나는 이 동물들을 이용해서 지혜를 가르쳐 주고 싶다네.
그러나 내 이웃인 사랑은 사람들이 지혜를 갖는 것을 원치 않는다네.

아이소포스는 우화가 가지고 있는 지혜의 세계를 자랑함과 동시에 사랑의 무분별함과 무지몽매함을 탓한다. 그러자 사랑의 신은 이렇게 대꾸한다.

나는 사람들이 사랑하고 지혜롭기를 바라네.
아무 것도 사랑하지 않는다는 것은 참으로 어리석은 일이지.
이는 여기 나오는 동물들이 각기 자기들의 언어로 하는 말이네.
그저 그 말을 잘 듣기만 하면 된다네.

이제 우화가 지니는 지혜는 사랑의 세계와 하나로 결합된다. 미로의 입구에 서 있는 아이소포스와 사랑의 신의 대화는 바로 페로 작품의 성격을 규정하는 명제가 된다. 우화와 사랑을 결합시키는 데에도 페로는 지극히 지혜롭다. 그의 작업은 무질서하거나 무분별하지 않다. 페로는 이 두 개의 영역을 비록 글로 된 것이기는 하지만 시각적으로 분리시켜 놓음으로써 읽는 사람이 쉽게 이해할 수 있도록 배려를 한다. 그의 작품 중에서 「늑대와 두상(頭像)」이라는 작품을 예로 들어보자.

늑대 한 마리가 어느 조각가의 집에서 멋진 두상을 보고는 말하였다. 참 멋지기는 하지만 중요한 것이 빠져 있어. 머리에 든 것도 없고 분별력도 없으니 말이야.

애인을 꽉 붙들어 두기 위해서는

아름다움에 지적인 것이 있어야 한다네.[59]

위에 보는 예처럼 페로는 우화의 전체적인 줄거리를 우선 산문으로 간단하게 요약한다. 여기에는 어떠한 수식이나 장식도 존재하지 않는다. 또한 작가의 생각이나 판단도 전혀 개입되어 있지 않다. 그리고 적절히 칸을 띄운 다음 우화에서 사랑의 교훈을 이끌어낸다. 여기서는 여자가 남자의 마음을 완전히 빼앗기 위해서는 외적인 미모도 중요하지만, 덧붙여서 지적인 면도 중요하다는 것을 우화의 힘을 빌어서 전달하고 있다. 이러한 사랑의 담론이 운문으로 되어 있다는 점도 작가 나름대로의 재치가 돋보이는 부분이다. 단순히 우화의 내용을 전달할 때는 평범한 산문으로, 사랑이라는 부드러운 내용은 리듬 있는 운문으로 이분화한 것은 시각적인 효과를 노림과 동시에 내용과 형식의 상호대응을 충분히 고려한 작가의 전략임에 틀림없다.

페로의 우화가 사랑의 교훈을 이야기하고 있다는 사실은 다른 작가와 비교해 볼 때 확실히 독창성을 지닌다. 예를 들어 라 퐁텐은「여우와 흉상 (IV-14)」에서 권세 있는 자들이 겉만 번지르르

59) 다음 프랑스어 원문을 보면 작품이 산문과 운문으로 나뉘어 있음을 확연히 알 수 있다. 밑의 이탤릭체로 된 두 행이 운문으로 된 부분이다.
Un Loup voyant une belle Tệte chez un Sculpteur, disait elle est belle mais le principal lui manque, l'esprit et le jugement.
Pour tenir dans les fers un amant arrệté Il faut joindre l'esprit avecque la beauté.

할 뿐, 어리석고 가식으로 가득 차 있음을 풍자한다. 또한 멀리 아이소포스로 거슬러 올라가자면, 그는 「가면과 대면한 여우」에서 겉보기는 그럴싸하지만 머리에 든 것이 없는 사람들을 문제 삼는다. 정리하여 말하자면 같은 줄거리의 우화를 통해 아이소포스는 일반적인 교훈을, 라 퐁텐은 사회적 내지는 정치적인 교훈을, 그리고 페로는 사랑의 교훈을 전한다.

그렇다면 페로의 교훈은 구체적으로 어떤 것인가. 그의 우화집의 첫 장을 여는 작품은 「부엉이와 새들」이다. 페로는 우선 부엉이가 외모도 지저분한데다 노래마저도 거칠고 상스럽기 때문에 많은 새들에게서 버림받고 결국에는 남의 눈에 띄지 않는 밤에만 다녀야 한다는 우화를 짤막하게 산문으로 요약한다. 다음으로 작가는 운문의 형식을 빌어서, 사랑을 하려면 무엇보다 행동이나 대화에 있어서 부드럽고 상냥해야 한다고 충고한다.

사랑의 미로에 들어 온
현명한 사람이여,
이 미로를 돌아보기를 원한다면
말에 있어서 부드러워야 하고
행동거지에 있어서도 상냥하고 깔끔해야 한다네.
무뚝뚝하면 정말 안 된다네.
만약 여차하면, 젊은 여자든 나이든 여자든
못난 여자든 예쁜 여자든, 금발이든 갈색머리든
상냥하든 잔인하든 이 모든 여자들이
마치 부엉이를 쫓아내듯 당신을 쫓아낸다니까.

부드럽고 예의 바르다는 것은 바로 당시 궁정 사회에서 가장 중시된 덕목이다. 여성적인 분위기의 궁정 사회에서 거칠고 조악한 언행이 여인들의 마음을 얻을 수 없는 것은 너무도 당연하다. 페로는 사랑은 달콤하기는 하지만 공짜로 얻어지는 것이 아님을 강조한다. 사랑을 얻기 위해서는 부드러워야 한다는 것은 기본이고, 어떤 상황에서도 변치 않는 진실한 마음이 필요하다. 이 진리는 새들과 지상의 짐승들 간의 싸움에서 짐승들이 이길 것 같아 보이자 얼른 짐승들 편으로 돌아섰다가 그만 새들이 이기는 바람에 새들에게서 따돌림 받고 밤에만 돌아다녀야 하는 박쥐의 운명에서 알 수 있다 (「동물 전쟁」). 원숭이가 왕이 되어 너무 기뻐 날뛰다가 그만 덫에 걸리고 만 우화에서는 사랑 앞에서는 경솔하지 말고 신중해야 한다는 교훈을 얻을 수 있다 (「왕이 된 원숭이」). 또한 「늑대와 두상」의 우화에서 보듯 외적인 아름다움에 너무 현혹되지도 말아야 한다. 게다가 사랑은 둘 만의 문제가 아니다. 여기에는 방해꾼도 있을 수 있고 연적(戀敵)이 나타나서 사랑의 물결을 다른 데로 돌릴 수도 있다. 따라서 사랑을 얻기 위해서는 고도의 책략도 필요하다. 뜨거운 화로에 있는 밤을 먹고 싶어 하는 원숭이가 고양이를 이용하여 밤을 꺼내 먹는 우화를 통해서 페로는 사랑의 전쟁에는 때로는 연적을 끌어들일 필요가 있음을 에둘러 표현한다(「원숭이와 고양이」). 또한 머리가 여럿인 뱀이 제대로 갈 길을 못 찾는 우화에서는 사랑을 쟁취하기 위해서는 남의 말에 너무 귀를 기울이지 말고 소신껏 행동해야 함을 일러 준다 (「머리가 여럿 달린 뱀」). 뱀이 고슴도치를 집에 데려와 함께 살게 되는데 어찌나 고슴도치가 찔러대는지 도저히 같이 살 수가 없다. 부득이 뱀은 고슴도치에게 이제 그만 나가달라고 하자

고슴도치는 오히려 뱀보고 나가 살라고 한다. 작가는 이 우화를 통해 애인의 집에 친구를 들여오면 애인을 친구에게 빼앗길 수도 있다는 교훈을 전한다. (「뱀과 고슴도치」).

페로의 우화에서는 빌르디유 부인과 같은 개인적인 체험에서 나오는 감상적인 탄식의 소리는 듣기 힘들다. 페로는 사랑이란 남녀 간의 기묘하고 설명할 수 없는 감정의 줄다리기임을 잘 알고 있다. 그의 우화는 이 게임에서 어떻게 하면 이길 수 있는지를 가르쳐주는 교본의 역할을 한다.

우화에 사랑의 담론을 접목한 작가로서 빌르디유 부인과 페로는 마땅히 거론되어야 하지만 이 두 작가 외에도 인용해야 할 작가들은 실제로 대단히 많다. 그런데 이 작가들은 익명으로 되어 있거나 잘 알려지지 않은 경우가 대부분이고, 또한 이들의 작품은 여러 작가들의 작품을 모은 선집, 혹은 문예 잡지에 실려 있다. 이는 사랑의 우화가 어느 한 작가의 전유물이 아니라 광범위하게 퍼져 있는 유행임을 보여주는 좋은 예가 된다. 그런데 우리의 관심을 끄는 것은 시집보다 오히려 당시의 문예 잡지이다. 특히 17세기 후반 가장 중요한 잡지라고 할 수 있는 『메르퀴르 갈랑』은 우화 장르에 남다른 호의를 보인다. 라 퐁텐이 죽기 얼마 전인 1690년 이후 이 잡지에 우화 4편을 발표했다는 사실 자체가 이를 반증한다. 1680년 8월호에서 도노 드 비제(Donneau de Visé)는 우화가 청소년의 교육에 대단히 효과적이라고 말한다. 또한 1681년 10월호에 이 잡지는 우화가 인간에게 삶의 지혜를 알려주는 장르로서, 그 어떤 장르보다 유용한 장르임을 강조한다.

『메르퀴르 갈랑』이 우화에 대하여 우호적인 생각을 갖고 있는 이상, 이 잡지가 다른 어떤 잡지나 시집보다 많은 우화를 싣고 있는 것은 당연하다. 그런데 우화가 이 잡지와 관계를 맺는 순간, 우화는 자연스레 사랑의 주제와 손을 잡는다. 이는 잡지 이름에 '갈랑(galant)'이란 단어가 들어 간 사실과 무관하지 않다. '갈랑'이란 단어를 적절한 우리말로 번역, 혹은 설명하기는 쉽지 않지만 이를 '부드러움, 섬세함, 세련됨' 등 주로 사랑을 중심으로 빚어지는 형용할 수 없는 미묘한 감정으로 이해하면 무난하기 때문이다. 제목부터가 사랑의 섬세함을 드러내는 『메르퀴르 갈랑』에 유난히 사랑을 노래하는 우화가 많은 것은 어떻게 보면 당연한 일이기도 하다.

작가들은 사랑의 내면세계를 파헤친다. 우화에는 부드러움과 섬세함, 우아함이 주조를 이룬다. 그러면서도 사랑도 삶의 한 부분임을 인식하고 사랑의 교훈을 전달하는 것을 잊지 않는다. 라 퐁텐의 「늑대와 양(III-13)」은 『메르퀴르 갈랑』에서 무명의 작가에 의해서 사랑의 옷으로 새롭게 단장한다.[60] 라 퐁텐과 익명의 작가, 두 사람의 우화에서 늑대와 양 두 동물은 오랜 기간의 반목을 청산하고 앞으로는 싸우지 않기로 협정을 맺는다. 그런데 『메르퀴르 갈랑』의 익명의 작가가 쓴 우화에서 늑대가 양들의 귀에 대고 하는 말은 부드럽기 그지없다. 늑대는 양이 너무도 아름답다고 말하면서 마치 애인을 돌보듯 성심껏 받들 것을 다짐한다. 이러한 분위기는 라 퐁텐의 우화와는 전혀 다르다. 라 퐁텐은 그의 우화를 신의가 없는 적과는 평화 협정이 아무 쓸모가 없다는 교훈으로 끝을 맺는다. 반면, 『메르퀴르 갈랑』은 사랑의

60) 작가 미상, 「늑대와 양」, 『메르퀴르 갈랑』, 1683년, 6월호.

교훈으로 바꿔치기 한다.

> 당신이 하는 행동이 어떤 것인지 생각해보세요.
> 아름다운 여인이여, 경계를 늦추지 마시길.
> 아첨하는 말과, 부드럽고 달콤한 말에.
> 애인이 많은 만큼 늑대도 많은 법이니.

한편, 찌르레기와 사랑에 빠진 제비에게 엄마 제비는 결혼은 현실이며 따라서 신중할 것을 충고한다.[61] 제비는 봄에 종알대며 노래하지만 찌르레기는 추운 계절을 더 좋아하기 때문이다. "성향이 너무 다르면 사랑은 상처를 받기 마련이고 / 너희들 둘은 늘 불화를 겪고 말 거야." 한편 매미는 라 퐁텐의 작품에서 한 치 앞을 내다볼 줄 모르는 어리석음을 대변하지만, 『메르퀴르 갈랑』에서는 아침저녁으로 노래와 춤을 즐기는 당시의 사교계의 젊은이로 변신한다. 또한 개미는 어려운 때를 대비하여 열심히 일하는 것이 아니라, 상류 사회로의 진입을 꿈꾸며 억척스레 일하는 한 가정의 어머니로 묘사된다.[62]

가벼운 사랑은 현실을 직시한다. 진지한 사랑이 여성의 절대적인 이상화를 통하여 현실을 호도하고 있다면 가벼운 사랑은 그 가면을 벗기고 있는 셈이다. 우리 우화에서 시간을 다루고 있는 경우가 상당수 있음은 이런 점에서 의미가 있다. 시간이란 무엇인가. 흐르는 것이 시간이다. 그 흐름은 변화를 의미한다. 시

61) 작가 미상, 「제비」, 『메르퀴르 갈랑』, 1682년, 3월호.
62) 작가 미상, 「매미와 개미」, 『메르퀴르 갈랑』, 1679년, 1월 특집호.

간의 흐름에 변하지 않는 것은 없다. 무엇보다 여성이 아무리 아름답다 할지라도 시간 앞에서는 어쩔 수 없다. 달맞이꽃은 많은 나비들의 사랑을 독차지하며 도도하게 살고 있었다.[63] 그러나 세월의 흐름 앞에 점점 주름살은 늘어나고 추한 모습으로 변하더니 급기야 모든 나비들이 주위를 떠나게 된다. 가장 고통스러운 것은 그토록 자신을 따라 다니던 나비가 놀려대는 것이다. 나비는 달콤한 사랑의 끝이 곧 끔찍한 늙음임을 몰랐냐고 비웃는다.

시간은 지난 사랑을 잊게 해 준다. 사랑의 열병은 시간이 지나면 저절로 치유가 된다.[64] 라 퐁텐이 「젊은 과부」에서 말하는 것은 여인의 변덕만이 아니다. 남편을 잃은 그 슬픔은 시간의 날개와 함께 하늘로 날아간다. 시간은 새로운 기쁨을 가져다주고, 그래서 일 년 동안 과부로 있는 것과 하루 동안 과부로 있는 것과는 엄청난 차이가 있다고 시인은 노래한다.

중세 궁정 문학에서는 시간의 흐름이 제대로 느껴지지 않는다. 기사는 늘 용감하고, 여인은 늘 젊고 아름답다. 사랑 역시 변함이 없다. 이 동화와도 같은 세상은 이제 우화라는 현실로 내려온다. 인간이 불사(不死)의 신이 아닌 이상 시간의 흐름을 피할 수는 없다. 사랑의 우화가 이처럼 현실을 직시하는 것은 우화가 지니는 속성과도 일치한다. 우화는 그 어떤 장르보다 현실성이 뛰어나다. 뜬 구름 잡는 이야기를 하는 것이 아니라, 어떻게 하

63) M. Le Prieur Pélegrin d'Aix-en-Provence, 「달맞이꽃과 나비」, 『메르퀴르 갈랑』, 1681년 3월호.

64) Du Livety, 「시간이라는 의사」, 『메르퀴르 갈랑』, 1679년 8월호.

면 이 어려운 현실을 살아갈 수 있는지를 알려주는 이야기이다. 현실과 인간을 미화하는 것이 아니라, 적당히 이기적인 인간들이 정글과도 같은 세상에서 어떻게 하면 삶을 유지하며 살 수 있는가에 대한 처세의 문학이다. 사랑 역시 현실임을 우화는 알고 있다.

5-7. 결혼에 대하여

다시 라 퐁텐으로 돌아가자. 그의 우화에 나타난 여성들의 모습, 그리고 두 이성 간의 사랑의 모습, 이제 우리에게 남은 것은 결혼이라는 주제이다. 그런데 작가가 결혼을 어떻게 생각하는지는 굳이 말할 필요가 없다. 여성의 정절이 의심받고, 사랑이 흔들리는데 결혼이 아름다울 수 있을까. 사랑의 결정체가 되어야 할 결혼, 그러나 이는 오히려 불화와 다툼의 온상이 된다. 우화 「불화의 신 (VI-20)」을 보자. 불화의 신은 신의 세계를 어지럽힌 까닭으로 하늘에서 쫓겨나 지상으로 내려온다. 늘 분쟁을 일으키고 자그마한 싸움도 큰 싸움으로 번지게 하는 이 여신은, 그러나 이 지상에서 머무를 곳을 찾지 못한다. 아무도 이 여신을 반기지 않는다. 여기저기 떠돌아다니다 궁극적으로 그녀가 거처로 삼은 곳은 다름 아닌 '결혼'이라는 곳. 이렇듯 불화의 여신이 버젓이 자리를 잡고 있는 결혼의 터전에서 행복을 기대한다는 것은 어불성설이다. 라 퐁텐이 보기에 결혼은 사랑의 보금자리도 아니고, 인간의 아름다운 감정이 교류하는 곳도 아니다.

우화 「남편, 부인 그리고 도둑 (IX-15)」에서 보여주는 부부간의 결혼 생활에도 사랑은 존재하지 않는다. 결혼이 얼마나 끔찍한 인간 사회의 제도인지는 「벨페고르(*Belphégor* : XII-27)」에서 더욱 과장되어 나타난다. 결혼 때문에 인간 사회가 너무도 시끄럽다는 말은 저승세계의 우두머리인 사탄의 귀에도 들어간다. 사탄이 그 이유를 물어보니 혹자는 이것이 남편 때문이라 하고 어떤 이는 부인 탓으로 돌리기도 한다. 사탄은 이에 영특하고, 능력 있고, 선견지명이 있는 벨페고르를 세상으로 보내어 그 실상을 알아보기로 한다. 그러나 이 저승사자는 지상에 오자마자 곧 고통과 지겨움에 빠지게 된다. 그 이유는 다름 아니라 그가 한 여자와 짝을 맺었기 때문이다. 잔소리와 짜증으로 일관하는 부인 때문에 벨페고르는 재산마저 다 날리고 도망치는 신세가 되나 여자는 악착같이 따라다니며 남편을 고통의 끈으로 꽁꽁 묶어 놓는다. 시인은 노래한다. 친구 사이로 있거나 연인 사이라면 좋을지 몰라도 일단 결혼을 하고 나면 이것이 얼마나 지겨운 것인지.

> 친구 사이에는 모든 것이 용서되고 모든 것이 좋은 법
> 연인 사이에는 모든 것이 즐겁고 모든 것이 완벽한데
> 부부 사이에는 모든 것이 짜증나고 모든 것이 지루하네.

라 퐁텐 자신의 결혼 생활을 노래하는 것일까, 그의 결혼 생활이 그다지 행복했던 것은 아닌 듯 보인다. 사랑의 감정으로 결혼했다고는 보기 어려운 그의 결혼. 게다가 나이 차이는 상당하고, 평생 다른 귀부인들의 보호를 받으면서 살아 온 시인에게 결혼은 어떤 의미를 지니는 것일까. 그가 말년에는 어느 젊은 아가씨에게 맘을 두었다는 말도 있기는 하다. 그러나 전체적으로 시인

의 삶에는 뜨거운 사랑의 열정이나 감정의 격함이 두드러지게 나타나지 않는다. 정확히 말하자면 그러한 기록이 보이지 않는다. 궁정 문화의 화려함, 귀부인들의 우아함, 그 속에 묻혀 지낸 시인이지만 그 내면에는 어쩌면 사랑과 결혼에 대한 심한 불신이 더 크게 자리 잡고 있었는지도 모른다.

6. 궁정 사회 비판

여성의 본성에서 시작해서 사랑과 결혼의 문제로 넘어오면서 우리는 라 퐁텐이 여성 본성에 대한 탐구는 물론이요 당시 여성들의 모습에도 상당한 관심을 갖고 있음을 알 수 있었다. 이처럼 라 퐁텐에게 인간 본성의 문제는 물론 자신이 처한 시대상과 그 안에서 움직이는 인간의 행태는 결코 외면할 수 없는 중요한 테마로 작동한다. 그의 우화가 값지다는 평을 받는 것은 인간의 보편성과 더불어 당시의 시대성이 함께 아우러져 있기 때문이다.

라 퐁텐은 시선을 사회로 돌린다. 그는 사회의 다양한 계층을 관찰하고 이를 우화에 담는다. 그는 우화를 통해 인간사의 모든 것을 담겠다는 야망을 갖는다. 그의 우화는 시기적으로 단테의 『신곡』과 발자크(Balzac)의 『인간극(*La comédie humaine*)』의 중간쯤에 위치한다고 볼 수 있다. 그런데 그가 바라보는 여러 사회 계층의 모습은 결론적으로 말하자면 그다지 밝지 못하다. 이는 당연한 일이다. 인간의 본성을 침울하게 바라보고 있는 라 퐁텐이 인간 사회를 밝게 볼 수가 없기 때문이다. 우리는 이미 힘 있는 자가 힘없는 자를 어떻게 억누르고 있는지, 그리고 힘없는 자가 어떻게 처신해야 하는지를 알고 있다. 라 퐁텐 우화 곳곳에는 가진 자의 횡포가 드러나 있다. 여기서 우리가 관심을 갖는 것은 라 퐁텐이 일반적인 사회의 어두움을 말함과 동시에 어느 특정 집단이나 사회를 비판하고 있다는 사실이다. 이는 라 퐁텐이 자기가 살고 있는 사회에 대한 시각이기도 하고, 그의 작품이 시대의 거울임을 반증하는 것이기도 하다.

삶의 짐이 너무도 무거워 차라리 죽는 편이 낫다고 투덜대는 나무꾼의 이야기를 우리는 이미 알고 있다. 그리고 그의 찌든 삶의 원인이 상당부분 사회의 문제임도 알고 있다. 부역과 세금, 이러한 것들은 바로 인간 개인의 문제가 아니라 사회 문제이기 때문이다. 일반 서민들이 사회의 불평등 구조에서 삶의 불행을 더해가는 모습은 예나 지금이나 변함없는 사실이다.

사회나 조직의 정의를 바로 세우려면 사법부가 올바로 서 있어야 한다. 그러나 사회에는 불행하게도 법보다는 돈이, 정의보다는 권력이 앞선다는 사고방식이 팽배해 있다. 이 또한 지금이나 예전이나 다를 바 없다. 힘센 자의 논리가 최고라는 라 퐁텐의 우화에서 법관들의 올바른 모습을 기대하기는 힘들다. 우리는 앞에서 세상사의 어부지리를 말하면서 「굴과 소송인들 (IX-9)」의 우화를 살펴 본 적이 있다. 두 사람이 굴을 보고는 서로 자기 것이라고 싸움을 하다가 페렝 당뎅이란 인물이 지나가자 그를 재판관으로 삼아 굴의 소유권을 따지는 우화이다. 그러나 페렝 당뎅은 공평한 판결을 내리기는커녕 자신이 굴을 먹어치운다. 페렝 당뎅의 뻔뻔함에 대하여 라 퐁텐이 우리에게 주는 교훈은 다시 인용할 만하다.

오늘날 소송을 하는데 얼마나 많은 돈이 드는지 생각해 보라.
가족에게 남는 돈이 얼마인지도 생각해 보라.
여러분은 페렝이 돈은 다 자기 것으로 하고
소송 당사자들에게는 껍데기만 남기는 것을 알게 되리니.

사회의 촛대가 되어야 하는 교회 역시 비판의 대상이다. 라 퐁텐은 절대자의 존재를 부정하지 않는다. 그는 오히려 신의 섭리에 따라 인간이 고개를 숙이고 살아야 함을 역설한다. 그러나 교회나 성직자에 대한 그의 시선은 그다지 곱지 못하다. 하나님을 섬기는 것이 아니라 물질의 신을 숭배하는 당시의 성직자들을 라 퐁텐은 조롱한다. 이 역시 우리는 앞에 인용한 한 우화에서 쉽게 찾아 볼 수 있다. 우리 삶이 하루 앞을 내다보지 못한다는 삶의 우연성, 돌발성을 이야기하는 우화「신부와 망자 (VII-10)」가 바로 이것이다. 죽은 자를 묻어주기 위하여 가는 신부가 왜 이리 즐거워하는 것일까. 신부는 죽은 자의 영혼을 하나님께 인도하는 데 관심을 갖는 것이 아니라 어서 빨리 장례를 치루고 돈을 받는 데에만 신경을 쓰고 있기 때문이다.

인간 사회 도처에 깔려 있는 부도덕함과 불공평함은 예나 지금이나 변함이 없지만 그 중에서도 정치권의 타락은 더 말할 나위가 없다. 한 번 맛을 들이면 결코 잊지 못하는 권력의 맛, 인간은 모두가 그 권력을 싫어한다고 하면서도 늘 그 주위를 맴돈다. 대체 정치가들의 말을 믿는다는 자체가 우스운 일이기도 하다. 누군가가 말하기를 정치가란 흐르는 강도 없는데 다리를 놓아준다고 하는 사람이라 하지 않았던가. 라 퐁텐의 우화에는 바로 이러한 정치권력을 사이에 두고 벌어지는 인간의 모습이 담겨 있다. 라 퐁텐은 태어나면서부터 신분 차이가 결정되는 절대왕정 시대에 살았던 인물이다. 국왕이 모든 권력의 정점에 자리잡고 그의 권력은 혈연으로 세습된다. 사람들은 모두 그 앞에 무릎 꿇고 국왕의 눈치만 본다. 이 사회에서 살아남으려면, 남보다 더 큰 힘을 얻으려면, 그것은 오로지 국왕의 눈에 드는 일 뿐이다. 겉으로 보기에는 화려하고 풍요롭게 보이는 궁정 사회의 삶의 이면에는 국왕에게 좀 더 가까이 가고자 하는 인간들의 추잡한 싸움이 숨어 있다.

라 퐁텐이 우화를 통해서 당시 여러 사회의 다양한 면을 그리고 있는 것은 물론이지만 우리는 특별히 바로 이 궁정 사회에 초점을 맞추고자 한다. 왜냐하면 이 궁정 사회는 당시 프랑스라는 집단의 가장 상위에 위치하면서 모든 면에서 하나의 전범을 제시하는 핵심적인 집단이기 때문이다. 무엇보다 이 궁정 사회는 라 퐁텐 스스로가 가장 가깝게 접하면서 그의 창작 생활의 터전이 된 무대이기도 하다. 프랑스 고전주의 문학과 예술을 가장 화려하게 꽃 피웠던 궁정, 그러나 이 곳은 그 화려함 이면에 정치적 음모와 권력 다툼이 쉼 없이 전개되던 곳이기도 하다. 라 퐁텐은 '궁정 우화'라 불러도 좋은 몇 편의 우화를 쓰는데 여기에는 바로 이 궁정 사회의 어둡고 부끄러운 민낯이 드러나 있다.

라 퐁텐의 우화에서 마치 당시 절대왕정의 궁정 사회를 연상시키는 듯한 일련의 우화를 발견하는 것은 그리 어려운 일이 아니다. 동물의 왕으로 지칭되는 사자가 인간 사회의 왕처럼 군림하고, 그 밑에 여러 짐승들이 대소신하처럼 등장하여 이야기를 엮어나가는 우화들. 라 퐁텐의 우화는 한 번 훑어보기만 하여도 궁정사회의 모습을 듬뿍 담고 있는 듯하다. 그러나 우리는 여기서 좀 더 신중할 필요가 있다. 사자가 왕으로 나오고 몇 몇 동물들이 그 앞에서 머리를 조아리면 모두 궁정 우화가 되는 것일까. 이는 매우 성급한 결론이다. 무조건 사자가 나온다고 해서, 동물들이 모여서 회의를 한다고 해서 이를 모두 궁정 사회를 묘사한 것으로 해석하지는 말자. 사자가 동물의 우두머리로 나오는 것은 우리가 동물들에 대하여 알고 있는 상식 수준에서 일어나는 일이고, 라 퐁텐은 이를 통하여 일반 우리네의 삶을 그리고 있는 경우가 오히려 더 많기 때문이다. 따라서 우리는 과연 궁정 사회를 나타내는 우화는 어떤 것이 있는지에 대하여 우선적으로 관심을 가질 필요가 있다. 또한 우리는 30 여 년 간 걸쳐 이루어진 라 퐁텐의 우화 세계에서 이러한 우화들이 어떠한 변화를 겪는지 그 변천 과정에 주목할 필요가 있다. 이는 궁극적으로 라 퐁텐이 궁정 사회를 바라보는 시선이 어떻게 변화하고 있는지를 엿볼 수 있는 작업이 되리라 생각된다.

이러한 작업이 좀 더 확실한 성과를 얻기 위해서는 다음의 두 가지 사항을 짚고 넘어가야 한다. 먼저 라 퐁텐은 비록 자신의 우화 대부분을 남의 작품에서 얻어오기는 하였지만 여기에 끊임없이 자신의 목소리를 담고 있으며 이를 통하여 당시의 현실 세계를 날카롭게 비판하고 있다는 사실에 주목하자. 남의 우화를 모방하였다는 사실은 당대의 다른 작가들이 이를 번역에 불과하다고 말하며 은연중 라 퐁텐의 작업을 평가절하하고, 후대의 몇몇 작가들이 이를 좀 더 노골적으로 비판하고 있듯이 어쩌면 라 퐁텐의 최대 약점일 수도 있다. 그러나 작가 자신이 말하고 있듯이 그의 모방은 맹목적인 것이 아니라 창조적인 것임을 기억해야 한다.[65] 그가 그리스나 로마 시대의 작품을 모방한 것은 사실이지만 그는 결코 거기에 머무르지 않는다. 아이소포스 등의 선배 작가들이 이야기하는 인간의 본성과 그들이 엮어내는 사회를 노래하면서도 자신이 살고 있는 시대에 맞게 우화를 바꾸고 있다는 점에서 그의 현대성은 두드러지게 부각된다. 그렇다고 단순히 17세기 프랑스의 풍속을 그리는 것으로 만족하는 것이 아니라, 프랑스의 사회상은 물론이요, 정치상황, 나아가 당시 유럽의 정치 상황까지도 그는 생생하고 예리한 필치로 그려낸다. 결국 그에게서 고대의 모방이라는 것은 자신이 사는 시대를 읽고, 이를 그려내기 위한 수단이라 여겨진다. 앞으로 살펴보고자 하는 궁정 사회의 모습 또한 이러한 맥락에서 이해되어야 한다. 정치적으로는 물론이요, 문화적으로도 대단히 중요한 위치를 차지하던 궁정 사회, 작가 자신의 문학 활동과도 밀접한 관계를 맺고 있던 이 세계에 대하여 그가 깊은 관심을 갖고 이를 자신의 작품에서 다룬다는 것은 지극히 당연한 일이라 여겨진다.

두 번째로 우리가 되새겨야 할 점은 그의 우화가 하루아침에 이루어진 것이 아니라 근 30년에 걸쳐 이루어졌다는 사실이다. 정확하지는 않지만 대략 1660년경을 출발점으로 하는 그의 우화 작업은 1668년, 여섯 권으로 된 첫 번째『우화시집』을 발간함으로써 첫 결실을 맺게 된다. 그로부터 약 십 년 지난 후에 다섯 권으로 된 두 번째『우화시집』이, 마지막으로 열 두 권째 작품집이 1693년에 발행된다. 이 방대한 작업이 애초에 어떤 계획 아

65) 1687년에 쓴『위에(Huet)에게 보내는 편지』중에서.

래 이루어진 것은 아니다. 따라서 여기에서 어떤 통일성을 발견하거나 작품들을 일목요연하게 분류하는 것은 쉽지 않은 일이다. 그럼에도 불구하고 특히 첫 번째 『우화시집』과 두 번째 『우화시집』에서의 변화를 발견하는 것은 그다지 어렵지 않다. 콩트와 누벨로 어느 정도 대중적인 인기를 획득하였지만 아직 일류 문사로 자리를 잡지 못한 라 퐁텐. 그는 초반에 대단히 조심스럽게 우화에 접근한다. 그는 자기의 스승이 아이소포스 같은 옛날 사람임을 잘 알고 있었으며, 그만큼 어느 정도 전통의 테두리에 머물러 있었다. 사실 그가 성공을 거둔 것은 내용의 참신함이나 독창성이 아니라 표현의 우아함, 세련됨 그리고 재치로 가득 찬 그의 글쓰기 덕택이었다.

첫 번째 『우화시집』의 성공은 그에게 자신감과 대담성을 불어넣은 듯이 보인다. 두 번째 『우화시집』부터 그는 거의 완벽하게 자신의 세계를 가꾸어 나간다. 그의 글쓰기는 세련됨과 우아함을 잃지 않으면서 좀 더 파격적이 되고 그 내용에 있어서도 전통적인 우화의 범주를 완전히 뛰어넘는, 어떻게 보면 더 이상 우화라고 말할 수 없는 작품들이 도처에서 발견된다. 라 퐁텐의 두 번째 『우화시집』에는 첫 번째 작품집과는 십 년이라는 시간적 간격 이상을 뛰어넘는 놀라운 변화가 있음을 우리는 쉽게 감지할 수 있다. 물론 이 변화가 두 작품집 간의 단절을 뜻하는 것은 아니다. 그것은 작가의 끊임없는 탐구의 결과요, 새로움을 추구하는 자기 변신이며, 궁극적으로는 우화를 통하여 우주를 무대로 한 거대한 극작품을 완성하려는 작가의 야망의 표출이다.

이처럼 라 퐁텐의 우화 작업에 변화 혹은 진보가 있다는 사실은 궁정 우화 연구에 대단히 중요한 지표가 될 것이다. 왜냐하면 이는 우리로 하여금 작가의 궁정 사회에 대한 묘사나 비판을 알아본다는 차원을 넘어서, 궁정 사회를 바라보는 작가의 관점이 어떤 식으로 변하고 있는지 그 흐름을 파악할 필요가 있음을 보여주기 때문이다. 이는 역으로 말하자면, 라 퐁텐 우화에 나타난 궁정 사회의 모습을 살펴본다는 것은 그의 거대한 우화세계의 흐름을 한 눈에 훑어볼 수 있는 가장 유효적절한 방법 중의 하나가 됨을 뜻한다.

6-1. 첫 번째 『우화시집』의 경우

궁정과 관련된 우화로 말하자면, 1668년의 『우화시집』에서 우선 주목을 끄는 것은 「사자와 함께 지내는 암송아지, 암염소, 암양(I-6)」이다. 이미 앞에서 살펴 본대로 사자가 다른 동물들을 힘으로 억누르는 모습을 그린 이 우화는 마치 왕을 중심으로 한 궁정 사회를 연상시킨다. 그렇다면 사자가 갖은 논리를 총동원하여 자기의 몫을 챙기는 이 작품에서 사자는 힘으로 모두를 지배하는 전제 군주를 가리키는 것일까? 다른 짐승들은 꼼짝없이 사자의 엄포에 굴복하는 궁정 대신들의 초상화일까? 사자는 영주(Seigneur), 군주(Sire)등 왕과 동일시되는 호칭으로 불리는 것이 어찌 보면 인간 사회의 정치판을 옮긴 것 같기도 하다. 그러나 이 우화는 몇 가지 생각해야 할 점을 내포하고 있는데 우선, 비록 사자가 왕을 연상시키는 여러 호칭으로 불리기는 하지만 한편으로 다른 짐승들은 공동 사회의 구성원으로 지칭되며, 특히 우화의 처음 부분은 이들이 이익과 손해를 함께 하는 공동 사회를 형성하고 있는 것으로 묘사되어 있다. 그러고 보면 이 작품은 절대 군주를 정점으로 수직적인 질서체계가 엄격하게 잡혀 있는 궁정 사회로 보기에는 어딘가 앞뒤가 맞지 않는 듯하다. 게다가 라 퐁텐의 경우 동물들을 언급할 때 인간 사회에서 통용되는 호칭을 사용하는 경우가 비일비재한데 이는 동물들을 의인화함으로써 표현을 좀 더 생생하고 재미있게 하기 위한 라 퐁텐의 글쓰기의 한 방법으로 간주된다. 따라서 이 호칭 문제에 너무 집착해서 사자를 군주라고 부르는 것이 곧 그를 인간 사회의 정치적인 왕으로 해석하는 것은 때로는 상당히 위험할 수도 있음을 유념해야 한다. 결론적으로 우리는 이 작품에 나타난 사회를 어떤 특정 사회로 규정하는 것이 대단히 어렵다고 말할 수 있는데 아마도 이는 작가 자신이 이 사회를 특정 테두리로 묶는 것이 그다지 중요하지 않다고 생각했기 때문일 수도 있다. 그저 이 사회는 우리 인간들이 살고 있는 보편적인 사회로 보는 것이 가장 무난하지 않을까, 그것이 바로 작가가 생각하는 것이 아닐까 여겨진다. 그렇다면 이 보편적인 인간 사회의 모습은 어떤 것일까. 서로 돕고 약한 자를 돌보아 주는 아름답고 공평한 사회일까. 작품에서 보듯이 우리 사회는 이런 이상적인 사회하고는 너무도 멀리 떨어져 있다. 오로지 강자의 논리에 지배되는, 약한 자는 그저 한없이 당해야 하는 비정한 인간 사회가 문제가 된다. 그러고 보면 이 우화는 라 퐁텐의 우화 전편에 깔려있는, 그 유명한 「늑대와 양(I-10)」의 우화에서 "힘센 자의 논리가 최고"라는 명제로 규정하고 있는 인간 사회의 어두운 면을 다시 한 번 재현하고 있는 셈이다.

우화 「사자와 함께 지내는 암송아지, 암염소, 암양」은 우리가 라 퐁텐의 우화를 해석할 때 범하기 쉬운 오류, 즉 사자를 정치적인 왕으로 쉽게 동일시하고 심지어는 당대의 절대 군주였던 루이 14세로 연결시키는 무모함을 경계토록 한다. 사실 라 퐁텐의 우화에는 사자가 무척 많이 나온다. 우화 「사자와 파리 (II-9)」에서 사자는 명백히 왕으로 불리지만 여기에 어떤 정치적 의미를 부여하기는 참으로 어렵다. 이야기는 이 힘센 사자가 결국은 파리의 성가심을 못 이겨낸다는, 그리하여 아무리 힘센 존재라 하더라도 때론 가장 약한 것을 두려워할 줄 알아야 한다는 교훈을 주고 있을 뿐이다. 이 우화에서 궁정의 이미지라든가 특정 시대의 한 사회를 본다는 것은 더욱 힘든 일이다. 상황은 우화 「사자와 쥐(II-11)」나 「사자와 사냥하는 당나귀(II-19)」에서도 마찬가지이다. 사자는 분명 동물의 왕으로 불리지만 이는 라 퐁텐의 상투적 어법일 뿐 우리가 다루고자 하는 궁정 사회의 주제와는 상당한 거리가 있다.

첫 번째 『우화시집』에서 가장 문제가 되는 것은 아마도 우화 「병든 사자와 여우(VI-14)」일 것이다. 사자는 병이 들자 그들을 무사히 보내준다는 조건을 걸고 동물들에게 문안을 오라고 명령한다. 그러나 신중한 여우는 사자 굴로 가기를 거부한다. 왜냐하면 사자 굴로 들어간 동물들의 발자국은 보이지만 다시 나온 발자국은 보이지 않기 때문이다. 고대의 아이소포스를 비롯하여 많은 작가들이 즐겨 다루었던 이 우화가 말하고자 하는 바는 남을 쉽사리 믿지 말고 모든 일에 신중히 행동하라는 것이다. 이 우화에서는 여우의 현명함이 다른 짐승들의 어리석음과 비교, 강조되는데 그래서 일찍이 호라티우스는 자신의 판단과 생각이 일반 로마 시민들의 어리석음과 다르다는 것을 말하기 위하여 이 우화를 인용하였다.[66] 그런데 이 우화를 우리가 문제 삼는 것은 적어도 첫 번째『우화시집』에서 이보다 더 실감나게 궁정 사회의 분위기를 풍기는 작품이 없기 때문이다. 우선 용어에서 보면, 단순히 라 퐁텐의 상투적인 표현법이라고 간과할 수 없을 만큼 정치적인 용어가 풍부하게 발견된다. 사자가 동물의 왕 또는 폐하로 호칭되는 것은 물론이고 그 외에도 다른 짐승들은 그의 신하로 지칭되며 동물들은 대사의 신분으로 병문안을 떠난다. 사자의 명은 어엿하게 왕의 칙령으로 공포된다. 또한 죽는 줄도 모르고 사자의 명에 따라 두말 않고 사자 굴로 가는 어리석은 동물들, 이는 바로 왕의 말 한마디에 꼼짝도 못하는 궁정 대신들의 모습을 쉽사리 연상시킨다. 물론「사자와 함께 지내는 암송아지, 암염소, 암양」에서도 동물들은 사자의 횡포에 아무 저항도 못하고 당하지만 이는 사자의 면전에서, 사자의 이빨과 발톱 앞에서, 즉 빠져나갈 수 없는 상황에서 겪어야만 하는 일임을 참작해야 한다. 반면「병든 사자와 여우」에서는 얼마든지 여우처럼 가지 않아도 될 상황인데, 동물들은 왕 앞에서 절대 복종해야 하는 신하들처럼 사자의 명령에 모두들 사자 굴로 모여든다. 게다가 한번 들어가면 다시는 빠져 나오지 못하는 사자 굴, 이는 혹 잔인함으로 가득한 궁정 사회를 암시하는 것이 아닐까. 이 작품에는 결코 피 흘리는 모습도, 잔혹한 장면 묘사도 없지만 "되돌아 나온 흔적은 하나도 없네."라는 짧은 말 한마디는 섬뜩한 전율을 느끼기에 충분하다. 좀 더 노골적으로 정치적인 색채를 띠는 몇몇 용어들, 동물들의 맹목적인 복종, 사자 굴의 잔인한 분

66) 호라티우스의『서간시집』, 1권 1, 참조.

위기, 여기에서 궁정 사회의 이미지를 떠올리는 것은 그다지 어렵지 않다.

그러나 우리는 이 작품이 본격적으로 궁정 사회를 문제 삼고 있다고 단정적으로 말할 수 없다. 무엇보다도 이 우화가 말하고자 하는 바는 "이 세상에서 살아남기 위해서는 여우가 보여주는 현명함과 신중함이 필요하다."라는 고대 우화의 교훈과 거의 같기 때문이다. 단, 여기서 우리는 이 우화가 첫 번째 『우화시집』의 그 어떤 작품보다 궁정 사회의 냄새를 짙게 풍기고 있다는 사실을 확인하는 것으로 만족하자. 이는 라 퐁텐이 초반보다는 좀 더 궁정 사회의 현실을 의식하고 있다는 증거가 될 수 있으며 실제로 이 우화는 첫 번째 『우화시집』의 마지막 권인 제 6권에 포함되어 있음을 되씹어 볼 필요가 있다. 이제 라 퐁텐은 첫 번째 『우화시집』의 전통적 교훈의 세계를 지나 두 번째 『우화시집』의 좀 더 시사성(時事性)있고 현실적인 세계로 가고 있으며 이 우화는 그 변화를 예고하고 있다고 할 수 있다.

6-2. 첫 번째 『우화시집』그 이후

6-2-1. 궁정 우화의 탄생

첫 번째 『우화시집』의 마지막 권에 위치한 「병든 사자와 여우」가 우리를 궁정 사회에 한층 가깝게 인도하고 있다면 두 번째 『우화시집』을 시작하는 우화 「페스트에 걸린 동물들 (VII-1)」은 우리를 궁정 사회의 한 가운데로 안내한다. 이 우화가 두 번째 『우화시집』의 첫 장을 장식하고 있다는 것은 의미심장하다. 왜냐하면 이는 본격적으로 궁정 사회를 문제 삼고 있는 이 우화를 시작으로, 앞으로는 첫 번째 『우화시집』보다는 더욱 적극적으로 현실 세계를 다루겠다는 작가의 무언의 의사 표시로 해석될 수 있기 때문이다. 반면 1668년 첫 번째 『우화시집』을 보자. 그 첫 번째 우화는 너무나도 유명한 「매미와 개미」인데 이 작품에는 라 퐁텐의 날카로운 현실 비판이 보이지 않는다. 그는 여기서 아이소포스 이후로 내려오는 전통적인 교훈의 세계를 멀리 벗어나지 않는다. 간결함과 날렵한 리듬감을 장기로 하는 라 퐁텐의 뛰어난 글쓰기가 우리를 매혹시킬 뿐이다. 그리고 물론 어느 정도의 예외는 있겠지만 이는 계속해서 첫 번째 『우화시집』의 큰 물줄기로 나아갈 것이다. 그러고 보면 두 번째 『우화시집』의 「페스트에 걸린 동물들」은 첫 번째 『우화시집』의 「매미와 개미」와 더불어 각기 두 작품집의 성격을 대변한다고도 할 수 있다.

동물 세계에 페스트가 만연하자 이의 속죄양을 찾다가 마침내 가장 힘없는 동물인 당나귀에게 모든 죄를 뒤집어씌운다는 이 우화는 오직 힘센 자의 논리가 바로 최고라는 「늑대와 양」의 우화를 연상시킨다. 그런데 이 우화는 우리 모두가 사회의 약자에 대해 가해자가 될 수 있음을 보여준다. 왜냐하면 '힘 있는 자'라는 개념은 절대적인 것이 아니기 때문이다. 어느 사회에서 약한 사람일지라도 다른 사회에서는 강한 자가 될 수도 있는 법이다. 항상 비교급으로 존재하는 강자와 약자의 대립 구조는 평범한 사람도 어느 사회에서는 강자가 되어 자신보다 못한 사람을 괴롭힐 수 있다는 의미이다. 이런 점에서 우리 모두는 이 잔인한 강자의 논리에서 벗어 날 수 없음이고 이를 잘 보여주는 작품이 바로 「페스트에 걸린 동물들」이다. 이 우화에서는 우선 페스트를 동물 사회의 커다란 공포로 말하고 있지만 페스트 이상으로 무서운 것은 자신보다 약한 자에게 가해지는 강자의 횡포이다. 이제 이 우화를 읽어보도록 하자.

시인은 먼저 지상의 죄악을 벌하기 위하여 하늘이 퍼뜨린 페스트의 무서움을 노래한다. 더 이상 서로 사랑하지도 않고 궁극적으로 기쁨이라고는 존재하지 않는 절망에 빠진 이 세상. 짐승의 왕 사자는 회의를 소집한다. 그는 심각한 어조로 일장 연설을 한다. 우리의 죄 때문에 하늘이 이런 끔찍한 벌을 내린 것이다. 역사를 돌이켜보건대 이럴 경우 누군가 자신을 희생해야 하는 법. 그는 가장 죄 많은 자가 십자가를 져야 한다고 말한다.

따라서 우리는 자신을 용서하지 말아야지.
우리의 양심을 냉정히 돌이켜 봐야지.

그는 먼저 자신의 죄를 고백한다.

나로 말하자면, 탐욕을 만족시키고자
수많은 양들을 꿀꺽하였지.
대체 그들이 나에게 무엇을 잘못하였던가? 어떤 잘못도 없지.

참으로 솔직한 사자다. 그는 다른 짐승들도 자기처럼 죄를 고백하라고 권유한다. '정의'를 위해서는 가장 죄 많은 자가 없어져야 한다며. 사뭇 엄숙한 이 분위기는 여우의 아부 때문에 깨지고 만다.

전하, 당신은 참으로 선량한 임금님이십니다.

전하의 양심은 너무도 밝으십니다.
허 참, 양들, 그 천한 녀석들, 어리석은 종자를 잡아먹은 것,
그것이 죄라고요? 천만에, 아닙니다. 전하, 그들을
잡아먹은 게 오히려 그들에게는 영광이랍니다.

아부에 찬 이 말이 끝나기가 무섭게 다른 짐승들도 한마음이 되어 박수를 친다. 자아비판의 어두운 분위기는 별안간 바뀌고, 다른 짐승들도 차례차례 면죄부를 주고받는다. 이제는 모든 동물들이 성인(聖人)이 되어버린다. 마침내 가장 힘이 없는 당나귀의 차례. 그는 어느 날 신부들 소유의 풀밭을 지나가다가 배고픔에 못 이겨, 마치 사탄의 꾐에 빠진 듯이, 부드러운 풀을 혓바닥 너비만큼 뜯어먹었다고 고백한다. 그러자 여태껏 잘못한 것이 없다고 서로에게 면죄부를 주고받던 동물들은 아우성치며 당나귀를 비난한다. 늑대는 분노하며 장광설을 늘어놓는다.

남의 풀을 먹다니! 이 얼마나 끔찍한 범죄인가!
죽음이 아니라면 이 자의 죄를 속죄할 길이 없습니다.

현대 우리 사회를 풍자하는 "유전무죄(有錢無罪), 무전유죄(無錢有罪)"의 진리를 작가는 이미 갈파하고 있다.

여러분이 힘이 있는가 없는가에 따라
궁정의 판결은 여러분을 무죄 또는 유죄로 만들 겁니다.

라 퐁텐의 우화를 지배하고 있는 이 약육강식의 법칙. 힘의 논

리를 바탕으로 약자를 괴롭히는 이 암울한 현실. 더욱 서글픈 것은 이러한 논리에 우리 모두가 빠져 있다는 사실이다. 자신이 살기 위하여 우리 모두는 「페스트에 걸린 동물들」에 나오는 가장 힘없는 당나귀를 희생양으로 삼는 있는 셈이다.

그런데 궁정 우화를 다루는 이 부분에서, 우리는 「페스트에 걸린 동물들」에서는 「병든 사자와 여우」에서 나타났던 정치적이고 현실적인 성격이 더욱 강하게 부각된다는 점에 주목해야 한다. 사자의 명을 받고 사자의 굴로 들어가는 「병든 사자와 여우」의 경우 동물들이 사자 굴에 모이는 상황이 세부적으로 묘사되어 있지 않은 반면에 「페스트에 걸린 동물들」에서는 사자가 페스트를 막기 위해 동물들을 모아 놓고 회의를 하는 것이, 마치 왕을 정점으로 궁정 대신들이 한 자리에 모여 한 마디씩 하는 궁정 회의의 모습을 떠올리게 한다. 게다가 이들의 말이란 것이 자기보다 힘센 자에 대한 철저한 아부요, 자기보다 못한 자에 대한 모함이란 데서 더 더욱 그렇다. 이는 영락없이 추잡하고 비열한 궁정 사회의 한 단면임에 다름없다. 사실 이 우화는 기원부터가 대단히 사회 풍자적이다. 동물들이 자기 죄를 고백하는 고해 성사는 분명 중세의 기독교적 전통에 따른 흔한 모티브로 성직자들의 거짓된 자기 고백과 타락을 겨냥한 것이다. 뿐만 아니라 이는 종교적인 범주를 넘어서 궁정 대신들의 이중성을 풍자하는 동양 우화에서도 빈번히 나타나는 것으로 라 퐁텐은 비드파이의 『지혜의 책』을 통하여 이를 알았다고 전해진다.

결론적으로, 라 퐁텐이 이 우화를 통하여 당시의 현실 사회, 좀 더 구체적으로 말한다면 궁정 사회의 치부를 드러내고 있음은 거의 확실하게 보인다. 그렇지만 라 퐁텐은 대부분의 경우가 그러하듯 공격의 칼날은 매섭게 하면서도 그것으로 인하여 자신이 역습을 당하지 않도록 대단히 교묘하고 조심성 있게 칼을 휘두른다. 위에서 언급했지만, 우화 마지막 부분을 다시 인용해보자. 「페스트에 걸린 동물들」의 이야기를 마친 후 시인은 이렇게 노래한다.

> 여러분이 힘이 있는가 없는가에 따라
> 궁정의 판결은 여러분을 무죄 또는 유죄로 만들 겁니다.

힘 있는 자에게는 한없이 관대하고 힘없는 자에게는 무자비하게 가혹한 이 세상의 법칙. 그런데 여기서 궁정의 판결(Les jugements de Cour)이란 단어는 상당히 애매모호하다는 사실에 유념할 필요가 있다. 우리는 'cour'를 궁정, 좀 더 구체적으로 말하자면 왕궁(cour royal)으로 해석하였지만 이는 때로는 고등법원(Cour de Parlement)) 혹은 단순히 법정 (cour de justice)으로도 충분히 해석될 수 있기 때문이다. 더 나아가 마치 샹포르가 지적하듯 이는 어떤 특정 사회를 지칭하는 것이 아니라 사회 여론을 통칭한다고 확대 해석할 수도 있을 것이다.

왜 라 퐁텐은 이렇게 애매모호한 단어를 골랐을까? 라 퐁텐의 자유로운 비판정신은 상대를 가리지 않지만 그래도 그는 왕권을 부정하거나 당시의 왕 즉 루이 14세에 대해서만은 사뭇 신중하다. 그렇다면 이는 왕궁(cour royale)이라고 구체적으로 명시하였을 경우의 위험성에 대비하기 위한 고도의 책략은 아니었는지.

이제 다음 우화로 넘어가자. 「사자의 궁정(VII-6)」에서 보여주는 라 퐁텐의 궁정 사회 비판은 훨씬 대담하고 노골적이다. 제목에서 보다시피 이제는 확실히 궁정 사회를 무대 중심으로 삼고 있음을 알 수 있다. 사자는 왕으로서의 위엄을 확인하고자 동물들을 화려한 자신의 궁으로 불러들인다. 그러나 그의 궁정은 겉의 호화찬란함과는 달리 시체 썩는 냄새가 진동하는 납골당과도 같고, 이에 곰은 코를 막고 눈살을 찌푸린다. 이러한 곰의 태도는 곧 사자의 노여움을 사고 마침내는 엄벌에 처해진다. 원숭이는 사자의 가혹한 처사를 오히려 당연히 여기고 궁정의 악취를 찬양한다. 그러나 이 과도한 아부 역시 사자의 미움을 받게 되어 원숭이도 벌을 받는다. 사자는 옆에 있던 여우에게 무슨 냄새가 나느냐고 묻는다. 영리한 여우는 감기가 들어서 냄새를 맡을 수 없다고 둘러댐으로써 위기를 벗어난다.

모든 것이 왕의 손아귀에 들어 있는 세상. 말 한 마디 잘못해도 목숨을 잃고 마는 세상. 라 퐁텐은 이런 세상에서 과연 어떻게 처신해야 하는지, 어떻게 해야 살아남을 수 있는지, 여우의 모습을 통해 생존법을 알려준다. 더불어 곰의 어리석음, 원숭이의 아부, 이 모두가 조롱의 대상이 됨은 두말할 나위가 없다. 이 우화에서는 라 퐁텐의 대담성이 한결 돋보이는데, 우선 그는 초반 도입부에서는 사자의 위엄과 권위를 노래함으로써 숨을 고르다가 불현듯 화려한 사자의 궁을 루브르로, 그리고는 곧바로 납골당으로 비유함으로써 격한 파도를 탄다. 급기야 그는 사자를 칼리귤라(Caligula)[67]와 동일시하는 대담성을 발휘한다. 자칫하면 절

67) 이 잔인한 로마의 황제는 자신의 누이동생인 드루실라(Drusilla)가 죽은 후 그녀의 슬픔을 슬퍼하는 자는 그녀가 신이 되었음을 믿지 않는다고 벌을 주는가

대 권력자에 대한 정면 도전으로까지 보일 이 순간, 라 퐁텐은 슬쩍 뒤로 물러선다. 그는 왕의 폭정과 전횡을 비난하는 것으로 끝을 맺는 것이 아니라 여우의 현명함을 노래하며, 결론적으로는 어떻게 하면 궁정에서 제대로 살아갈 수 있는지 그 처세술을 알려주는 것으로 작품을 마친다. 즉 궁정 사회에서는 너무 솔직하지 말 것이며 그렇다고 섣부른 아부도 하지 말고 때로는 노르망디 식으로 대답할 것을 권유한다.[68)]

절대 권력자의 비위를 맞추지 않고는 결코 살아남을 수 없는 궁정 사회. 이곳에서 살아남기 위해서는, 그리고 출세하기 위해서는 무엇보다 왕의 환심을 사야 되고 때로는 남을 헐뜯고 비난해야 한다. 곧 자신의 성공은 남의 파멸을 전제로 한다. 우화 「사자, 늑대, 여우 (VIII-3)」는 이러한 궁정 사회의 모습을 가장 적나라하게 보여주는 작품이다. 늙고 병든 사자는 각처에 있는 동물들에게 불로장생의 영약을 가져 오라 명한다. 사방에서 동물들이 나름대로 처방전을 갖고 사자 굴로 모여든다. 그런데 어찌된 일인지 여우만 오지 않는다. 늑대는 이 기회를 놓치지 않는다. 그는 이를 사자에게 고자질하고 사자는 곧 여우를 소환한다. 영리한 여우는 사태의 심각성과 또한 누가 이를 고자질하였는지 눈치 채고는 늑대에게 역공을 가한다. 그는 사자에게 자신은 왕의 병을 낫게 할 목적으로 성지 순례를 하고 있었노라 대답한다. 그리고 여행 도중 훌륭한 의사들을 만났는데 그들이 말

하면, 또한 슬퍼하지 않는 자는 이를 빌미로 처벌한다.

68) 프랑스어에서 노르망디 식으로 답한다는 것은 긍정도 부정도 하지 않음을 의미한다.

하기를 왕의 병은 몸에 열이 부족해서 그러니 늑대의 껍데기를 산채로 벗겨 옷을 만들어 입으라 하였다고 둘러댄다. 사자는 그 말을 귀히 듣고 늑대의 껍데기로 옷을 해 입고 고기는 맛있게 먹어치운다.

이 우화는 아이소포스의 우화에서 따온 것으로 아이소포스의 우화는 남을 해롭게 하는 자는 그 해의 몇 배를 되돌려 받는다는 일반적인 교훈을 담고 있다. 그러나 라 퐁텐은 이를 명백한 궁정 우화로 바꿔 놓는다. 그는 궁정 대신들에게 남을 헐뜯다가 오히려 자신을 망치지 말라고 충고하고 궁정 사회란 결코 서로를 용서하지 않는 사회임을 일깨운다. 물론 이 충고에는 조롱과 비웃음이 가득하다. 우선 작가는 절대 권력자의 어리석음을 꼬집는다. 늙지 않는 약을 구한다는 자체가 얼마나 허무맹랑하고 헛된 망상인가. 게다가 사자는 여우의 엉터리 처방에 넘어 갈 정도로 어리석지 않은가. 이런 어리석은 왕임에도 불구하고 아무도 이에 올바른 소리를 하지 못한다. 불로장생의 약을 가져오라는 명령에 "불가능하다고 진언하는 것 그 자체가 잘못으로 간주되는" 궁정 사회의 경직되고 맹목적인 수직 관계가 이야기의 저변에 깔려 있다. 그러나 더 매섭고 조롱에 가득 찬 비난은 바로 궁정 대신들에게 돌아간다. 우정이라든가 양심, 이런 것은 전혀 존재하지 않고 서로가 서로를 불신하는, 그리하여 "인간은 인간에 대하여 늑대"라는 명제가 여기서 그 정당성을 인정받는다. 분명 여기서의 궁정 사회는 인정사정없는 정글 사회와 동일시된다.

이제 궁정 사회를 문제 삼고 있는 우화 중 마지막으로 「암사자의 장례식(VIII-14)」을 보자. 이 우화가 말하고자 하는 것은 다른 작품들과 큰 차이가 없다. 권력자의 비위를 맞추면서 궁정 사회에서 어떻게 하면 살아남을 수 있을지, 우화는 이번에는 여우 대신 사슴을 내세워 그 처세술을 보여준다. 암사자가 죽자 모든 동물들이 장례식에 와서 실제로는 슬프지도 않으면서 구슬프게 운다. 그러나 예전에 암사자에게 부인과 자식을 빼앗긴 사슴은 울지 않는다. 그러자 어느 아첨꾼이 이를 사자에게 고자질하고 게다가 사슴이 웃기까지 하였다고 덧붙인다. 사자가 노한 것은 당연하다. 그러나 사슴은 다음과 같은 말로 위기를 벗어난다.

〔...〕전하, 슬픔의 시간은
지나갔습니다. 고통은 부질없는 것입니다.
꽃 속에 누워 계신 전하의 고귀한 반쪽 분신께서는
이곳 아주 가까운 곳에서 모습을 드러내셨습니다.
저는 단번에 그 분을 알아보았습니다.
그 분은 저에게 말씀하셨습니다. 여보게, 이 장례 행렬로 인해,
내가 신들을 만나러 갈 때, 눈물을 흘리지 말게.
극락세계에서 나는 수많은 기쁨을 맛보았네.
나와 같은 성인(saints)들과 함께 지내면서 말이야.

결국 암사자는 성인이 되어 극락세계에서 즐겁게 지내고 있으니 슬퍼할 필요가 없다는 소리가 아닌가. 이는 말도 되지 않는 거짓말이건만 사자는 흐뭇해서 사슴에게 벌 대신 오히려 상금을 준다. 이제 시인은 노래한다.

꿈에서 본 일이라고 해서라도 왕들을 기쁘게 하시오,
그들에게 아부하고, 듣기 좋은 거짓말로 그들에게 화답하시오.

그들의 마음이 아무리 분노로 가득 차 있더라도
그들은 홀딱 속아 넘어갈 것이고, 여러분은 친구가 될 것입니다.

이 우화에서 특히 우리가 주목해야 할 것은 작가는 이 작품을 통하여 궁정 사회란 무엇인가를 정의하고 있다는 사실이다. 다른 우화에서도 궁정 사회의 모습이 적나라하게 표현되기는 하였지만, 이를 이론적으로 정의한 것은 이 우화가 유일하다. 사자가 부인의 죽음에 통곡하고, 궁정 대신으로 비유되는 많은 동물들이 자기의 속마음과는 관계없이 사자를 따라서 슬피 우는 궁정의 모습을 묘사한 후 라 퐁텐은 이렇게 말한다.

나는 궁정 사회를 이렇게 정의하노니, 그 곳의 사람들은
슬프거나 기쁘거나, 모든 일을 할 마음이 있든 또는 무관심하든
왕의 마음에 들고자 하는 사람들인데, 설사 그럴 수 없는 경우
그들은 적어도 겉으로는 그렇게 보이려고 애를 쓰나니
그들은 카멜레온과도 같고 잔꾀 피우는 데 도사인 원숭이와도 같다.

여태껏 보아왔던 일련의 우화들은 '궁정 우화'란 테두리에 묶을 수 있을 정도로 궁정 사회의 어둡고 잔인한 측면을 강하게 부각시킨다. 이 우화들에는 이러한 내용적인 측면 이외에도 몇 가지 공통점이 있음을 주목하자. 먼저 이 우화들은 그 동기는 다를지라도 사자 굴에 많은 동물들이 모여드는 것으로 이야기가 시작된다. 페스트에 대처하기 위하여, 사자가 자기의 위엄을 드높이기 위하여, 사자가 불로장생의 처방을 얻기 위하여, 암사자의 장례식 때문에, 모든 동물들이 사자의 둘레에 모여든다. 또한 등

장인물의 측면에서 보면 항상 사자라는, 흔히 동물의 왕으로 지칭되는 힘센 동물이 그 정점에 위치한다. 이는 비록 진부하기는 하지만 가장 상식적인 사실에 의거함으로써 이야기에 진실성을 부여하고 독자의 동의를 쉽게 구하고자 하는 작가의 의도로 해석된다. 그런데 사자가 라 퐁텐의 우화에서 늘 모든 동물 위에 군림하는 왕으로 묘사되는 것은 아니다. 예를 들면 우화「늙어버린 사자 (III-14)」에서는 사자가 나이가 들어 힘이 없어지자 오히려 그의 신하들로 지칭되는 다른 동물들에 의해 공격받고 모욕을 당한다. 반면 우리가 살펴보았던「사자, 늑대, 여우」에서는 사자가 늙고 힘이 없음에도 불구하고 동물들에게 절대적인 영향력을 행사하는데 이는 사자의 힘이 꼭 동물 세계에서나 통하는 물리적, 육체적인 것에 관련되는 것이 아니라 인간 사회에서 흔히 보는 정치적인 것으로까지 확대됨을 뜻한다. 궁정 우화에서 보듯이 사자가 누구도 거역 못하는 권력을 휘두르는 모습은 마치 인간 사회의 절대 군주의 모습을 연상시킨다 하더라도 큰 무리가 없을 것이다.

6-2-2. 궁정 우화의 사라짐

이러한 궁정 우화들은 첫 번째『우화시집』에서는 모습을 드러내지 않다가 두 번째『우화시집』의 제 7권과 8권에 각각 두 편씩 들어가 있다. 그런데 이 궁정 우화와 비슷한 성격의 작품들은 그 후로 라 퐁텐의 우화에서 모습을 감추고 만다. 즉 제 9권부터 12권에 이르기까지 작가는 더 이상 궁정 사회를 전면에 부각시키지 않는다. 물론 궁정 사회가 그의 우화에서 완전히 사라지는 것은 아니지만, 작품에서 차지하는 비중은 사뭇 예전과 다르다.

「부를 찾아다니는 사람과 이를 침대에서 기다리는 사람 (VII-11)」에서 궁정은 부를 추구하는 사람이 가는 허망한 곳으로 묘사되지만 이는 극히 삽화적이며 또한 이 우화가 궁극적으로 말하고자 하는 것은 인간의 탐욕이다. 또한 「독수리와 참새 (XII-11)」에서의 궁정은 남을 엿보고 헐뜯는 이들로 가득 찬 곳이지만 이 우화에는 다른 궁정 우화에서 볼 수 있는 정치적인 색채라든가 혹은 그 시대를 겨냥한 현실성이 그다지 크게 부각되지 않는다.

라 퐁텐 우화의 궁정 이미지의 변화를 알기 위하여 우선 우화 「매, 왕, 사냥꾼 (XII-12)」을 보자. 이 작품에도 왕과 궁정 대신들이 등장하지만 이들은 앞에서 보아왔던 왕과 대신들의 이미지와는 상당한 차이점을 지닌다. 여기서도 문제가 되는 것은 아무도 건드릴 수 없는, 그래서 독단과 편협으로 치우칠 위험이 있는 왕의 권력인데 작가는 여기에서 한 걸음 더 나아가 왕에게 너그러워질 것을 충고하고 있다. 라 퐁텐에 따르면 왕은 마치 신과 같아서, 신이 선한 만큼 왕도 선해야 하고 아랫사람에게 관용을 베풀어야 한다고 말한다. 그러나 이것이 결코 과격하고 직설적으로 표현되지는 않는다. 라 퐁텐은 비록 이 우화에서 왕을 우스꽝스럽게 묘사하고 있지만 마치 신과도 같은 왕, 그러므로 자비로운 신만큼 너그러울 것이라고 미리 이를 전제로 하면서 이야기를 이끌어 나간다. 그러니 어찌 왕이 화를 낼 수 있을까. 한편으론 한없이 치켜세우면서 다른 한편으론 그에 상응하는 왕의 의무가 있음을 이야기하니, 화를 내자니 속 좁은 왕이 될 터이고, 라 퐁텐 특유의 매서우면서도 재기발랄하고 유쾌한 풍자가 이 우화 전편에 흘러넘친다. 한편 궁정 대신들도 이 작품에 등장하지만 이들은 거의 주변적인 역할로 그칠 뿐이다. 이들은 왕과 사냥꾼이 매를 가운데 놓고 펼치는 소동을 지켜보는 목격자요 또한 궁정 분위기를 자아내는 부차적 역할을 할 뿐이다. 궁정에서 벌어지는 권력자의 전횡, 궁정대신들의 음모와 모함, 이전 궁정 우화에서 보았던 이런 요소들은 여기서는 거의 찾아보기 힘들게 된다.[69]

이제 궁정 사회를 대하는 라 퐁텐의 태도는 우화 「목동과 왕(X-9)」에서 확연히 달라진다. 왕은 한 목동의 근면함에 감동을 받아 그를 궁으로 데려가고자 한다. 그러자 목동의 이웃에 사는 한 은둔자가 나타나 궁정 사회가 얼마나 험하고 추잡한지를 목동에게 경고한다. 왕의 총신이 되고 출세한다는 것이 결국은 순간적일 뿐이라고 말한다.

> 당신이 왕의 총신이 된다고! 당신이 큰 인물이 된다고! 왕을 조심하시오.
> 왕의 총애는 위험한 것이오. 사람들은 거기에 착각을 한다오. 가장 나쁜 것은
> 그것 때문에 값비싼 대가를 치러야 한다는 것이오. 그런 실수는
> 엄청난 불행만 초래한다오.

목동은 은둔자의 경고를 받고 궁으로 가는데 역시 은둔자의 예언대로 그는 모함을 받는다. 사람들은 그가 늘 애지중지하는 상자에 그가 부정한 방식으로 벌어 놓은 보물로 가득 차 있다고 헐뜯는다. 그러나 그 안에는 그가 목동 시절 입던 누더기 옷과 모자, 그리고 지팡이가 들어있을 뿐, 목동은 언젠가는 자기가 궁정을 떠날 것을 알기에 이 물건들을 귀히 보관하였던 것이다.

---

69) 「매, 왕, 사냥꾼」의 우화는 뒤에서 좀 더 자세히 살펴볼 것이다.

그는 참으로 현명하게도 정상에 오를 때 내려갈 준비를 하고 있었다.

우리가 앞의 궁정 우화에서 보았던 궁정 사회의 모습은 여기서도 크게 변한 것은 없다. 남을 헐뜯고 시기하는 궁정 대신들은 아직도 음모를 꾸미고 왕에게 아첨을 한다. 비록 이 우화에는 동물들이 등장하지 않으며 왕의 전횡도 눈에 띄지 않지만 이런 차이점에도 불구하고 어두운 궁정 사회의 모습에는 변함이 없다. 그런데도 작가는 예전 우화에서처럼 궁정 사회에 대하여 신랄한 비판을 가하지 않는다는 점에 주목할 필요가 있다. 그는 궁정 사회의 현실에 대하여 한 발자국 물러선다. 그 곳의 모습은 어떠한 것인지 그 곳에서는 어떻게 처신해야 하는지 그는 그다지 큰 관심을 두지 않는다. 그에게 중요한 것은 이 궁정 사회를 한시라도 빨리 벗어나는 것이다. 라 퐁텐은 한결 초연한 태도로, 어쩌면 체념한 듯, 궁정 사회를 떠나라고 담담한 어조로 권유한다. 이 우화의 원전은 페르시아의 옛 이야기인데, 원래는 왕이 목동의 진심과 정직함을 확인하고 그를 더욱 더 신임하여 떠나지 말라고 붙잡는다. 반면 라 퐁텐의 경우, 목동은 더 이상 궁정에 머무르지 않는다. 분명 여기에는 작가의 어떤 의도가 있을 터인데, 이제 그에게는 인간의 야망과 출세욕, 그런 인간이 빚어내는 이 사회, 이 모든 것에서 벗어나는 것이 가장 절실한 명제로 대두됨을 뜻한다. 그에게는 목동에게 궁정으로 들어가지 말 것을 경고한 은둔자가 하나의 이상형으로 자리 잡는다. 그의 우화는 여기서 세상의 번잡함을 떠나 명상과 고요와 평안함을 향한다. 이 우화의 교훈은 그의 『우화시집』의 마지막을 장식하는 작품인 「판사, 자선 수도사, 은둔자 (XII-29)」를 예고한다. 이 마지막 우화에서 우리는 세상의 번잡함을 떠나 휴식과 고독 속에 잠기는 것만이 자신의 모습을 가장 잘 볼 수 있다고 조용히 읊조리는 황혼녘의 라 퐁텐을 만날 수 있다.

6-2-3. 궁정 사회와 라 퐁텐

라 퐁텐의 궁정 우화는 이처럼 그의 작품 세계를 크게 3등분하고 있다. 아직은 구체화되거나 정형화되지 않은 채 첫 번째 『우화시집』에서 조심스레 펼쳐지는 궁정 사회의 모습. 작가는 분명 동물 사회를 통하여 우리 인간 사회를 말하고자 함인데 그렇다고 이것이 당시의 궁정 사회라고 말하기에는 아직은 확실하지 않다. 그럼에도 불구하고 여기에는 절대 권력자의 전횡과 그 주변의 어둡고 잔인한 분위기가 물씬 풍긴다. 작가가 아직은 궁정 사회를 크게 의식하지 못하거나 혹은 말을 삼가고 있는지 모르지만 점차로 그의 시선과 행보가 궁정으로 향하고 있음은 부정할 수 없다.

두 번째 단계에서 라 퐁텐은 궁정 사회를 노골적으로 파헤친다. 그의 두 번째 『우화시집』의 초반부에 등장하는 네 편의 우화는 당시 궁정 사회에 대한 생생한 묘사이며 신랄한 조소이다. 때로는 위험스러운, 그러면서도 적절히 빠져나갈 구멍을 마련하는 노련함으로 절대 권력의 독선을 문제 삼고, 또한 궁정에서 횡행하는 아부와 모략을 마음껏 비웃는다.

마지막으로 시인은 침묵한다. 더 이상 그의 우화에서 궁정 우화라고 불릴 만한 작품은 존재하지 않는다. 그는 중상모략과 비굴함으로 가득 찬, 그 번잡하고 소란스런 사회에서 저 만치 떨어져 있고자 한다. 그에게 필요한 것은 휴식과 명상이다. 이제 30

여 년에 걸친 그의 『우화시집』은 종착역에 다다른다.

그런데 우리는 여기서 이와 같은 궁정 사회의 이미지의 변화가 라 퐁텐 우화 전체의 변화와 거의 일치한다는 사실에 주목할 필요가 있다. 아이소포스와 그 후예들의 작품에서 강한 영향을 받은 라 퐁텐의 첫 번째 『우화시집』은 많은 혁신이 있었음에도 불구하고 적어도 교훈 면에 있어서는 두 번째 작품집에 비해 상대적으로 전통적이라고 말할 수 있다. 즉 첫 번째 『우화시집』은 인간 세계의 어두운 면을 적나라하게 폭로하고 이런 사회에서 우리가 어떻게 살아야 함을 일러주는 삶의 지침서 역할을 하는 아이소포스 우화의 연장선에 있다고 말할 수 있다. 라 퐁텐의 독창성과 대담성이 더욱 빛을 발하는 것은 그의 두 번째 『우화시집』부터이다. 이제 그의 우화는 단순히 교훈을 전달하는 것이 아니라 때로는 철학을 논하기도 하고 과학적 사실을 설명하기도 하고 자연을 묘사하기도 하며 마치 서정시처럼 작가의 감정 세계를 은밀히 표현하기도 한다. 무엇보다 우리의 시선을 끄는 것은 작가가 자신이 속한 사회에 대하여 적극적이고 과감하게 발언을 한다는 점이다. 그는 동시대의 어느 작가보다도 가장 예민하게 시대 상황에 반응한다. 그의 우화만큼 시대를 생생하게 묘사하고 예리하게 분석하며 통렬하게 풍자하는 작품을 다른 작가의 작품에서 찾는 것은 쉬운 일이 아니다. 라 퐁텐이 당시의 어둡고 우울한 궁정사회를 예리하게 파헤친 것도 바로 이 작품집의 초반부에서다. 그러나 그의 우화는 후반으로 갈수록 점점 자아성찰의 경향을 띠게 된다. 내밀한 자신만의 일기를 쓰듯, 조용히 혼자서 생을 정리하듯 그의 우화는 이전과는 전혀 다른 방향으로 나아간다. 번잡한 궁정 사회로부터 멀리 벗어나라고 충고하는 것도 이와 궤를 같이한다.

궁정 우화를 마치기 전에 한 가지 질문을 던져보자. 궁정 사회의 날카로운 비판가가 되고자 하였던 라 퐁텐. 그렇다면 그의 삶은 어떠하였을까. 그의 일생이 과연 궁정 사회를 비웃을 만큼 당당하였을까. 이 질문은 우리를 매우 당혹스럽게 한다. 왜냐하면 비록 왕실은 아니었지만 그가 문단에 공식적으로 입문한 것은 푸케의 궁정이었고 그 후로도 그를 보살펴준 것은 바로 궁정 사회였기 때문이다. 그의 문학적 성취는 바로 이 궁정 사회를 바탕으로 이루어졌다고 말하는 것이 결코 과장은 아니다. 평생 그는 왕의 은전을 받지 못하였지만 그것이 결코 그의 자유의지에서 나온 것은 아니다. 그는 동시대의 다른 작가와 마찬가지로 왕의 눈에 들고자, 적어도 그 눈밖에 벗어나지는 않고자 애쓴 작가이다. 당시의 관습대로이긴 하지만 그의 우화는 루이 14세의 아들인 왕세자에게, 그리고 왕의 부인인 몽테스팡 부인(Madame de Montespan)에게, 마지막으로는 왕의 손자인 부르고뉴 공(Duc de Bourgogne)에게 헌정된 것임을 상기하자.[70] 그의 우화와 삶 사이에서 생기는 이 괴리감은 어떻게 설명해야 할까.

이를 명확히 설명하는 것은 결코 쉽지 않다. 그의 삶의 내밀한 기록이 부족한 상태에서 이는 어쩌면 불가능한 작업일지도 모른다. 그럼에도 불구하고 우리는 다음과 같은 추측을 해 보고자 한다. 라 퐁텐은 그의 문단 생활 초창기에 즉 푸케의 궁에서는 궁정 사회의 화려함에 매료된 것처럼 보인다. 푸케에게 바쳐진

70) 첫 번째『우화시집』, 두 번째『우화시집』, 그리고 마지막 12 권째 작품집이 각각 이들에게 바쳐졌다.

『아도니스』, 그리고 연이어 발표된 『보에서의 꿈』 등 1660 년대를 전후로 발표된 작품들에서는 궁정 사회의 어두움은 거의 보이지 않는다. 오히려 이 작품들은 궁정의 화려하고 환상적인 세계를 우아하고 세련된 필치로 마음껏 노래하고 있을 뿐이다. 아마도 그가 초기 우화 몇 편을 쓴 것도 이 시기라 추측된다.

라 퐁텐은 점점 궁정 사회에 깊이 빠져 들어간다. 궁정을 중심으로 펼쳐지는 사교계에도 발을 들여놓고 당시의 유력한 문인과도 교제를 하게 된다. 이들은 거의 모두 권력자, 혹은 궁정 사회의 환심을 사기에 급급한 사람들인데 라 퐁텐은 대부분의 경우 이들과 큰 마찰 없이 지낸다. 그런데 이 무렵 즉 그가 한창 작가로서 이름을 날리고 있을 1670년대에 이르러, 궁정 사회를 문제 삼는 그의 궁정 우화 네 편이 등장한다. 어쩌면 그는 이 궁정 사회에 대하여 심한 역겨움을 느꼈던 것일까. 궁정 우화에서 보듯 그는 추잡한 궁정 사회에 대하여 분노를 느꼈는지도 모른다. 게다가 푸케의 실각을 통하여 그는 이미 절대 권력자의 위력을 절실히 실감하였을 것이고 이는 그의 마음 속 깊이 자리 잡고 있었을지도 모른다.

그런데 이 역겨움과 분노는 다른 각도에서 보면 그가 궁정 사회에 제대로 적응하지 못했다는 것을 뜻하기도 한다. 나름대로 궁정 사회에서 출세를 해보려고 애를 썼으나 그것이 꼭 그의 의도만큼 이루어진 것은 아닌 듯싶다. 그의 속마음을 알 수 있는 어떤 객관적 자료를 우리는 갖고 있지 못하지만 결코 그는 궁정 사회를 멀리하고 세속적인 욕망을 거부할 만큼 고고한 인격의 소유자가 아닌 것만은 확실하다. 게다가 그는 부르주아의 신분. 그가 아무리 애를 써도 신분의 차이를 뛰어넘을 수는 없었고, 그렇다고 그가 동시대의 다른 작가들, 예를 들면 몰리에르, 라신, 부알로처럼 왕의 각별한 사랑을 받은 것도 아니었다. 이런 그에게 궁정 사회란 가까이 있으면서도 그 중심에 다다를 수 없는, 그 주위에서 영원히 떠돌 수밖에 없는 가깝고도 먼 곳으로 여겨졌을지도 모른다. 그의 궁정 우화에는 천재적 재능의, 그러나 부르주아 태생이라는 신분적 한계를 지닌 한 작가가, 머리에 든 것은 아무것도 없으되 오직 귀족이라는 신분 하나로 거드름을 피우는, 그러면서도 절대 권력자에게는 꼼짝 못하는 참으로 역겨운 궁정 대신들을 향하여 내뿜는 분노가 서려있다.

그러나 그는 체념한다. 출세와 야망이란 것, 그것이 얼마나 허망한 것인지 그는 깨닫는다. 솔직히 말한다면 아무리 애를 써도 자신은 궁정 사회의 한 가운데에 설 수 없음을 깨닫는다. 이는 그가 좌절과 체념 끝에 얻은 실천적 진리이다. 그는 목소리를 낮춘다. 그는 더 이상 궁정 사회에 대하여 분노하지 않는다. 더구나 그는 점점 나이가 들어감에 따라 모든 것을 한 걸음 물러서서 보는 여유를 갖게 된다. 그의 우화에서 궁정 사회를 향한 분노는 더 이상 보기 힘들다. 서서히 그는 자신을 정리하기 시작한다. 그의 작품 후반부에서 나타나는 궁정 사회에 대한 조용한 거부는 바로 여기에서 연유하는 것이 아닐까.

7. 정치권력과 우화

라 퐁텐이 궁정 사회를 자신의 우화에 담고 있다는 사실은 곧 그가 당시의 정치 상황에 대하여 나름대로 관심을 갖고 있다는 사실을 의미한다. 궁정에서 벌이는 국왕과 그의 신하들의 담론과 일들은 여염집에서 일어나는 일과 명백히 다르기 때문이다. 사실 당시에 라 퐁텐만큼 정치 상황에 관심을 갖고 있는 작가도 드물다. 그는 비록 정치가도 아니고 정치에 관여한 일도 없지만 여러 가지 정치적 문제와 당시의 정치 현실에 대하여 깊은 관심을 표명하고 있다. 야진스키(René Jasinski)는 『라 퐁텐과 첫 번째 우화시집(*La Fontaine et le premier recueil des Fables*)』이란 연구서에서 전통적인 교훈의 세계와 정치적 문제가 라 퐁텐의 우화에서 함께 만나고 있음을 말하고 있으며 또한 쿠통(Georges Couton)은 그의 역저 『라 퐁텐의 정치학(*La politique de La Fontaine*)』에서 라 퐁텐의 우화가 얼마나 다양하게 정치적 문제에 반응하고 있는지를 보여주고 있다. 그러나 라 퐁텐의 궁정 우화들이 명쾌하게 그 모든 의미를 드러내지 않는 것처럼 라 퐁텐이 당시의 정치 상황에 대하여 갖고 있는 생각을 우리가 깔끔하게 밝혀내는 것은 쉬운 일이 아니다.

일반적으로 정치적 문제라는 것은 극히 미묘한 것이어서 작가가 자신의 정치적 견해를 노골적으로 드러내기는 쉽지 않다. 특히 작가가 그 시대의 정치적 이념에 반(反)하는 경우에 더욱 그렇다. 라 퐁텐이 활약하던 시기는 프랑스의 절대왕정이 극치에 달했던 시기, 만에 하나라도 이 체제에 도전하는 정치사상을 피력한다는 것은 너무도 위험한 일임에 틀림없다. 라 퐁텐이 이러한 사정을 모르고 우화를 썼을 만큼 어리석은, 아니 무모한 작가였을까. 이러한 까닭으로 우리는 라 퐁텐의 우화에서 정치적 의미를 정확하게 밝혀내는 것이 만만치 않음을 인정해야 한다. 게다가 사실 '정치적'이라는 수식어는 어떤 경우에 붙여야 하는지 꽤나 까다로운 문제이다. 같은 내용의 말이라도 정치인이 하는 말은 그 의도와 파급효과가 일반인이 하는 말과 다를 것이다. 그렇다고 정치인이 하는 말은 모두 정치적인가? 자신의 말을 정치적으로 해석하지 말아달라고 주문하는 정치인의 말은 과연 액면 그대로 받아들여야 할 것인가, 아니면 그 자체가 정치적인 발언이란 말인가. 기자들은 정치가들의 말은 비록 사소하고 일상적인 말이라 할지라도 정치적 의미로 해석하고자 애를 쓰는데 이는 정치적 의미가 없는 말이라 할지라도 말하는 사람이나 듣는 사람에 따라 혹은 상황에 따라 얼마든지 정치적 해석이 가능하기 때문일 것이다. 게다가 우화는 그 의미를 전달함에 있어서 우회적인 방법을 택하기 때문에 해석에 있어 늘 주의를 요한다. 텍스트의 면밀한 독서는 물론, 작가가 처해있는 시대적 상황 같은 텍스트 외적 요인 역시 충분히 검토하여야 우화의 감추어진 의미를 제대로 파악할 수 있는 법이다. 라 퐁텐이 처한 시대적 상황, '정치적'이란 말이 갖는 미묘함, 그리고 의미 전달에 있어서 우화가 갖는 특이성, 이는 분명 라 퐁텐 우화의 정치적 해석을 어렵게 만드는 요소이다.

대단히 다양하고 복잡하고 때로는 애매모호하고, 심지어 모순되게 보이기까지 하는 라 퐁텐의 정치적 견해. 라 퐁텐의 우화가 내포하고 있는 정치적 문제를 모두 살핀다는 것은 실로 많은 노력과 지면이 필요할 것이므로 우리는 여기서 문제를 국한시켜

라 퐁텐이 절대왕정을 바라보는 시각에 대하여 살펴보기로 하자. 절대왕정이라는 정치체제의 고찰과 더불어 라 퐁텐이 당시의 절대 군주로 군림하였던 루이 14세라는 실체를 과연 어떻게 생각하고 있었는지, 당시의 정치적 상황에 민감히 반응하였던 한 작가의 정치적 글쓰기를 맛보도록 하자.

7-1. 절대 권력에 대한 복종 혹은 체념

누구보다 자유스러움을 주창하고, 날카로운 사회 비판으로 후세에 이름을 남긴 라 퐁텐. 그러나 정치적인 문제에 있어 그는 사뭇 신중하다. 다시 말해 당시의 정치 체제에 관해서 그는 보수적인 자세를 견지한다. 그는 자신이 속해 있는 정치 체제를 그대로 받아들인다. 모든 권력이 한 사람에게 집중되어 있는 당시의 정치 체제를 라 퐁텐은 결코 부정하지 않는다. 우선 그의 우화 「뱀의 머리와 꼬리(VII-16)」를 보자. 아이소포스 우화에 바탕을 두고 있는 이 작품의 줄거리를 살펴보면, 늘 머리에 뒤처져서 따라가기만 하던 뱀의 꼬리는 어느 날 심한 불평과 더불어 자기가 앞서가게 해달라고 하늘에게 호소한다. 마침내 소원은 이루어지고 꼬리는 머리보다 앞서 뱀의 몸 전체를 이끌고 가게 된다. 그러나 아무 것도 볼 수 없는 꼬리는 여기저기 부딪히고 결국에는 뱀은 사망의 길로 이르게 된다. 아이소포스는 이 우화를 통하여, 주인에게 맞서는 못되고 약아빠진 사람들을 비난하고 있는데 그에게서는 정치적 색채가 그다지 뚜렷하게 드러나지 않는다. 그러나 라 퐁텐은 이 어리석은 꼬리의 반란을 통렬히 꾸짖으면서 이러한 반란이 한 국가의 파멸을 가져올 수 있다고 한탄한다.

기존 질서를 무너뜨리면 궁극적으로는 국가 전체가 무너진다는 라 퐁텐의 생각. 이는 아마도 플루타르코스에서 영향을 받았는지도 모른다. 플루타르코스는 아이소포스의 이 우화를 자신의 작품『영웅전』중 아기스와 클레오메네스를 소개하기에 앞서서 인용하고 있는데 그는 이 우화에서, 선동정치와 일반 백성의 무모한 행동이 국가에 얼마나 큰 피해를 주는지 보여준다.

절대 군주의 권력을 인정하고 일반 백성들은 이에 복종하는 것, 라 퐁텐의 이와 같은 사상은 실은 다른 작가들에게서도 쉽게 찾아볼 수 있다. 이미 라 퐁텐에 앞서 공베르빌(Marin Le Roy de Gomberville)은 "천성적으로 반항기가 있는 사람들에게 권력이 있는 것만큼 국가와 백성에게 치명적으로 해로운 일은 없다."고 말한 바 있다.[71] 또한 극작가인 코르네이유(Pierre Corneille)도 현대인의 시각에서 보면 선뜻 이해가 되지 않을지 모르지만 가장 나쁜 국가의 형태는 백성이 주인이 되는 국가라는 논리를 편다.[72]

이제 라 퐁텐의 또 다른 우화「팔다리와 위장(III-2)」으로 넘어가자. 팔다리는 문득 자신들은 오로지 위장을 위해서 열심히 일하고 있건만 위장은 빈둥빈둥 놀기만 하고 있다고 생각한다. 팔다리는 불평을 털어놓으면서 더 이상 움직이지 않기로 결정한다. 팔다리를 움직일 수 없게 되자 위장은 먹지도 못하고 마침내 이 불쌍한 사람의 몸은 기진맥진 탈진 상태에 이르고 피도 제

71) 공베르빌은 뒤르페가 미완성으로 남긴『아스트레』의 제 6부를 완성하였는데 이 말은 바로 여기에서 나온 것이다.

72)『신나(*Cinna*)』II, 1.

대로 돌지 않게 된다. 그러자 반항하던 팔다리는 게으르고 아무 일도 하지 않는 이 위장이 생명을 유지하는 데 대단히 큰 역할을 한다는 중요한 사실을 깨닫는다. 이 우화 역시 아이소포스에게서 찾아볼 수 있는데 아이소포스는 이 우화를 통하여 군대에서 우두머리의 역할이 얼마나 중요한 것인가를 보여준다. 무엇보다 이 우화를 유명하게 만든 것은 메네니우스 아그리파(Menenius Agrippa)일 것이다. 리비우스(Titus Livius)의 『로마사』에 따르면 메네니우스 아그리파는 평민들이 로마로부터의 이탈을 꾀하자 그들을 회유하려는 목적으로 이 우화를 들려주었다고 한다.

라 퐁텐이 이 우화를 통하여 말하고자 하는 것은 국왕에 대한 백성들의 복종이다. 그러나 라 퐁텐은 맹목적인 복종을 이야기하기보다는 자기 나름대로 당시의 정치체제를 분석한다. 따라서 라 퐁텐이 이 우화에서 왕실의 절대적 권위를 인정하고 있는 것은 사실이지만 그렇다고 하여 무조건적으로 절대 군주제를 옹호하는 것은 아니다. 여기서 작가는 마치 정치학자라도 된 듯이 당시의 정치제도가 어떻게 조직되고 움직이는지를 설명한다. 팔다리와 위장의 이야기를 마치고 라 퐁텐은 이렇게 덧붙인다.

이 이야기는 왕의 위엄에도 적용될 수 있다.
왕은 받는 것이 있다면 주는 것도 있는 법이고 세상은 모두 그런 것이다.
모두가 왕을 위하여 일을 하는가 하면 반대급부로
모두는 왕으로부터 먹을 것을 얻어낸다.
왕은 수공업자들이 먹고 살게끔 해 주고
상인들이 돈을 벌게 해 주며, 법관들을 고용하며,

농부들을 보호해 주고, 군인들에게 급료를 지불하고,
도처에 군주로서의 은혜를 베풀며
홀로 국가를 지탱한다.

뒷부분의 5행은 국가를 지탱해주는 왕실의 위대함에 대하여 언급한다. 왕의 은혜는 전국 방방곡곡에 퍼져 있고 왕실의 위엄은 여기서 절정에 달한다. 그러나 우리가 여기서 유의해 보아야 할 것은 전반부의 4 행이다. 이 부분은 일견 후반부의 내용과 모순되게 보이기까지 한다. 여기서 작가는 왕이 베푸는 은혜가 그저 일방적이고 아무 대가 없이 이루어지는 것은 아니라고 말한다. 이는 왕과 국가의 다른 구성원 즉 상인, 군인 등과의 상호 의존 관계에 기인한다. 결과적으로 왕은 무작정 베푸는 것이 아니라 자신도 받는 것이 있기 때문에 주는 것이고 따라서 모든 것은 공평하게 이루어지는 셈이다. 물론 오늘날과 달리 그 당시 신분의 차이, 그로 인한 기회의 불공평은 엄연히 존재하고 있었을 것이나, 작가가 말하고자 하는 것은 그러한 신분이나 기회에서의 평등이 아니라 사회 구성원간의 조화와 협동일 것이다. 사회란 바로 이처럼 서로 돕고 존중함으로써 이루어진다는 뜻이다.

이 우화에서 라 퐁텐은 마치 절대 군주제에 큰 희망과 신념을 갖고 이상적인 국가 체제를 그리고 있는 것처럼 보인다. 어쩌면 이러한 사회는 그가 꿈꾸는 그런 사회인지도 모른다. 그러나 그는 이상주의자라고 단정하기에는 너무도 현실을 잘 알고 있는 작가이다. 그렇다면 현실은? 진정 사회 구성원들은 서로 돕고, 존중하며 아름답게 살아가고 있었을까? 절대왕정이란 거기에 갈채를 보내면서 기꺼이 수용할만한 가치가 있는 최선의 제도였을까?

왜 라 퐁텐이 절대 군주제를 옹호하고 있을까? 소극적으로 이야기한다면, 왜 그가 절대군주제를 거부하지 않는 것일까? 이것은 아마도 그가 그러한 제도 아래에서 살고 있었기 때문일 것이다. 현재 우리가 보면 한 개인에게 모든 권력이 - 거의 신적 권위에 해당하는 - 집중되어 있는 것이 참으로 불평등하게 보이겠지만 그런 시대에 살고 있었던 라 퐁텐에게 이는 최선은 아닐지라도, 빠져나갈 수 없고 부정할 수 없는, 그 안에서 살아야 하는 현실 속의 체제였다. 자신이 속해 있는 현 상태, 즉 절대 군주제에 만족하며 살아야 하는 것. 자신이 속해 있는 정치 체제를 부정하고 다른 체제를 제안할 만큼 라 퐁텐은 혁명적이지는 않다.

자신이 살고 있는 체제에 대하여 만족하며 살라. 이 명제는 라 퐁텐의 우화「왕을 달라고 요구하는 개구리들(III-4)」에서 극명하게 드러난다. 이 우화의 주된 줄거리는 아이소포스 우화에서 따온 것인데 먼저 아이소포스의 우화를 보면, 개구리들은 무정부 상태에 짜증이 나서 제우스 신에게 왕을 보내 달라고 요구한다. 제우스는 막대기 하나를 왕으로 보내주나 막대기는 아무 반응이 없는 무생물이다. 개구리들은 왕의 무감각함에 불평을 토로하고 제우스에게 왕을 갈아 달라고 요구한다. 그러자 신은 이번에는 물뱀을 보내준다. 이 잔인한 왕이 개구리들을 어찌할 것인가는 불문가지이다. 벌써 이 우화의 교훈은 정치적인 냄새를 물씬 풍기나 아이소포스의 텍스트는 비교적 개인적이고 일반적인 차원에서의 교훈만을 전한다. 아이소포스는 성격이 불같고 고약한 사람의 밑에 있느니 차라리 물렁물렁해도 악의 없는 사람의 밑에 있는 것이 더 낫다는 말을 한다. 이는 좀 과장되어 말하자면 가장 위험한 통치자는 성격도 좋지 않을 뿐더러, 너무 부지런하고 열정적이어서 이 일 저 일 마구 쑤시고 다니는 인간이라는 의미이다. 차라리 능력도 없고 게을러서 아무 일도 안하고 세월만 보내는 통치자가 더 나은 법이다.

라 퐁텐은 이 우화를 완전히 정치적인 것으로 바꾸어버린다. 라 퐁텐의 우화에서는 아무 감정 표시도 없는 왕을 바꾸어 달라는 개구리들의 요청에 신은 두루미를 보낸다. 두루미가 마음껏 개구리들을 잡아먹자, 개구리들은 이럴 수 있냐고 신에게 불평한다. 그러자 신은 "너희는 애초의 너희의 정치 체제를 보존했어야만 했어."라고 개구리들의 잘못을 정확히 지적한다.

개구리들이 비참하게 된 이유는 단순하다. 정치 체제를 바꾸고자 한 것, 바로 그것 때문에 그들은 더 큰 고통을 당하게 된 것이다. 여기서 라 퐁텐이 보여주고 있는 교훈은 「팔다리와 위장」에서의 교훈과 사뭇 다르다. 후자가 군주제를 옹호하고 있다면 개구리의 우화는 현 체제를 받아들이라는 것, 좀 더 노골적으로 말한다면 체념할 것을 강조한다. 그 체제가 만에 들건 안 들건, 현 상태가 고통스럽더라도 그것을 부정하거나 바꾸지 말라. 그렇지 않으면 더 큰 불행이 오리니. 우화는 이렇게 끝을 맺는다.

> 너희의 처음 왕에게 만족하라,
> 아니면 더 나쁜 왕을 만나게 될지니.[73]

---

73) 현 상태에 만족하라는 이러한 교훈은 당시의 다른 작가에게서도 쉽게 발견된다. 16세기의 작가 피브락(Pibrac)은 4행시를 통해, 17세기의 게 드 발자크(Guez de Balzac)는 그의 서한문(1623년 9월 20일 부아로베르(*Boisrobert*)에게 보내는 편지)에서, 신학자 보쉬에는 『성서에 의거한 정치학 (*Politique tirée des*

우회의 분위기는 지극히 어둡다. 삶의 고통은 더욱 심해 가는데 어떤 개선의 기미도 보이지 않고 그저 참고 버티라는 말뿐. "힘센 자의 논리가 최고"라는 「늑대와 양」에서의 슬픈 진리가 다시 한 번 불현듯 생각난다. 그렇다, 약한 자는 그저 당할 수밖에 없다. 강자의 논리에 따르는 것 외에 어떤 탈출구도 보이지 않는다. 인간은 이러한 운명을 바꿀 어떠한 선택도 없다. 운명을 탓하며 이를 바꾸려 한다면 더 큰 불행만을 겪을 뿐이다.

그런데 별안간 라 퐁텐은 도발적이고, 보는 시각에 따라서는 대단히 위험한 말을 내뱉는다. 문제가 되는 우화는 「노인네와 당나귀 (VI-8)」이다. 풀밭에서 놀고 있는 당나귀에게 주인은 황급히 말한다. 적군이 쳐들어오니 어서 도망치자고. 당나귀는 되묻는다. 적군이 오면 내가 일을 더 하게 되느냐고. 아니, 그건 너와 상관없는 일이라는 주인 노인네의 말에 당나귀는 대체 내 주인이 누구이든 그게 무슨 상관이냐고 말한다. 어차피 일할 운명인데 도망가 봤자 무엇 하겠냐는 당나귀의 냉소 어린 체념이다. 그리고 당나귀는 뼈 있는 말을 한다.

우리의 적은 우리의 주인이지

이는 과연 정치적인 의미로 해석될 수 있을까? 너무도 과격한 말이기에 우선 후세 사람들의 의견을 들어보자. 19세기 소설가 스탕달(Stendhal)은 이를 라 퐁텐이 루이 14에게 갖고 있는 혐오감의 발로라고 하는가 하면, 19세기 문예비평가인 셍트 뵈브

---

propres paroles de l'Ecriture sainte, II, 12)』에서 같은 맥락의 말을 한다.

(Sainte-Beuve)는 앙시앵 레짐에 대한 전복적인 의미를 지니고 있다고 말하고, 심지어 20세기 사회학자, 역사학자이며 지리학자인 지그프리드(André Sigfried)는 라 퐁텐이 "만국의 노동자여, 단결하라."는 공산주의의 선언문을 예견하고 있다고 평한다.

이 여러 의견에 대하여 우리는 무어라 단정적으로 말할 수 없다. 지그프리드의 견해는 너무도 과격해서 쉽사리 동의하기가 어려운 부분도 있다. 문제되는 구절은 분명 일반적인 의미로도 해석될 수 있기 때문이다. 이는 무엇보다 자유스럽게 산다는 것은 작가 자신이 끊임없이 추구해 온 것이며 우화 「늑대와 개 (I-5)」는 바로 그의 생각을 정확히 대변해 준다. 늑대는 비록 개가 잘 먹고 아무 걱정 없이 잘 지내고 있지만 결코 그처럼 살기를 원치 않는다. 왜냐하면 개에게는 자유가 없기 때문이다.

작가는 우화로 이야기하고 우화는 암시로 끝난다. 대체 이 우화의 진정한 의미는 무엇일까? 그것은 오직 작가만이 알 것이다. 라 퐁텐은 정치적 문제에 있어 대단히 신중하다. 정치 체제에 있어서나 루이 14세에 대해서나 그는 결코 노골적으로 문제 삼지 않는다. 우리의 적, 우리의 주인이 루이 14세를 가리키는가? 섣부른 추측은 하지 말자. 설사 그가 당시의 정치 체제나 왕에게 불만이 있다하더라도 그는 직설적으로 표현하지는 않았을 것이다. 우리는 아마도 라 퐁텐의 우화에는 그가 밝힐 수 없는 어떤 비밀이 숨겨져 있으리라는 그런 추측으로 만족하자.

7-2. 절대 권력자의 의무

라 퐁텐이 왕의 절대 권력을 인정하는 것은 사실이나 그렇다고 폭정과 횡포를 옹호하지는 않는다. 그는 나름대로 왕이 버려야할 악덕과 갖추어야 할 미덕에 대하여 언급한다. 우화 「멘 공작(*monseigneur le duc du Maine*)을 위하여(XI-2)」에서 라 퐁텐은 군주가 어떠한 덕을 지녀야 하는지를 보여준다. 군주는 그 신분이 고상한 만큼 남보다 특출한 미덕을 갖고 있어야 한다는 것이 라 퐁텐의 생각이다. 왕은 모든 지식을 갖추어야 하며, 영토를 확장하고 위엄을 드높이기 위해 전쟁에서 승리할 수 있는 지덕을 겸비해야 한다. 또한 자신을 절제할 줄 알아서 감정에 치우치지 말 것이며 쾌락에 탐닉하지 말아야 한다. 왕은 유약해서는 안 된다. 단호하고 강인하고 맺고 끊음이 분명해야 한다.

그런데 라 퐁텐이 특별히 강조하는 것은 자애로움, 부드러움, 관대함이다. 이것이 없다면 다른 덕은 빛을 발하지 못한다. 우화 「주피터와 천둥 (VIII-20)」을 보자. 주피터는 인간들의 죄악에 화가 나서 자신이 그토록 애지중지하던 인간들을 벌하려 한다. 여러 신들이 인간들을 엄히 다루어야 한다고 말한다. 그러나 주피터는 분노를 극한으로 몰고 가지 않는다. 그는 배은망덕한 인간들에게 천둥을 쳐서 분노를 표하지만 단지 겁을 주는 것으로 그친다. 시인은 이런 주피터를 아버지의 애정 어린 꾸지람으로 비유하고 이렇게 읊는다.

> 모든 아버지는 슬쩍 비껴서 매를 때린다.

주피터에게 인간들을 엄히 다스려야 한다고 말하는 신들은 왕 밑의 여러 대신들을 뜻한다. 그들은 노여워 잘하고 애정이 없기 때문에 백성들이 잘못하면 용서하지 않는다. 그러나 진정한 왕,

주피터는 사랑의 매를 든다. 거의 신적 권위를 갖고 있던 당시의 군주, 만약 그에게 너그러움이 없다면 어떻게 될까. 신하나 백성이 인간인 이상, 그들에게 실수는 있는 법이다. 아랫사람이 윗사람에게 바라는 덕목 중 관대함보다 더 소중한 것은 없다.

그렇다면 라 퐁텐이 보기에 과연 루이 14세는 관대한 군주였을까? 앞에서 다루었던 우화 「매, 임금, 그리고 사냥꾼」을 다시 한 번 살펴보자. 이 우화는 군주의 가장 큰 덕이 관대함에 있음을 보여줌과 동시에 루이 14세에 대한 시인의 평가가 신중하면서도 철저히 계산되어 있음을 말해준다. 게다가 당시에 실제로 일어났던 일을 바탕으로 씌어졌기 때문에 더욱 더 생생하게 그 교훈을 전달한다. 이 작품은 콩티(Le Prince François-Louis de Conti)에게 헌정된 것으로 그와 마리 테레즈 드 부르봉(Maire-Thérèse de Bourbon)과의 결혼을 축하하는 내용을 담고 있다. 우선은 군주의 관대함이 가장 큰 덕임을 강조하는 것으로 이 작품은 시작한다.

> 신들은 자신이 선하기 때문에
> 왕들도 선하기를 바란다.
> 그들의 권위를 가장 빛나게 하는 것은
> 복수의 달콤함이 아니라 관대함이다.

왕은 신으로부터 지상의 통치를 위임받은 사람. 그의 권한은 신 다음으로 위대하고 전능하며 또한 신이 선한 만큼 선해야 한다. 신은 선하기 때문에 우리를 보살펴 주고 사랑의 매를 든다. 군주 역시 마찬가지여야 한다. 군주가 선하고 관대하다는 것, 그것은 바로 신의 뜻이다. 라 퐁텐은 여기서 군주를 신의 위치로 격상시킴으로써 왕에 대한 지극한 존경심을 표시함과 동시에 그에게 그 만큼의 상응하는 의무가 있음을 일깨운다.

그렇다면 라 퐁텐은 왜 콩티의 결혼을 축하하면서 군주의 관용을 이야기하는 것일까? 이 우화가 배경으로 삼고 있는 콩티의 결혼은 1688년 6월 29일에 일어난 일이다. 그런데 콩티는 3년 전 루이 14세의 눈 밖에 벗어나는 잘못을 저지른다. 콩티에게는 참으로 불행하게도 그의 사적인 편지가 루이 14세의 수중에 들어가게 되었는데 이 편지에는 왕의 분노를 불러일으킬 만한 내용이 담겨져 있었다. 왜냐하면 거기에는 왕이 나이 많은 정부(情婦)인 멩트농 부인(Mme de Maintenon)곁에서 나태해진 사람으로 묘사되어 있었기 때문이다. 콩티의 삼촌인 콩데(le Grand Condé)는 이 일로 인해 조카가 왕의 신임을 잃게 된 것을 안타깝게 생각한 나머지 1686년 죽음을 앞두고 왕에게 콩티를 용서해 줄 것을 간청한다. 죽어 가는 이의 청을 무시할 수 없었던 왕은 마지못해 고개를 끄덕였지만 그의 노여움은 남아 있어서 그 후로 왕은 콩티를 신임하지 않는다. 라 퐁텐은 우화를 통해서 콩티의 결혼을 축하함과 동시에 말로만 행해진 왕의 관대함을 환기시킨다.

이제 본격적으로 라 퐁텐의 우화는 시작된다. 사냥꾼이 어느 날 매를 한 마리 잡아서 왕에게 선물한다. 그런데 새는 다짜고짜 날아가더니 왕의 콧등에 앉아버린다. 경망스러움은 왕의 품위에 맞지 않는 까닭으로 왕은 제대로 소리를 지르지도 못한다. 사냥꾼은 안절부절 어쩔 줄 몰라 새를 부르고 소리쳐 보고 손으로 쫓아내 보기도 하지만 새는 꿈쩍 않는다. 지켜보는 신하들도 당황하기는 마찬가지이다. 그러나 왕은 여기서 참으로 관대하게도 이 새가 날아갈 때까지 인내심을 보이고, 이에 따른 그 어떤 책임도 사냥꾼에게 묻지 않는다. 모든 사람들은 왕의 자비로움에 감탄한다.

일견 이 우화는 왕의 관대함에 대한 찬양으로 여겨진다. 그러나 과연 왕이 이해심이 많은 인물일까? 라 퐁텐은 왕이 콩티를 진심으로 용서하지 않았음을 잘 알고 있다. 그러기에 이 우화는 진정으로 라 퐁텐이 왕의 관대함을 그대로 묘사한 것인지, 그 속마음을 알 수가 없다. 이 우화에는 필경 무슨 복선이 깔려 있을지도 모른다. 우화는 라 퐁텐의 속마음을 은근히 내 보인다.

왕의 코도 보통 사람의 코와 같지

왕의 코라고 별것이냐. 자꾸 새겨보면 볼수록 불손하기 그지없는 말을 작가는 슬쩍 집어넣는다. 그 다음에 그는 참으로 영리하게도 빠져나갈 구멍을 여러 가지 준비한다. 우선 이 우화는 자신의 창작임에도 불구하고 라 퐁텐은 비드파이가 지은 것이라고 책임을 남에게 뒤집어씌운다. 라 퐁텐의 우화 대다수가 남의 것에서 얻어 온 것이기에 이는 그다지 수상쩍게 보이지도 않는다. 이러고도 불안했는지 그는 또 다른 우화를 덧붙인다. 이는 첫 번째 우화를 약간 바꾸어 놓은 것임에 다름없다. 사냥꾼이 매를 잡아 왕에게 선물한다. 그런데 새는 이번에는 사냥꾼의 코에 달라붙는다. 사냥꾼은 소리를 지르고, 주위 사람 모두 박장대소를 한다. 매가 왕의 콧등에 터를 잡는 첫 번째 이야기는 분명 웃음이 터질만한데도 상대가 왕인지라 모두 불안해하고 안절부절못하는 반면 이 이야기에서는 왕은 물론 주위 사람도 모두 웃음바다가 된다. 왕에게 가라고 날려 보낸 새가 왕에게 가는 것이 아니라 기껏 날려 보낸 당사자의 코에 앉아 버리다니. 상대는 힘도 권력도 없는 사냥꾼. 아무리 웃는다 해도 무엇이 두려울까. 웃음이란 웃는 자의 상대적 우월성을 보여준다는 말처럼 왕, 신하, 모두 사냥꾼보다 높은 지위에 있지 않은가. 이 이야기는 첫 번째 이야기가 내포하고 있는 긴장과 위험을 일시에 제거해 버린다. 이 또한 라 퐁텐의 절묘한 계산임에 틀림없다. 작가는 우선 왕의 관대함을 칭송하는 척하면서 실상은 왕의 코나 다른 사람의 코나 무엇이 다르겠냐는 말을 은근히 흘리면서 분위기를 달군다. 그런가 하면 왕이 그런 사소한 일로 화를 내면 어쩌겠냐는 뉘앙스를 살그머니 풍기면서도 자신의 의도가 얼마나 위험한 것인가를 잘 알고 있기에 이 이야기는 남의 것에서 따온 것이라고 발뺌을 한다. 급기야 작가는 상황이 바뀐 또 다른 이야기를 덧붙임으로써 짐짓 딴전을 피운다. 아마 그는 이렇게 말할 것이다. 사실 첫 번째 이야기는 별 의미는 없는 것이야. 두 번째 이야기, 이게 정말 웃기는 거지. 그냥 웃으면 되는 거야. 이 정도까지 했는데 만약 왕, 즉 루이 14세가 이 우화를 읽고 화를 낸다면 그 얼마나 속 좁은 군주가 될 것인가. 알면서도 모르는 척 그냥 웃고 말아야지.

이 우화는 「노인네와 당나귀」의 우화에서 보여주는 독자를 당황케 하는 도발성과 충격성은 없지만 대단히 치밀하고, 계산적이며 그러면서도 웃음을 선사해주는 라 퐁텐의 천재성이 돋보이는 작품이다. 한편, 이 작품들은 공통점을 갖고 있는데 이는 바로 라 퐁텐이 현실에 대하여 벽을 느끼고 있다는 점이다. 자신이 살고 있는 시대에 대하여, 그 현실에 대하여 라 퐁텐은 거리낌 없이, 마음 놓고, 속 시원히 이야기를 하지 않거나 혹은 하지 못한다는 사실이다. 우리가 이미 살펴본 대로 라 퐁텐은 그것이 자발적인 순종이든 또는 체념이든 권력이 한 개인에게 독점되어 있는 당시의 정치 체제를 분명 인정한다. 그럼에도 불구하고 그가 현실을 직시할 때 현실은 결코 그에게 위안을 주거나 희망을 주지 못한다. 게다가 '정치적'이 된다는 것은 얼마나 위험한 일인가. 그를 보살펴주던 푸케의 파멸을 그는 보지 않았던가. 그는 신중하다. 아니 신중해졌는지도 모른다. 푸케의 몰락 이후 푸케를 변호하고 다니던 라 퐁텐이지만 어느 정도 세월이 흐름에 따라 그는 자신이 어떻게 처신해야 함을 알았는지 모른다. 그렇다고 마냥 침묵할 수는 없는 노릇이다. 그에게는 무엇인가 말할 것이 있고, 또한 말하고 싶어 한다. 그의 말 못할 사연들은 그의 우화 속에 가시가 되어 곳곳에 숨어 있다.

7-3. 정치권력과 라 퐁텐

라 퐁텐의 우화에는 모순과 애매모호함이 가득하다. 특히 이는 정치적인 문제에서 더욱 두드러지게 나타난다. 절대 군주의 지배하에 있던 당시의 상황에서, 작가가 글을 써서 생계를 유지하는 것이 아니라 누군가의 도움을 받아야만 하던 시기에, 라 퐁텐이 권력이라는 주제를 놓고 글을 써야 한다는 자체가 이미 작가로 하여금 흐릿한 글쓰기를 강요하고 있는지도 모른다. 쉬운 선택이 있기는 한다. 국왕을 찬양하고 그의 위엄 앞에 무릎을 꿇는 일이다. 그러면 작가는 국왕의 보호를 받으면서 그런대로 글을 쓰면서 살아갈 수 있을 것이다. 잘만 하면 그 스스로가 어느 정도의 권력도 얻을 수 있을 것이다.

그러나 라 퐁텐은 그의 우화가 애매한 것만큼 삶 자체도 어정쩡하기 그지없다. 당시의 이름 있는 작가 중 유일하게 국왕의 하사금이나 연금을 받지 못한 작가가 바로 라 퐁텐이라는 사실은 한 번쯤 생각해 볼 필요가 있다. 왜냐하면 그가 세속적인 것에 전혀 신경 쓰지 않고 고고한 작가의 길을 걸었던 것도 아니고, 국왕의 은총으로부터 고의로 벗어나려 했던 것도 아니기 때문이다. 그렇다면 그는 왜 국왕의 보호를 받지 못했을까. 이에 대한 해답을 명확하게 내놓기는 어려운 일이다. 라 퐁텐도, 루이 14세도 이 문제에 대해서는 전혀 언급이 없다. 후세의 학자들만이 여러 의견을 말하고는 있지만 확실한 대답은 없다. 다만 추측만이 있을 뿐인데, 가장 그럴듯한 가정은 라 퐁텐이 루이 14세 친정 초기에 숙청당한 푸케의 총애를 받았다는 사실이다.

이미 언급한대로, 라 퐁텐의 첫 작품은 로마 시대 작가인 테렌티우스의 작품을 개작한 『환관』이라는 희극 작품으로 알려져 있지만, 그를 정식으로 문단에 처음 발을 들여 놓게 한 작품은 『아도니스』라는 시 작품이다. 라 퐁텐은 1658년 이 시를 필사본의 형태로 푸케에게 헌정하는데 푸케는 리슐리외 이후 가장 관대하고 강력한 문예후견인으로 인정받는 인물이었다. 『아도니스』는 푸케를 흡족하게 하였고 라 퐁텐은 단번에 당대 제일의 권력가의 측근으로 자리 잡는다. 나이가 상당히 든 상태에서 문단에 발을 들여 놓은 라 퐁텐. 첫 작품이 별다른 주목을 받지 못해 자신의 위치와 능력에 대하여 불안해하던 그에게 푸케의 존재는 하늘과도 같은 존재로 여겨졌다. 이후로 라 퐁텐은 몇 몇 작품을 푸케에게 헌정함으로써 푸케의 하사금을 받고, 당시 건축 중에 있던 보(Vaux)성이 완성될 때를 위한 작품을 푸케로부터 의뢰받는다. 비록 늦은 출발이었지만 그로서는 대단한 영광이 아닐 수 없었다.

1661년 푸케의 실각은 정치적으로도 엄청난 일이었지만 문단에도 커다란 변화를 몰고 온 사건이었다. 특히 푸케에게 모든 것을 의지하고 있던 라 퐁텐에게는 더 말할 나위 없는 충격이었다. 푸케의 궁에서 보낸 3년간은 그에게 지적인 풍요로움은 물론 경제적인 안정과 나아가서는 특혜 받은 작가라는 자부심을 부여한 시간이었다. 또한 푸케라는 거대한 나무에 기대어 나름대로 작가의 자유를 만끽하였으나 이제는 새로운 보호막을 찾아 떠나야 하는 처지가 되었다. 우연인지 라 퐁텐은 이 때 심한 병을 앓았고, 당시 많은 작가들도 심한 혼돈에 빠져 버린다. 어디에 가서 몸을 의탁해야 할 것인가. 푸케에 비견할 만한 후견인이 있을까? 있다면 아마도 두 사람이 있을 것이다. 하나는 푸케를 대신하여 새로운 권력으로 떠오르는 콜베르(Colbert)일 것이요, 또 다른 하나는 콜베르 위의 절대 군주인 루이 14세가 될 것이다. 작가들은 약간의 혼돈 기간을 거친 후 재빠른 행동을 취한다. 이 시기는 가히 푸케 이전과 이후라고도 말할 수 있을 정도로 문단에 급격한 변화를 초래한다. 라 퐁텐의 친구였던 퓌르티에르는 『메르퀴르의 여행(*Voyage de Mercure*)』에서 푸케를 비난한다. 그리고 그는 1663년, 일찌감치 아카데미 회원이 됨으로써 그의 선택이 옳았음을 증명한다. 쓰러져가는 푸케라는 나무에 이제 발길질 몇 대 하는 것은 대단히 쉬운 일이며 또한 너무도 현실적인 선택이다. 일단 푸케에게 등을 돌리는 것이 콜베르의 눈에 드는 것이며, 콜베르 역시 푸케 진영의 사람들을 모두 적으로 만들고는 싶지 않았다. 그는 푸케의 사람들을 국왕의 우산 아래 다시 거두어들이는 것이 최선의 방법임을 알고 있기에 웬만한 경우를 제외하고는 푸케 측근의 인물들을 받아들이고자 하였다. 이는 문학 권력이 푸케에서 콜베르 중심으로, 더 정확히 말하면 루이 14세로 재편되는 과정임을 뜻한다. 더욱 중요한 것은 문학 권력이 한 개인의 차원에서 국가 권력, 국가 이데올로기의 차원으로 넘어간다는 사실이다. 즉, 이는 루이 14세의 충실한 홍위병으로 문예보호자의 역할을 떠맡은 콜베르가 국가의 통합을 꾀하고 왕실의 권위와 국왕의 위엄을 드높이는 작업을 문학을 통하여 이루고자 함을 의미한다.

그러나 이처럼 대세가 뒤바뀐 상황에서 라 퐁텐이 선택한 길은 시대의 흐름과 전혀 반대되는 것이었다. 1662년 라 퐁텐은 『푸케에게 바치는 비가(*Elégie pour M. F.*)』에서 자신의 은인에 대한 한없는 동정을 표시하고 1662년 말, 혹은 1663년 초에 『국왕에게 바치는 오드(*Ode au Roi*)』를 짓는다. 이 오드에서 라 퐁텐은 푸케의 비참한 상황과 그의 운명을 좌지우지할 수 있는 루이 14세의 무한한 능력을 비교하면서, 국왕의 관대함이 얼마나 귀한 미덕인지를 일깨운다. 라 퐁텐의 의도는 이 시를 통하여 푸케의 억울함을 하소연함과 동시에 루이 14세의 마음을 움직이는 데 있다. 그렇다고 라 퐁텐은 이 시가 곧바로 국왕에게 전달되는 것을 기대하지는 않았을 것이다. 오히려 시인은 당시의 여론에 호소하여 푸케를 변호하는 분위기를 만들고자 하는 바람이 있었을 것이다.

몰락한 자신의 후견인을 위하여 이런 글을 쓴다는 것은 당시 상황으로 보아서 대단히 담대한 일이 아닐 수 없다. 그런데 라 퐁텐에게는 이러한 호기로움과는 완전히 반대되는 행동도 동시에 존재한다는 점이 주목할 만하다. 푸케의 실각 이후 얼마 안 되어 라 퐁텐은 귀족을 사칭하여 세금을 덜 낸 죄로 상당한 금액의 벌금을 물게 된다. 라 퐁텐은 급한 나머지 당시 자신의 고향인 샤토 티에리의 영주이던 부이옹 공(Le Duc de Bouillon)에게 탄원 편지를 쓴다. 그런데 이 편지에서 라 퐁텐은 무엇보다 콜베르의 마음을 움직이는 것이 필요하다고 보고 이를 부이옹 공에게 부탁한다. 라 퐁텐은 편지에서 콜베르를 칭송하고 있을 뿐 아니라, 그 속 내용은 예전 정부를 비난하고 있는데 이는 곧 푸케를 깎아내리는 것으로 해석될 수 있다. 푸케를 변호하던 그가 자신의 직접적인 이해관계가 걸린 문제에서는 갑자기 태도를 바꾸는 것은 어떻게 해석해야 하는가. 우리가 여기서 라 퐁텐의 이런 이중적인 태도를 무어라고 한 마디로 규정하기는 힘들 듯 싶다. 단지 삶의 한 과정이요, 하나의 본능적인 처세술로 생각해두자. 사실 크게 보아 라 퐁텐이 부이옹 공에게 보낸 이 편지가 그의 삶에서나 작품 생활에서 그다지 큰 비중을 차지하는 것은 아니기 때문이다. 굳이 우리가 의미를 찾자면 이러한 이중적인 모습이 그의 작품 특히 우화 전편에도 곳곳에 숨겨져 있고, 또한 이것이 바로 인간사의 모습이라는 사실이다.

지금 우리에게 중요한 것은 몰락한 푸케를 변호하고 있는 라 퐁텐이 당시의 권력과 반대편에 서 있다는 점이다. 라 퐁텐의 이러한 대담함은 어디서 나오는 것일까. 그가 어떤 정치적인 신념을 가진 것일까. 당시의 권력 횡포에 대한 반발일까. 그러나 이는 우리가 알고 있는 그의 평소의 모습과는 거리가 멀다. 흔히 좋은 말로 호인이라고 불리는 라 퐁텐, 때로는 속물이라고 여겨질 정도의 그의 한량 기질, 대체 무엇이 그로 하여금 이토록 푸케에 집착하게 하였을까. 라 퐁텐이 푸케를 변호하는 행동은 위험하기 짝이 없는 일이다. 실제로 푸케의 최측근이었던 펠리쏭(Pellisson)은 유배를 가야했으며, 라 퐁텐 자신도 그의 삼촌인 쟈나르(Jannart)가 리모쥬로 유배를 갈 때 자의든 타의든 동행한 것은 일종의 유배로 볼 수도 있다. 그렇다면 대체 무엇 때문에 라 퐁텐은 이러한 위험한 선택을 한 것일까. 그에게 무슨 정치적 신념이 있는 것일까? 당시 권력의 횡포에 대한 저항이었을까? 이에 대한 해답은 명쾌하게 내릴 수는 없지만 아마도 자신의 모든 것을 돌보아준 은인에 대한 의리가 아니었을까. 그가 적어도 영악한 사람이 아니었기에 이토록 담대할 수 있었지 않았을까. 물론 상황을 제대로 파악하지 못하는 그의 어리석음을 탓할 수 있다. 그의 처신의 약삭빠르지 못함을 지적할 수도 있다. 이는 그만큼 라 퐁텐이 단순한 성격의 소유자임을 말해주는 것이다. 아니면 자신의 기반을 완전히 박탈당한 좌절감, 그것을 다시 회복할 수 있지 않을까 하는 실낱같은 희망에서 나온 일종의 몸부림일지도 모르는 일이다.

라 퐁텐의 성격이 어떠하든, 그가 푸케의 편에 서서 자신의 목소리를 낸다는 사실은 당시 정치 상황으로 보아 대단히 위험한 일이었기에 많은 연구가들이 라 퐁텐이 노골적으로 자신의 생각을 표현하기보다는 그의 작품, 특히 우화에 당시의 정치 상황을 은밀하게 담고 있으리라는 추측을 한다. 예를 들면 라 퐁텐이 죽은 후 발표된 우화 「여우와 다람쥐」가 그러하다. 하늘의 노여움인 폭풍우 속에서 떨고 있는 다람쥐와 이를 비아냥대는 여우. 그러나 하늘의 분노는 오래가지 않는다. 곧 맑은 날이 도래하고 이제 오히려 여우가 곤경에 처한다. 날이 개자 사냥꾼들은 여우

사냥을 나선다. 여우는 도망치다 곧 잡혀서 비참한 최후를 맞이한다. 다람쥐는 자신의 불행을 통하여 교훈을 얻었기에 여우의 불행을 보고도 즐거워하지 않는다. 라 퐁텐은 이 우화에서 다람쥐와 여우가 누구를 가리키는지, 이 우화가 궁극적으로 무엇을 말하는지 텍스트 어디에서고 언급하지 않는다. 단지 어려운 상황에 있는 사람을 비웃지 말라는 일반적인 교훈을 우화 첫 머리에서 말하고 있을 뿐이다. 그러나 사람들은 이 우화에서 다람쥐를 푸케로, 여우를 콜베르로, 하늘의 노여움인 폭풍우를 루이 14세의 분노로 해석하는 데 주저하지 않는다. 이 해석에 따르면 이 우화는 비록 푸케가 형을 언도 받았을지언정 그가 언젠가는 풀려날 것이며 나아가 그를 모함한 콜베르가 죄 값을 받으리라는 푸케 진영의 희망을 담고 있다는 것이다. "하늘의 분노가 다람쥐를 용서할 때, 더 이상 천둥 번개를 내치지 않으리." 라는 구절은 푸케의 누명이 벗겨지는 것을 강하게 암시한다고 한다. 실제로 콜베르는 1667년과 1671년에 정치적 실각의 어려움을 겪게 된다. 우리는 이 우화가 라 퐁텐의 생전에 정식으로 인쇄되지 못하고 불법으로 나돌아 다닌 이유를 충분히 이해할 수 있다.

같은 맥락에서 야진스키 같은 학자는 라 퐁텐의 첫 번째『우화시집』전체를 푸케 사건과 관련한 정치적 알레고리로 재해석한다. 그의 가히 획기적인 이 해석을 어떤 이의제기 없이 그대로 받아들이기는 어렵지만 그렇다고 완전히 무시할 수 없는 것도 사실이다. 확실한 것은 푸케의 보호와 그의 실각이 라 퐁텐의 삶과 문학 활동에 엄청난 영향을 끼쳤다는 사실이며, 게다가 우리가 위에서 언급한대로 라 퐁텐이 의리와 보은의 형태로 푸케를 변호한 글을 쓴 것인지, 생존의 한 방편으로 글을 쓴 것인지 그

동기는 차치하고라도 이미 그의 글은 정치적인 의미를 담고 있다는 것이다.

라 퐁텐이 푸케의 진영에 고집스럽고 어리석을 정도로 머물러 있은 것은 그의 의도와는 상관없이 정치적인 행위가 되는 것이고, 이는 그의 삶이 다른 작가들과는 남다를 수밖에 없다는 것을 뜻하기도 한다. 결론적으로 말한다면 라 퐁텐이 평생 국왕의 연금 명단에 이름을 올리지 못하는 데는 여러 이유가 있겠지만 아마도 푸케 사건이 가장 큰 이유라는 가설은 상당한 설득력이 있으리라 생각된다. 물론 여기에 루이 14세가 다른 장르에 비래 우화에 큰 관심을 갖지 않았을 것이라는 추론도 덧붙일 수 있다.

한 순간에 변방으로 밀려난 라 퐁텐. 아무리 그가 푸케에게 충성을 다 바친다 해도 시간의 흐름과 더불어 이는 퇴색할 수밖에 없고 무엇보다 그도 작가로서 살아가기 위해서는 현실을 인정해야하고, 권력의 속성을 이해하고 이에 순응해야 함을 깨닫는다. 그의 『우화시집』이 인생의 처세술을 말하고 있는 것처럼 그의 글쓰기 행위도 사뭇 세련됨을 갖춘다. 그러나 이 세련됨이라는 것은 상호 모순과 이중성, 애매함, 이러한 것들로 채워진다. 바로 이것이야말로 가슴에 품은 말은 밖으로 내뱉되 드러나게 하지 않는 고도의 생존술이며 정밀한 정치적 글쓰기가 된다.

약 30년간에 걸쳐 이루어진 라 퐁텐의 『우화시집』이 누구에게 바쳐진 것인가만 보아도 라 퐁텐의 글쓰기가 얼마나 현실적으로 변모하고 있는지를 알 수 있다. 1668년에 발간된 첫 번째 『우화시집』은 당시의 왕세자에게 헌정된 것이다. 라 퐁텐에게 대중적인 인기를 가져다주었지만 통속적이고 저속하다고까지 평가되어 검열의 대상이 되기까지 한 콩트집에는 어떤 권세가나 유력인사에 대한 헌사가 없는 반면, 이 『우화시집』이 어린 왕세자에게 바쳐진 것은 한번쯤 음미해 볼 만한 일이다. 여기에는 우화라는 장르가 지닌 속성을 한껏 이용하여 왕실에 추파를 던지고자 하는 작가의 의도가 담겨 있다. 즉, 라 퐁텐은 우화에는 그리스의 현자인 아이소포스라는 고대인의 권위가 실려 있다는 사실과 우화에는 진리를 재미있고 효과적으로 전달할 수 있다는 교육적인 측면이 있음을 충분히 고려한 것이다. 바로 이러한 우화를 어린 왕자에게 바친다는 것은 얼마나 적절하고 품위 있는 행위인가. 라 퐁텐에게는 이러한 자신의 성의를 국왕이 한번쯤 알아주었으면 하는 바람이 틀림없이 있었을 것이다. 확실하지는 않지만 이러한 노력으로 루이 14세를 알현하는 기회도 얻었고 일회성이긴 하지만 금전적인 보상을 받았다고 한다. 그러나 국왕은 라 퐁텐에게 더 이상의 관심을 갖지 않는다. 우화라는 장르 자체에 대한 무관심일까 아니면 라 퐁텐 개인에 대한 호감이 없기 때문일까. 우리는 이것이 무엇보다 푸케 사건에서 보여 준 라 퐁텐의 태도에 상당 부분 기인한 것이라는 추론을 내린 바 있다.[74]

라 퐁텐은 두 번째 『우화시집』을 몽테스팡 부인에게 바친다. 확실한 것은 아니지만 라 퐁텐이 부인을 알게 된 것은 대략 1666년 정도라고 하는데 이때는 아직 루이 14세의 관심이 라 발리에르 (Louise de La Vallière)에게 쏠려 있을 때였다. 그러나 루이

74) 소리아노(Marc Soriano)는 17세기에 우화와 콩트가 정치권력에 의해 별로 평가 받지 못한 것을 "이 장르들은 모든 것을 말할 수 있는가 하면, 말하지 않고도 말할 수 있는 장르이기 때문"이라는 흥미 있는 해석을 한다.

14세의 몽테스팡 부인에 대한 사랑은 점점 깊어져서 1673년부터 부인의 자식들은 적자로 인정받기 시작하였고 라 퐁텐의 두 번째 『우화시집』이 나올 때쯤은 그 총애가 절정에 달하였다.[75] 이제 루이 14세의 화려한 궁정 문화가 몽테스팡 부인을 정점으로 펼쳐진다는 것은 자명한 일이다. 라 퐁텐은 다시금 절대 권력자의 최측근을 향해 추파를 던진다. 그러나 헌정 받는 사람이 어린 왕자가 아니라 궁정 문화를 주도하는 귀부인인 만큼 작품의 성격이 바뀌는 것은 당연한 일이다. 라 퐁텐은 아이소포스의 후계자가 아니라 우화의 혁명가로서 우화를 완전 탈바꿈시킨다. 이 새로움은 궁정의 기호를 맞추는 것이다. 부드러움과 재치로 대변되는 궁정 귀부인들의 취향과 분위기를 시인은 대변한다. 우화는 더 이상 어린아이들을 위한 것이 아니다.

라 퐁텐의 『우화시집』에는 당시 권력층에 대한 찬사가 실려 있다. 두 번째 『우화시집』을 몽테스팡 부인에 대한 헌사로 시작한다면, 두 번째 『우화시집』의 마지막 권인 11권째의 두 번째 우화는 루이 14세와 몽테스팡 부인 사이에서 태어난 멘 공작(Le Duc du Maine)에게 바친 작품이다. 시인은 우화의 첫머리를 주피터 신에게 아들이 있다는 사실로 시작함으로써 노골적으로 왕실에 몸을 굽힌다. 또한 이 두 번째 『우화시집』의 문을 닫는 에필로그에서는 유럽을 지배하는 루이 14세의 전능함을 찬송한다.

라 퐁텐은 루이 14세의 또 다른 애첩인 퐁탕쥬 부인(Mme de Fontanges)을 통하여 루이 14세의 비위를 맞추는가 하면, 왕실의

75) 그러나 이 시기에 이미 몽테스팡 부인은 새로운 경쟁자 멩트농 부인(Mme de Maintenon)과 힘겨운 싸움을 해야만 했다.

결혼을 찬양하면서 루이 14세의 환심을 사고자 하기도 한다. 그 외에도 방돔 가문, 콩티 가문 등 루이 14세의 주변을 통하여 끊임없이 권력의 주위를 맴돈다. 뿐만 아니다. 흔히 라 퐁텐을 평화를 사랑하는 시인으로 말하기도 하지만, 시인은 가끔씩 돌연 태도를 바꾸어서 루이 14세의 침략전쟁을 옹호하기도 한다. 특히 당시 루이 14세가 눈에 가시와도 같이 여기던 네덜란드와 전쟁을 벌일 때 라 퐁텐은 맹목적일 정도로 루이 14세의 위대함을 칭송한다.[76]

물론 이러한 국왕 찬양이 라 퐁텐에게만 해당되는 것이라고는 볼 수 없다. 이는 당시 많은 작가들의 관례이기도 했고, 절대왕정 시대의 전형적인 문학 행태라고 보는 것이 오히려 합당할 것이다. 자신의 글로써 생활을 영위할 수 없었던 라 퐁텐 역시 정치권력이 설치해놓은 문학 시스템에 맞추어 움직이지 않을 수 없다는 점을 인정해야 한다.

그러나 이미 언급한대로 라 퐁텐의 이런 노력에도 불구하고 라 퐁텐은 국왕의 환심을 사지 못한다. 좀 더 노골적으로 말하자면 라 퐁텐은 국왕의 눈 밖에 나 있었을 가능성이 훨씬 많다. 일례를 들자면 1683년 콜베르가 죽고 아카데미 프랑세즈에 결원이 생겼을 때, 라 퐁텐은 부알로와 경합을 벌여야만 했다. 사람 좋고 적이 많지 않았던 라 퐁텐은 회원들의 투표에서는 무난히 자격을 얻을 수 있었다. 반면 완고하고 타협할 줄 모르는 부알로는 적이 많은지라 라 퐁텐에게 자리를 내어 줄 수밖에 없었다. 그러나 루이 14세는 회원들의 결정에 묵묵부답으로 응하였고,

76) 이 점에 대해서는 뒤에 나오는 '라 퐁텐의 두 얼굴'에서 자세히 다룰 것이다.

국왕의 눈치를 보던 아카데미는 부알로를 먼저 입회시키고, 라 퐁텐은 일 년 후 아카데미에 들어갈 수 있었다. 이 유예기간 동안 라 퐁텐은 루이 14세의 비위를 맞추기 위하여 발라드도 적어 바쳐야했고 루이 14세 주위 인물들의 환심을 사기 위한 노력을 해야만 했다.

그런데 참으로 흥미로운 것은, 라 퐁텐의 우화에는 이렇듯 권력의 비위를 맞추는 작품이 있는가 하면 권력을 비웃고, 흠집을 내는 작품이 훨씬 많다는 사실이다. 이미 살펴 본대로 「병든 사자와 여우」, 「페스트에 걸린 동물들」, 「사자의 궁정」, 「사자, 늑대, 그리고 여우」, 「암사자의 장례식」등 궁정을 배경으로 하는 일련의 우화를 통하여 라 퐁텐은 권력의 잔인함, 그 속에서 살아가야하는 궁정 사람들의 상호비방과 비굴함을 통렬하게 풍자한다.

라 퐁텐의 우화는 그 다양함만큼이나 모순으로 가득 차 있다. 한편으론 권력의 눈치를 보면서도 한편으론 권력을 비웃는 그의 작품은 어쩌면 그의 삶을 나타내는지도 모른다. 뒤늦게 문단에 들어와서 단번에 당대 제일의 문예 권력자의 눈에 들었던 라 퐁텐. 그러나 영광도 잠시뿐, 문학 권력의 중심에서 밀려난 그는 그 주위를 맴돌며 재진입을 시도하지만 끝내 절대 권력자의 눈에 들지 못한다. 그가 이 후견자, 저 후견자를 전전할 수밖에 없었던 것은 그가 떠도는 자유인이어서가 아니라 떠돌 수밖에 없는 자유인임을 뜻하는 것은 아닐까. 라 퐁텐은 결코 고매한 인격의 소유자가 아니다. 물질과 명예로부터 초연한 사람이 아니다. 한때 그의 동료이기도 했던 퀴르티에르의 증언에 따르자면, 그는 아카데미에 들어가고자 7년 동안이나 애를 쓴 사람이다. 모순되게도 궁정의 어두움과 추잡함, 권력의 잔혹함과 비열함을 가장 잘 드러내는 그의 두 번째 『우화시집』은 오히려 바로 이 궁정사회로 진입하고픈 작가의 노력이 애달프게 담겨져 있는 작품이다. 위에서 말한 대로 몽테스팡 부인과 그의 아들 멘 공작에 대한 찬양은 이를 증명한다. 우화를 통해 삶의 처세술을 설파하는 라 퐁텐이지만 정작 그의 삶은 지혜롭지 못한 듯 보인다. 그렇다고 그가 지혜롭지 못하다고 탓할 수는 없다. 그의 모순과 방황은 그가 처한 정치 상황을 보면 이해가 가기 때문이다. 다만 그러한 라 퐁텐의 초상화를 씁쓸하게 바라 볼 뿐이다.

7-4. 당당한 아부?

라 퐁텐의 작가로서의 꿈은 푸케라는 든든한 후견인을 만난 순간 거의 이루어진 것처럼 보였다. 푸케 시절에 쓴 작품들이야말로 자신의 취향과 재능에 십분 부합하는 것이었기 때문이다. 푸케에게 처음으로 헌정된 『아도나스』를 필두로 재치 있고 화려하고 부드러운, 한 마디로 궁정의 귀부인들의 취향에 맞는 작품이야말로 라 퐁텐 초기 문학의 정수를 이룬다. 그는 필경 부아튀르를 잇는 살롱 문학 혹은 사교계 문학의 총아가 될 준비를 하고 있었던 것이다. 당연히 그의 문학에서 남녀 간의 사랑은 주된 이야깃거리로 등장한다. 화려했던 보(Vaux)성에서의 푸케가 그러하듯, 라 퐁텐 역시 궁정 작가로서의 야심찬 꿈을 품는다. 그러나 푸케의 세도가 보성에서의 화려한 축제를 마지막으로 하루아침에 무너지듯, 라 퐁텐의 꿈도 일장춘몽이 된다. 마치 보성의 화려함을 기리기 위하여 푸케가 시인에게 명한 『보에서의 꿈』이 미완성으로 끝나듯, 라 퐁텐의 꿈은 그렇게 날개를 꺾이고 만다.

달콤하고, 오묘하며, 때로는 잔인하기도 한 사랑의 유희를 라 퐁텐은 못 잊는지, 첫 번째 『우화시집』의 에필로그에서 다시금 사랑의 이야기로 돌아갈 것을 다짐하고 이 약속을 지키듯 곧 『프시케와 큐피드의 사랑』을 세상에 내놓는다.

그러나 라 퐁텐은 두 번째 『우화시집』에서 어둡고도 잔인한 현실의 세계로 들어간다. 여기에는 그가 겪어야 했던 현실의 냉혹함이 물씬 묻어난다. 작가로서 출세하기 위해서는 필연적으로 절대 권력자의 눈에 들어야했지만 라 퐁텐에게는 대체 그 성공의 문이 열리지 않는다. 푸케의 그림자가 방해를 놓는 것일까. 라 퐁텐은 현실의 거대한 벽 앞에서 깊은 절망감을 느낀다. 그의 우화에 담겨 있는 다양하고도 모순되기까지 한 여러 모습은 바로 그가 현실에서 느끼는 이러한 좌절과 분노가 적절히 혼합되어 나타내는 것이리라.

이제 라 퐁텐도 나이가 들어간다. 그는 세월의 흐름에 따라 현실을 받아들이고, 거기에서 한 발 물러서서 관조의 세계로 접어든다. 라 퐁텐은 죽기 2년 전인 1693년에 흔히 사람들이 시인의 내면일기라고 평하는 그의 마지막 『우화시집』을 펴낸다. 내면일기라는 것이 이 『우화시집』의 다양함을 간과한, 너무 단순한 판단이기도 하지만 나름대로 라 퐁텐 말년 작품의 중요한 한 단면을 보여주는 의미도 있다. 이 『우화시집』은 루이 14세의 손자인 당시 12살 된 부르고뉴 공에게 헌정된 것인데 얼핏 이것만 보면 1668년 라 퐁텐이 어린 왕세자에게 헌정한 첫 번째 『우화시집』으로 되돌아가지 않았나 하는 생각이 들기도 한다. 특히 이 시집에 실려 있는 총 29개의 우화 중에는 부르고뉴 공에게 바친 두 편의 우화와 부르고뉴 공의 요청으로 지은 우화 한 편이 포함되어 있어서 라 퐁텐이 왕실에 대하여 의미 있는 메시지를 보내고 있다는 해석도 가능하다. 그러나 이 『우화시집』에서는 첫 번째 『우화시집』에서 보는 것과 같은 왕실에 대한 아부와 추파는 그다지 많이 느껴지지 않는다. 세속적인 욕망과 추잡한 궁정 사회로부터 한 걸음 물러서서 자신의 삶을 돌이켜 보는 노년의 라 퐁텐에게 이 어린 왕자는 마치 오랜 친구와도 같은 존재였을까. 첫 번째 『우화시집』의 왕세자는 사실 우화에 무관심했었고, 라 퐁텐의 우화 자체도 알려지지 않은 상태였다. 여기에는 이미 살펴본 대로 라 퐁텐이 자신의 존재를 왕에게 알리고 왕실로 가까이 가고픈 욕망이 교묘하게 작동하고 있었음이 분명하다. 그러나 마지막 『우화시집』의 경우, 헌정을 받는 어린 왕자는 우화를 좋아했고 라 퐁텐의 존재를 익히 알고 있는 상태였다. 한 동안 우화에서 손을 놓았던 라 퐁텐에게 우화의 길을 다시 한 번 가도록 한 것이 바로 이 부르고뉴 공이라는 것도 전혀 근거 없는 말은 아니다. 이 마지막 『우화시집』은 어린 왕자와 노년의 작가가 서로의 마음을 공유하는 공간 역할을 한다. 물론 이 두 사람의 다리를 놓아주는 존재는 따로 있다. 이는 바로 부르고뉴 공의 개인 교사인 페늘롱(Fénelon)이다. 라 퐁텐을 좋아했고, 그의 우화를 높이 평가 했던 페늘롱은 어린 제자에게 우화를 통하여 언어 교육과 왕자 교육을 시켰으며 라 퐁텐의 우화는 때로 교재가 되기도 하였다. 결국 라 퐁텐은 페늘롱과 더불어 어린 왕자의 교육에 함께 참여하고 있는 셈이다. 정치적이거나 그 외의 다른 의도를 완전 배제할 수는 없지만, 라 퐁텐의 우화에 대한, 문학에 대한 가장 순수한 마음을 발견하는 것은 바로 이 때문이다.

게다가 이 『우화시집』의 마지막을 장식하는 작품인 「판사, 자선 수도사, 은둔자」를 보면 노년의 라 퐁텐이 지향하는 것이 과연 무엇인지 잘 알 수 있다. 진정한 삶의 가치와 진리가 무엇인지를 찾는 판사와 수도사에게 은둔자는 이렇게 말한다.

> 자신을 안다는 것,
> 이는 신이 인간에게 부과한 가장 소중한 임무이다.

라 퐁텐이 이 교훈에 부여하는 중요성은 각별하다. 이 교훈이 자신의 『우화시집』의 마지막에 위치하고 있음을 명백히 함으로써 이것이 자신이 말하고자 하는 궁극적인 진리임을 설파한다. 뿐만 아니라 이 진리가 현 시대를 넘어서 다가올 세기에도 유용함을 역설함으로써 이것이 얼마나 중요하고 항구불변의 진리임을 밝힌다. 이 진리는 단지 개인 차원에만 머무르는 것은 아니다. 국왕, 장관, 법관 등 이 사회를 움직이는 모든 사람들에게 이 진리는 더욱 더 중요하게 메아리친다.

라 퐁텐은 노년기에 들어서 권력이라는 구속에서 한결 홀가분함을 느낀다. 지나 온 삶을 생각하며, 이제 무언가 자신을 찾고 작가 본연의 모습으로 돌아가려는 차분하고 의미 있는 모습을 보인다. 이제 우리는 라 퐁텐의 우화 몇 편을 살펴보기로 한다. 이 모순덩어리의, 그리고 뚜렷한 자기 정체성을 보여주지 못하고 힘 있는 자에게 기대어 글을 쓸 수밖에 없었던 작가 라 퐁텐. 그렇다면 그의 작품에 이러한 작가의 모습이 어떻게 투영되어 있는 것일까. 흥미롭게도 그는 무척이나 세련되게 작가로서의 자존심에 대하여 이야기하고 있다. 그것도 이미 그의 첫 번째 『우화시집』에서 말이다.

「늑대와 개(I-5)」의 우화에서 먹을 것이 없어 뼈만 앙상하게 남은 늑대는 우연히 혈색 좋은 개를 만난다. 부러움에 가득 찬 목소리로 늑대는 어떻게 하면 당신처럼 배부른 삶을 살 수 있냐고 묻는다. 개는 그건 정말 간단한 일이라고 대답한다. 집주인에게 아부하고, 그를 기쁘게 해주면 그만이지. 그러면 먹을 것은 물론, 사랑스럽게 쓰다듬어 주기까지 하는데 세상에 이렇게 간단한 일이 또 있을까. 늑대는 귀가 솔깃한다. 그런데 이 개의 목에 있는 끈은 무엇일까. 늑대는 그 끈이 개의 행동을 제약하는 끈이라는 것을 알고는 고개를 절레절레 흔들고 가 버린다. 늑대에게는 먹을 것보다 자유가 더 소중하다. 이 우화가 권력자와 작가의 관계를 말한다면 너무 앞서 나간 것일까? 그럴 수도 있다. 시인은 일상적인 자유의 의미를 말하고 있는 지도 모른다. 그러나 여하튼 그 자유는 시인이 꿈꾸는 자유이다.

이제 이 자유는「신들의 보호를 받는 시모니데스 (I-14)」라는 우화에서 예술가의 창작 행위의 자유라는 구체적인 의미를 획득한다. 아니, 시인은 이제 자유의 의미를 넘어서 글쓰기의 존엄성을 노래한다. 시모니데스는 한 운동선수로부터 돈을 받고 자신의 위대함을 글로 표현해달라는 부탁을 받는다. 그러나 이 운동선수는 대체 자랑할 것이 별로 없는 인물인지라 시모니데스는 자기의 작품이 너무도 재미없고 무미건조하다고 생각한다. 그는 운동선수에 대하여 할 말을 다하고는 이야기를 바꾸어서 카스토르와 폴리데우케스 형제의 용맹함을 찬양한다. 그러다보니 이 형제 신들이 차지하는 분량이 전체의 삼분의 이가 되었다. 그러자 운동선수는 발끈하여 약속한 돈의 삼분의 일만 주면서 나머지는 그 신들에게서 받으라고 빈정댄다. 돈 주는 사람의 처분만 바라고 있어야하는 시모니데스는 아무런 대꾸도 할 수 없고, 게다가 그 운동선수가 초대하는 저녁에도 아무 불평 없이 참석하는 수밖에 없었다. 그나마 약간의 돈이라도 받아야 되고, 고객을 잃어버리면 안 되기 때문이다. 바로 이것이 작가의 운명이다.

그런데 파티가 열리는 동안 그 집의 하인이 시모니데스에게 와서 바깥에 두 명의 사람이 찾아와서는 시모니데스를 보고 싶어 한다는 말을 전한다. 그 둘은 다름 아닌 시모니데스가 찬양한 두 명의 신들이었다. 신들은 시모니데스에게 빨리 이 집에서 피할 것을 명한다. 이 집은 신을 모독한 죄로 곧 무너질 것이라는 경고를 한다. 시모니데스는 황급히 몸을 피하고 신을 비웃은 운동선수와 그 집의 손님들은 모두 재난을 당한다.

이제 라 퐁텐은 노래한다. 신을 찬양하는 것은 아무리 지나쳐도 과한 것이 아니라고. 여기에는 신과 같은 범주에 속하는 왕도 포함된다. 시인이 신을 찬양하는 것은, 그리고 국왕을 찬양하는 것은 너무나 당연하며 또한 그 대가를 받는 것 역시 조금도 자존심을 상하는 것이 아니다. 시인의 노력에 대가를 지불하는 것은 너무도 당연한 일이다. 국왕과 같은 위대한 인물들이 시인에게 은혜를 베풀 때 그들은 비로소 위대하다고 칭송 받는 것이다. 라 퐁텐은 이렇게 우화의 끝을 맺는다.

> 예전에 올림포스와 파르나스는
>
> 형제였고, 좋은 친구였느니라.

올림포스는 신의 세계를 뜻하고 파르나스는 시의 세계를 뜻한다. 이 둘이 형제였고 좋은 친구였다는 것은 신과 시인이 어떤 종속관계나 수직관계가 아니라 수평관계임을 뜻한다. 시인이 신과 같은 반열에 오르다니, 이 얼마나 호기로운 시인의 기상인가. 그러니 시인이 글을 쓰고 그 대가를 받는 것은 너무도 당당한 일이 아닐 수 없다. 그런데 위 인용문의 시제는 과거이다. 그렇다면 지금은 어떻다는 말인가. 라 퐁텐은 여기에 대해서는 아무 말이 없다. 단지 과거에 그랬다는 말만 굳이 할 뿐이다. 왜 현재에 대해서는 말을 하지 않는 것일까.

재미있는 것은 라 퐁텐은 이 우화에서 신과 왕을 동격으로 놓을 뿐 아니라 여기에 귀부인도 포함시키고 있다는 점이다. 라 퐁텐은 이 우화를 "우리는 신과 귀부인, 그리고 왕을 아무리 칭송해도 지나치지 않는다."[77]라는 말로 시작한다. 그런데 정작 우화 내용을 보면 왕도 그렇거니와 귀부인은 전혀 언급 없다. 그렇다면 왜 라 퐁텐이 우화 서두에 귀부인과 왕을 신과 동격에 놓고 이들을 칭송하는 것일까. 그 이유는 명확하다. 여기서 귀부인과 왕의 공통점이 있다면 이들은 모두 문예 후견인으로서 중요한 역할을 담당하기 때문이다. 신화 속에서 시모니데스가 자신의 예술 활동의 대가로 신의 보호를 받는다면, 현실 속에서 라 퐁텐과 같은 문학 창작가는 귀부인이나 왕의 보호를 받는 것이기에 귀부인과 왕을 아무리 높게 떠받들어도 지나치지 않은 법이다. 게다가 귀부인은 라 퐁텐에게 절대적인 후원자라고 할 수 있다.

---

77) 원문은 다음과 같다. "On ne peut trop louer trois sortes personnes / Les Dieux, sa maîtresse, et son Roi." 여기서 우리는 maîtresse를 귀부인으로 번역했는데 원래 이 단어는 '안주인', 또는 '여선생님' 혹은 '애인'이나 '정부(情婦)'를 의미한다. 그럼에도 불구하고 굳이 귀부인으로 옮긴 것은 재정적으로 작가를 도와주는 '여자 후견인'이라는 의미를 담고자 함이다.

어쩌면 라 퐁텐이 귀부인을 왕보다 앞선 위치, 즉 신 다음으로 언급하는 것은 당연한 일이다. 라 퐁텐은 우화의 서두를 후원자에 대한 최대한의 칭송으로 시작함으로써 이 우화를 후원자에게 바치는 일종의 헌사로 만든다.

그런데 어떻게 보면 라 퐁텐의 이러한 글쓰기는 아부에 속할 수도 있다. 그러나 이 정도면 '당당한 아부'이다. 라 퐁텐은 시인으로서의 자신도 드높이고, 후원자도 높임으로써 두 관계의 상생을 도모하기 때문이다. 적어도 교언영색(巧言令色)으로 까마귀의 치즈를 앗아가는 여우의 속된 아부와는 차원이 다르다. 작가로서 항상 후견인을 생각하지 않을 수 없는 현실의 벽이 존재하는 것을 부정할 수 없지만, 라 퐁텐은 시모니데스의 이야기를 통하여 시인으로서의 자부심을 잃지 않으려는 의연함을 한껏 내보인다.

JEAN DE LA FONTAINE

IV

라 퐁텐의 두 얼굴

IV. 라 퐁텐의 두 얼굴

인간과 사회에 대한 예리한 통찰과 날카로운 비판으로 가득 차 있는 라 퐁텐의 우화. 인간의 본성은 어떠한 것인지, 그의 우화는 인간 심리에 대한 해부도이며 동시에 현실 세계에 대한 생생한 풍속도이다. 그런데 그의 우화를 다 읽고 나면 어디 한구석에 그의 날카로움이 무뎌져 있고 통찰력이 빠져 있음을 느낀다. 그것은 다름 아닌 그가 당시의 프랑스가 처해 있는 상황을 보는 시각이다. 유럽의 강대국으로 군림하던 당시의 프랑스. 루이14세의 정복욕으로 프랑스는 이웃 국가와 전쟁과 충돌을 반복한다. 과연 여기에서도 라 퐁텐은 특유의 비판 정신을 발휘하고 있는 것일까? 과연 그는 객관적으로 상황을 보는 것일까? 유감스럽게도 그는 무엇보다 프랑스의 영광을 먼저 생각하는 듯이 보인다. 그러다 보니 그가 추구해오던 냉철함과는 거리가 먼, 노골적으로 말해 모순되게 보이는 또 하나의 새로운 글쓰기가 발견된다.

1. 평화주의자 라 퐁텐

라 퐁텐은 결코 현실을 미화하지 않는다. 그는 인간의 본성에 회의를 품고 있고, 세상을 보는 시선 역시 어둡다. 그가 말하고자 하는 것은 인간의 허위·탐욕·교활함 등이다. 그 중에서도 그는 세상이 얼마나 약육강식의 법칙 아래 움직이고 있는지를 끊임없이 읊조린다. 강자는 자신의 힘을 믿고 약한 자에게 폭력을 마음대로 행사하고, 약자는 그저 당할 수밖에 없는 현실 세계의 우울한 모습이 펼쳐진다.

그런데 이 강자의 논리는 개인과 개인 관계에서만 볼 수 있는 것이 아니다. 국가와 국가 간에도 마찬가지이다. 라 퐁텐은 다른 국가를 힘으로 억누르고 침략하는 인간의 야만적 역사를 돌이켜본다. 우화 「다뉴브 강의 농부(XI-7)」에서 그는 로마 시대를 회상하는데 로마의 영광을 말하기보다는 제국주의, 식민주의, 그리고 폭력을 언급한다. 다뉴브 강가의 한 농부는 로마의 침량이 곳곳을 멍들게 하고 있던 당시, 시의원 자격으로 로마인들에게 일장 연설을 한다.

> 로마인이여 두려워할지니, 언젠가 하늘이
>
> 당신들에게 눈물과 비통함을 안겨 주리니.

과연 로마인들이 무슨 권리로 남의 나라를 침범하는지 그는 묻는다. 로마인의 침략이 있기 전까지 평화를 사랑하고 예술과 농경을 업으로 삼던 사람들이 왜 노예로 전락했는지, 라 퐁텐은 한 농부의 입을 통해서, 찬란한 로마의 제도와 문화가 결국은 남을 짓밟고 이루어진 침략 문화일 뿐이라고 꾸짖는다. 당시의 많은 작가들과 마찬가지로 라 퐁텐 역시 고대인(그리스·로마인)의 우월함을 인정하지만 여기서의 그의 모습은 전혀 딴판이다. 그것은 아마도 이 우화에서 작가가 말하고 싶은 것이 인간의 탐욕과 폭력, 그리고 침략 전쟁에 대한 고발이기 때문일 것이다.

침략 전쟁의 모습은 굳이 역사를 거슬러 올라갈 필요도 없다. 동시대의 현실에서도 시인은 정복욕으로 얼룩진 역사의 현장을 발견한다. 무대는 트란실바니아 지방인데, 이 지역을 차지하고자 다투는 여러 나라들의 각축전이 라 퐁텐의 「도둑들과 당나귀(I-13)」에 묘사되어 있다. 무척 짧은 우화인데, 먼저 6행에 걸쳐 시인은 우화의 기본 줄거리를 요약한다.

> 약탈해온 당나귀 한 마리를 놓고 두 도둑이 싸우고 있었네.
> 한 도둑은 이를 그냥 갖자고 하였고, 다른 도둑은 팔자고 하였네.
> 주먹이 서로 왔다 갔다 하고
> 둘은 싸우는데 여념이 없는데
> 제3의 도둑이 와서는
> 알리보롱(Aliboron)[1] 선생을 가져가버렸네.

1) 원래는 유식한 사람을 가리켰으나 반어적으로 어리석고 잘난 체하는 사람을 뜻한다. 라 퐁텐은 당나귀를 지칭하는데 이를 사용한다.

그리고 라 퐁텐은 이 우화가 어떤 상황을 이야기하는 것인지 덧붙인다. 도둑들은 바로 터키나 헝가리 등의 군주들이라고. 그가 여기서 말하고자 하는 것은, 남들이 싸우는 틈을 타서 이익을 얻는 인생살이에서의 어부지리도 되겠지만, 무엇보다 탐욕에 이끌려 서로 싸우는 인간에 대한 고발인 듯싶다. 애초의 이 당나귀란 것도 남에게서 강탈해온 것이 아닌가. 자기 것도 아닌 것을 놓고 싸우는 도둑들, 바로 이는 힘으로 남의 나라를 빼앗으려는 군주들의 초상화가 아닌가.

2. 라 퐁텐의 일그러진 글쓰기

우리가 위 우화들에서 볼 수 있는 라 퐁텐의 모습은 분명 침략과 폭력을 부정하는 평화주의자의 그것이다. 그의 시각은 불편부당(不偏不黨)하며 냉철하다. 그러나 몇몇 우화에서 그는 돌연 태도를 바꾼다. 오히려 그는 침략 전쟁을 옹호 내지는 찬양하고 무력 사용을 정당화한다. 그의 목표는 하나, 루이 14세의 위엄을 높이고 프랑스의 영광을 구현하는 것. 그는 선동적 정치가 혹은 능란한 외교관이 되어서 자국의 이익을 위하여 펜을 휘두른다.

우리를 당혹하게 하는 라 퐁텐의 이러한 변신은 당시 프랑스가 처해있던 국제 정치 상황과 매우 밀접한 관계를 맺고 있다. 이 상황이란 프랑스가 유럽의 여러 국가와 벌이는 전쟁을 뜻한다. 사실 루이 14세 시대 프랑스는 인접 국가와의 충돌과 전쟁의 연속이었다. 루이 14세가 친정(親政)을 시작한 1661년부터 몇 년 간은 비교적 평화스러웠지만 프랑스는 곧 일련의 전쟁의 소용돌이에 휩쓸린다. 상속 전쟁(War of Devolution1667~1668),[2] 네덜란드 전쟁(1672~1678), 아우구스부르크 동맹 전쟁(1689~1697), 스페인 계승 전쟁(1702~1713) 등, 초반 프랑스는 연전연승, 유럽의 최강대국으로 군림하지만 계속되는 전쟁은 프랑스의 국력을 갉아먹는 주된 원인이 된다.

이 전쟁들이 일어난 이유는 다양하겠지만, 그중 가장 중요한 것은 루이 14세의 정복욕 때문이다. 프랑스의 영광을 꿈꾸며, 유럽의 심판관을 자처하며 루이 14세는 인접 국가를 위협하고 침범하였다. 그런데 유감스럽게도 라 퐁텐은 이의 냉철한 성찰과 비판은 하지 않고 오히려 이를 선전 고무한다. 가령, 루이 14세의 손자인 부르고뉴 공 (Duc de Bourgogne)에게 헌정된 우화「오디세우스의 동료들(XII-1)」은 호메로스의『오디세이아』10장에 나오는 이야기를 슬쩍 바꾼 것인데 작가는 우화의 본 이야기를 하기 전에 라인 강 유역의 지배자가 된 군주를 찬양한다. 그런데 이 군주는 다름 아닌 1672년 라인 강 유역을 정벌한 루이 14세를 가리킨다.

또한, 우화「가재와 그의 딸(XII-10)」에서는 아우구스부르크 동맹국과 맞서는 루이 14세의 용맹함과 그의 뛰어난 지략을 칭송한다. 자기도 똑바로 걷지 못하면서 딸에게 제대로 걸으라고 타이르는 이 우화는, 자신의 결점을 못 보는 인간의 어리석음을 비웃거나, 혹은 불가능한 것을 권하지 말라는 교훈을 담고

---

2) 1665년 스페인의 필리페 4세가 죽자 루이 14세는 왕비 마리 테레즈가 스페인 왕의 장녀임을 구실로 스페인령 네덜란드를 요구하며 일으킨 전쟁을 말한다. 이에 네덜란드는 영국, 스웨덴과 3국 동맹을 맺어 프랑스에 대항한다.

있다. 그런데 가재의 이러한 걸음걸이는 라 퐁텐에 와서는 적을 만났을 때 역공을 취하기 위하여 물러서는 책략으로 간주된다. 이는 바로 프랑스가 라인 강 유역 정벌 시 보여주었던 전략에 대한 암시로 해석된다. 라 퐁텐은 이 우화의 앞부분에서 "백 개의 머리를 가진 동맹국을 물리치는 어떤 정복자"를 언급하는데, 여기서 동맹국은 바로 아우구스부르크 동맹국을, 정복자는 루이 14세를 의미한다. 또한 라 퐁텐은 프랑스의 왕을 주피터 신에 비유하며 다른 국가들은 그 아래에 있는 크고 작은 여러 신들로 묘사한다.

특히 프랑스가 못마땅하게 생각하였던 나라는 네덜란드였다. 프랑스의 입장에서 보면 힘도 없고 프랑스의 은혜를 많이 받았다고 생각되는 네덜란드였지만 이제는 공공연히 프랑스가 하는 일에 훼방을 놓아 프랑스의 국익과 팽창 정책에 가장 큰 걸림돌이 된다. 스페인을 상대로 한 상속 전쟁 때, 프랑스의 팽창 정책에 위협을 느낀 네덜란드는 영국, 스웨덴과 함께 삼국동맹을 맺고 프랑스에 저항한다. 프랑스는 이 삼국 동맹 앞에 주춤하여 더 이상 전쟁을 확대하지 못했지만 루이 14세는 결코 네덜란드를 용서하지 않았다. 1668년부터 1672년까지 네덜란드를 침공할 목적으로 루이 14세는 외교적, 군사적 준비를 갖춘 후 마침내 1672년 네덜란드와 전쟁을 벌인다.

라 퐁텐은 이러한 네덜란드를 자신의 우화를 통해 달래보기도 하고 겁을 줘보기도 한다. 우화 「바샤(Le Bassa)와 상인(VIII-18)」[3]에서 그는 네덜란드에게 힘없는 여러 국가에 의지하느니 힘센 프

3) 파샤(Pacha). 즉 예전 터키의 지방 영주를 뜻함.

랑스에게 의지하라고 회유를 한다. 우화는 두 부분으로 되어 있는데 첫 부분은 영주와 상인의 이야기, 두 번째는 영주가 상인에게 들려주는 양치기와 개의 이야기이다. 한 상인이 영주의 보호 아래 장사를 하고 있었는데 영주에게 바치는 돈이 많아서 늘 불평이 많았다. 어느 날 세 명의 터키인이 와서 자기들과 관계를 맺자고 제의한다. 이 소문은 영주의 귀에 들어가게 되고 그의 측근들은 이 상인을 혼내주어야 한다고 주장한다. 그러나 영주는 워낙 관대한 사람인지라 그를 벌하는 대신 우화를 한 편 들려준다. 한 양치기가 있었는데 그는 양을 보호할 목적으로 용맹한 개 한 마리 대신 다른 개 세 마리를 기르는 게 어떻겠냐는 제안을 받는다. 이 개는 비록 한 마리이지만 키우는 데 돈도 많이들 뿐더러 늑대가 쳐들어올 경우 한 마리보다는 세 마리가 훨씬 나을 거라고. 귀가 솔깃해진 양치기는 용맹스런 개를 해고하나 정작 늑대가 들어오자 세 마리 개는 황급히 달아나고 만다. 이 우화의 의도는 작가 자신이 작품 끝에서 언급한대로 명확하다. 바로 이는 네덜란드에 보내는 교훈으로, 힘없는 여러 군주에게 의지하기보다는 힘센 왕, 즉 프랑스에게 자신을 맡기라는 회유책이다.

라 퐁텐은 주변 국가 특히 영국이 네덜란드 편에 붙는 것을 두려워하였다. 우화 「달 속의 동물(VII-17)」은 영국의 사무엘 버틀러(Samuel Butler)의 「달 속의 코끼리」라는 풍자시를 본뜬 것으로 과학적, 철학적 내용의 작품이다. 여기서 라 퐁텐은 감각과 이성의 관계를 논하고, 점성술의 황당함을 비웃으며, 과학의 우월함을 논하는데 이는 과학을 장려하는 영국에 대한 찬양으로 연결된다. 그런데 우화의 후반부에서 라 퐁텐은 불현듯 전쟁 이야기를 하고 평화의 소중함을 이야기한다. 영국 왕 찰스 2세의 용맹스러움을 칭송하면서도, 만약 영국 왕이 평화를 사랑하여 전쟁을 억제할 수 있다면 이 얼마나 훌륭한 일인가 하고 말한다. 침략과 피로 얼룩진 카이사르의 용맹보다 아우구스투스 황제 시대의 평화로움이 더 가치 있는 게 아니냐고 반문한다. 왜 작가는 여기서 평화를 말하는 것일까.

라 퐁텐이 이 우화를 쓴 것은 1675년경이라 추정되는데 당시 프랑스는 네덜란드와의 전쟁으로 지친 상태였다. 영국 국민과 의회는 그 동안 프랑스에 우호적이었던 찰스 왕을 압박하여 프랑스와의 협력 관계를 포기하도록 하였고, 영국과 네덜란드는 점점 가까운 사이가 되고 있었다. 이런 상황에서 프랑스는 영국이 중재 역할을 해 명분 있게 전쟁을 끝내주었으면 하는 바람이었다. 그러면서도 라 퐁텐은 결코 프랑스가 힘이 없고 겁이 나서 전쟁을 끝내고 싶어 하는 것은 아니라고 항변한다. 오히려 적들이 겁을 내며, 루이 14세가 가는 곳 어디든 승리가 따라다닌다고 주장한다. 결국 프랑스가 말하고자 하는 것은, 비록 우리는 충분히 이길 수 있지만 전쟁을 그만두고 싶다는 것이다. 왜냐하면 평화를 사랑하니까. 이것이 과연 사실일까? 그렇다면 왜 프랑스가 네덜란드를 침공하였을까? 그것도 평화를 사랑해서일까?

「우화의 힘(Ⅷ-4)」이란 작품 역시 위의 우화와 마찬가지로 영국과 네덜란드 사이를 벌려 놓으려는 작가의 의지를 담고 있다. 네덜란드 전쟁이 막바지에 다다른 1677년 후반에 지어진 것으로 추측되는 이 작품은 당시 영국 주재 프랑스 대사 바리옹(Paul de Barillon)에게 헌정된 것인데 이때의 상황은 프랑스로 보아「달 속의 동물」을 지을 때보다 더 악화되어 있었다. 1677년 11월 네덜란드의 지도자 오렌지 공 윌리엄과 영국 찰스 왕의 조카―장차 영국 왕이 될 제임스 2세의 딸—의 결혼식이 있었고 1678년 1월 마침내 영국과 네덜란드는 동맹을 맺게 된다. 이제 라 퐁텐은 영국에 대해 최소한의 것, 즉 중립만이라도 지켜주었으면 하는 바람을 이 우화에 담는다.[4]

마지막으로, 우화 「태양과 개구리」를 보자. 1672년 네덜란드와의 전운이 한창 무르익고 있을 무렵에 나온 이 작품은 코미르 신부(Le père Commire)가 라틴어로 쓴 우화 「태양과 개구리 (Sol et Ranae)」의 번역본이다. 코미르 신부의 우화는 대단히 유행을 해서, 라 퐁텐 외에도, 퀴르티에르, 부우르 신부(Le père Bouhours)등 많은 작가들이 이를 번역, 또는 나름대로 개작을 하였다. 세상의 모든 생물을 양육하는 태양. 개구리는 그 큰 은혜로 나날이 번창하여 연못 세계의 강자로 군림한다. 갈수록 오만해지는 개구리는 태양의 은덕을 잊어버리고 태양에게 대항한다. 태양의 인내에도 한계가 있는 법, 태양은 마지막 경고를 보낸다. 배은망덕과 경거망동을 계속할 경우 오직 파멸이 기다리고 있을 뿐이라고. 라 퐁텐의 경우 태양의 경고로 끝을 맺지만, 코미르의 원작은 좀 더 확실하게 개구리의 파멸을 묘사한다. 태양은 개구리가 살고 있는 늪을 완전히 말라버리게 한 다음 개구리들을 반쯤 태워서 매와 까마귀의 먹이로 만들어버린다.

여기서의 태양은 물론 루이 14세를, 개구리는 네덜란드를 가리키는데 이 둘의 관계는 결코 평등한 것이 아님이 강조된다. 태양은 보호자로, 개구리는 피보호자로 묘사된다. 태양의 은혜로움과 관대함 그리고 전능한 힘은 개구리의 배은망덕, 오만함, 무

---

4) 이 우화는 뒤에서 별도로 다시 다룬다.

력함과 대조를 이루며 이야기를 이끌어나간다. 프랑스는 선이요, 상대편은 늘 악이라는 이 극단적인 이분법, 과연 여기에 어떤 객관적인 비판이나 성찰이 끼어들 수 있을까. 세련된 수사법, 생생한 표현력 등 작가의 글쓰기의 기법은 여기서도 빛을 발하지만 자국의 이익에 우선하여 역사적 사실을 흑백 논리로 이끌어가는 라 퐁텐의 선동적인 모습 역시 이 우화에서 가장 뚜렷하게 드러난다. 왜냐하면 다른 우화의 경우 그의 선동적 의도가 부분적으로 삽입되어 언급되거나 암시로 그치고 있는 반면 이 우화는 전체가 노골적으로 네덜란드에 대한 회유와 협박으로 가득 차 있기 때문이다.[5)]

루이 14세의 침략 전쟁을 옹호하고 국민들에게 전쟁 의식을 고취하는 라 퐁텐. 그런데 사실 이러한 라 퐁텐의 모습은 그 동안 그에 대한 연구가 대단히 다양하고 깊게 이루어져 있음에도 불구하고 그다지 알려지지 않았던 듯싶다. 오히려 쿠통(Georges Couton)은 이미 우리가 살펴본 「다뉴브 강의 농부」를 분석하면서 라 퐁텐의 평화주의자의 모습을 볼 수 있다고 하였는데[6)] 이는 부분적으로만 타당성을 인정받는다. 왜냐하면 이 경우는 프랑스가 전혀 개입되어 있지 않는 로마시대의 이야기로서 라 퐁텐은 객관적인 입장에서 글을 쓸 수 있었기 때문이다. 쿠통의 말대로, 라 퐁텐에게서 진정한 평화주의의 한 흐름을 볼 수 있으려면, 프랑스가 일으킨 침략 전쟁에 대해서도 라 퐁텐은 냉철하고

---

5) 「태양과 개구리」의 우화 외에도 「쥐들의 동맹」역시 네덜란드를 겨냥한 우화이다. 이 두 우화는 모두 라 퐁텐 생전에 발표되었긴 하였지만 그의 『우화시집』에 수록되지 않았던 작품들이다.

6) G. Couton, *La Politique de La Fontaine*, Les Belles Letters, 1959, p. 95.

객관적인 시각을 가졌어야 할 것이다.

그렇다고 라 퐁텐을 전쟁 옹호자로 몰아세우지는 말자. 그의 이러한 태도는 당시의 시대 상황을 살펴보면 충분히 이해가 가는 일이다. 루이 14세의 절대 왕권이 절정에 달해 있던 당시, 대다수 많은 작가들은 루이 14세가 일으킨 전쟁을 옹호할 뿐 아니라, 왕과 왕실에 대한 찬양과 헌사로 매진하고 있었다. 단적인 예로 1677년, 라신과 부알로가 왕의 사료편찬관(historiographe)으로 임명된 것을 주목해 볼 필요가 있다. 이는 두 사람에게는 큰 영광이기도 하겠지만, 실은 문학이 역사를 왜곡하고 루이 14세를 불멸의 존재로 만드는, 즉 한 절대 권력자의 신화(神話)를 꾸며내는 역할을 맡게 되었음을 뜻하는 것이다. 우리가 살펴본 라 퐁텐의 우화들은 분명 당시의 유럽의 국제 정세를 보여주는 좋은 자료들이겠지만, 그것이 올바르고 객관적으로 역사를 보여주는 것일까? 프랑스의 가장 위대했던 시기, 정치적으로나 문화적으로나 황금기를 구가하고 불멸의 대 문학가들을 쏟아낸 태양왕 루이 14세 시대, 어쩌면 우리는 지금 이 찬란함 뒤에 가려져 있는 문학의 일그러진 글쓰기의 한 단면을 보고 있는지도 모른다.

JEAN DE LA FONTAINE

V

라 퐁텐 우화의 미학

V. 라 퐁텐 우화의 미학

1. 라 퐁텐의 한계

라 퐁텐이 분명 뛰어난 작가이긴 하지만 그에게도 한계는 있다. 그는 우화로 폭발적 인기를 얻었지만 사실 그의 우화 대부분의 제재는 자기 것이 아니다. 이는 곧 라 퐁텐에게는 독창성이 없다는 의미로도 들리는데, 작가에게 독창성이 없다면 과연 무엇이 있다는 것일까. 라 퐁텐 스스로가 자신의 작품 대다수가 다른 사람의 것에서 얻어 온 것임을 인정한다. 라 퐁텐의 1668년도 첫 번째『우화시집』은『라 퐁텐에 의해 운문화된 우화선집(*Fables choisies, mises en vers par M. de La Fontaine*)』이라는 제목을 달고 있다. 라 퐁텐은 제목을 통하여 자신의 우화는 다른 사람의 여러 우화들을 골라서 이를 운문으로 바꾼 것임을 밝히고 있는 셈이다. 첫 번째 『우화시집』의 헌사에서도 그는 자신의 작품은 모두 아이소포스의 우화에서 볼 수 있는 것이라고 말하고 있으며, 또한 서문에서도 자신의 우화를 스스로가 창작했다는 말은 전혀 하지 않는다.

두 번째 『우화시집』의 머리말에서 시인은 글쓰기의 방식을 새롭게 했다는 자랑은 하면서도 우화의 창작에 대해서는 언급이 없다. 오히려 자신의 우화가 이번에는 아이소포스나 비드파이 외에 더욱 폭을 넓혀서 다른 작가들의 우화에 빚지고 있음을 말한다. 그는 자신만의 독창적인 우화를 만들어내는 것에는 별로 관심이 없는 듯 보인다. 그가 「방앗간 주인과 그의 아들 그리고 당나귀(III-1)」 첫 머리에서 "예술품의 창작이란 것은 이전 선배들만이 가질 수 있는 권리이기 때문에 우리는 우화를 고대 그리스에서 빌려 온다." 라고 말한 것은 자신의 우화가 고대의 모방임을 고백하는 것임과 동시에 자신의 선택을 정당화하는 것이다.

그가 창작한 것으로 추측되는 것은 총 240편 중 12편 정도에 불과하다. 특히 첫 번째 『우화시집』은 124편 중 단 한 편, 「인간과 그의 이미지(I-11)」만이 작가의 창작으로 여겨진다. 작가 자신이 작품을 남의 것에서 가져 온 것이라 인정하는 판에 다른 사람들의 시선은 더 냉정하지 않을 수 없다. 라 퐁텐과 동시대의 인물인 페로는 "영원히 살아남을 라 퐁텐의 가장 우아한 작품은 바로 그가 번역 혹은 부연 설명한 아이소포스의 우화이다." 라고 말함으로써 라 퐁텐의 우화가 창작물이 아님을 은연중 내비친다. 한 걸음 더 나아가 페로는 "라 퐁텐은 우화를 만든 것이 아니다. 그러나 그는 우화를 잘 골랐고 그리고 원래 별 볼일 없던 우화를 거의 대부분의 경우 뛰어난 작품으로 만들어 놓았다."라고 말함으로써 라 퐁텐 우화가 창작이 아님을 명확히 하고 있다. 페로의 말은 이중적이다. 어떻게 보면 글을 잘 쓴다는 칭찬 같기도 하지만 달리 보면 라 퐁텐의 창작성이 결여되어 있음을 말하는 것이기도 하다. 그런데 페로의 이 말은 라 퐁텐 우화의 정곡을 찌르는 말이다. 라 퐁텐이 남의 작품에 기대어 우화를 쓴 것도, 또한 이를 가지고 자신만의 놀랄 만한 훌륭한 작품으로 만든 것도 사실이기 때문이다.

아마도 라 퐁텐의 친구였던 퓌르티에르가 가장 노골적으로 라 퐁텐을 비판했던 인물일 것이다. 그는 다른 작가들과 마찬가지로 우선은 라 퐁텐의 "새롭고 뛰어난 번역"을 높게 평가한다. 그러나 그는 라 퐁텐이 겸손으로 내세운 "번역"이란 표현을 그대로 재인용하고 라 퐁텐이 아이소포스와 파이드루스, 이탈리아와 스페인의 현대 작가들, 그리고 기타 알려지지 않은 작가들의 작품을 번역했다고 주장한다. 게다가 그는 스스로가 우화에 손을 대어 『교훈적이고 새로운 우화(*Fables morales et nouvelles*)』라는 제목의 우화집을 발간한다. 퓌르티에르가 자신의 우화 앞에 두 개의 수식어, 즉 "교훈적"과 "새로운"을 붙인 것은 전적으로 라 퐁텐을 겨냥한 것이다. 퓌르티에르에 따르면 교훈성은 우화의 본질이자 전통인데 라 퐁텐이 이를 외면하고 있는 반면, 본인은 이를 충실히 따름으로써 상대적으로 라 퐁텐보다 우위를 점하고 있다는 논리이다. 또한 새롭다는 것은 자신은 라 퐁텐과는 달리 남의 우화에 기대고 있는 것이 아니라 자신만의 독창적인 우화를 만들고 있음을 뜻한다. 즉, 퓌르티에르의 속내는, 라 퐁텐은 아이소포스 이후 여러 작가들의 우화를 차용하고 있기 때문에 창의적이지 못한 반면 퓌르티에르 자신은 이와 달리 독창적인 우화를 만들었음을 자랑으로 내세우는 데 있다.

작가가 자신의 작품에 독창성을 갖지 못한다는 것은 분명 문제가 된다. 때로 이는 치명적인 결점으로 부각될 수도 있다. 그런데 어떻게 라 퐁텐은 이런 한계를 갖고도 지금까지 위대한 시인, 작가의 반열에 들 수 있는 것일까. 하다못해 당시 많은 사람들이 라 퐁텐의 이 '번역물'을 너무도 좋아한 이유는 무엇일까. 페로와 퀴르티에르가 라 퐁텐의 작품이 번역이라 하면서도 공통으로 인정하는 것이 있다. 이는 다름 아닌 라 퐁텐의 글쓰기이다. 라 퐁텐의 능란하고 세련된 글쓰기는 그의 동시대는 물론이고 현대에 이르기까지 높은 평가를 받아 온 것이 사실이다. 라 퐁텐의 동료 작가들 중 세비녜 부인은 유달리도 라 퐁텐의 우화를 좋아했는데 그 까닭은 다름 아닌 라 퐁텐의 이야기하는 방식과 독특한 문체 때문이다. 역시 라 퐁텐과 동시대의 작가인 라브뤼예르(La Bruyère)도 라 퐁텐이 "글 쓰는 데 있어서 독보적인 인물로서, 비록 창작을 하든, 번역을 하든, 항상 독창적이다."라고 평한다.

18세기에 들어서 샹포르와 라 아르프는 각기 라 퐁텐에 대한 찬사의 글을 쓰게 되는데 두 사람 모두에게 칭송의 대상이 되는 것은 바로 라 퐁텐의 문체이다. 샹포르는 라 퐁텐의 문체를 신비스럽고, 모방할 수 없는 전례 없는 문체라고 극찬하고, 라 아르프는 라 퐁텐이 자신만의 글 쓰는 방식을 만들어 내었음을 높게 평가한다. 19세기부터 20세기에 이르기까지 생트 뵈브, 구르몽(Remy de Gourmont), 그리고 발레리(Paul Valéry) 같은 비평가와 작가들은 남들과 차별화되는 라 퐁텐의 독특한 문체에 대하여 경탄을 금치 못한다. 심지어 엘로(Ernest Hello)는 "라 퐁텐을 불멸의 존재로 만드는 힘은 바로 문체."라고 단언한다.

그런데 라 퐁텐의 글쓰기 혹은 문체에서의 독창성은 아이러니하게도 그의 우화가 창작물이 아니라는 사실로 인하여 상대적으로 더 큰 중요성을 갖는다. 이미 작품의 내용이나 제재에서 독창성을 인정받기 힘든 라 퐁텐으로서는 남들이 이미 다룬 이야기를 어떤 방식으로 새롭게 만들 것인가 하는 문제가 가장 중요하게 생각되지 않을 수 없기 때문이다. 이제 라 퐁텐에게 '어떤 방식으로 글을 쓸 것인가'하는 문제는 다른 어느 작가보다도 더욱 절실하게 부각된다. 라 퐁텐은 자신의 우화들은 모든 사람들이 잘 알고 있기 때문에 만약 자신이 이 우화들을 새롭게 하지 않는다면 이는 아무 것도 하지 않은 것이 될 것이라고 1668년 『우화시집』서문에서 실토한다.

글쓰기의 새로움으로 기존 우화와의 차별화를 이루려는 라 퐁텐의 시도는 우선 그가 우화를 운문으로 쓴 것에서 뚜렷하게 나타난다. 당시 우화는 산문으로 되어야 한다는 고정 관념이 있었고, 특히 글쓰기의 대가였고 라 퐁텐과 가까운 사이였던 파트뤼는 라 퐁텐이 우화를 운문으로 쓰는 것을 못마땅하게 생각하고 있었다.[1] 그럼에도 불구하고 라 퐁텐이 우화를 운문으로 쓰는 모험을 감행한 것은 내용과 제재에서의 독창성 결핍이라는 한계를 벗어나려는 일종의 고육지책이라고도 볼 수 있다.

그런데 글쓰기에 승부수를 띄운 라 퐁텐에게는 본질적으로 넘

---

1) 비록 당시에 우화를 산문으로 쓰는 것이 유행이기는 하였지만 그렇다고 모든 우화가 산문으로 되어 있던 것은 아니다. 파트뤼가 반대한 주된 이유는 아직 어휘가 풍부하지 못한 프랑스어로 우화를 운문으로 바꾸는 것이 어렵다고 생각했기 때문이다. 이는 이미 앞에서 언급한 바 있다.

어야 할 큰 장애물이 있었는데 이는 우화가 전통적으로 교훈 전달을 목적으로 하고 있다는 사실이다. 만약 새로운 글쓰기의 방법에만 몰두하다가 혹시라도 우화의 교훈 전달이 훼손되는 경우, 우화는 그 존재 가치를 잃어버릴 수도 있다. 라 퐁텐 역시 이를 너무도 잘 인식하고 있기 때문에 새로운 글쓰기를 주창하면서도 우화의 내용이나 교훈이 얼마나 중요한 것인지는 결코 잊지 않는다. 그는 교훈을 우화의 영혼이라 할 정도로 교훈의 중요성을 강조한다. 이렇게 본다면 라 퐁텐은 우화의 본질이 교훈에 있다는 전통의 연장선에 있으며, 동시대의 많은 사람들이 우화에 대하여 지니고 있는 고정 관념에서 크게 벗어나지 않는다.

라 퐁텐의 딜레마는 바로 여기에 있다. 우화의 속성상 분명 교훈의 전달은 그 어떤 것보다 우선시되어야 하는데, 만약 자신만의 글쓰기를 강조하다보면 우화의 교훈이 손상을 입을 수 있고, 그렇다고 교훈을 강조하다보면 글쓰기의 색채가 빛을 잃을 수 있기 때문이다. 게다가 라 퐁텐의 우화는 대부분 다른 사람의 우화를 차용한 것으로 만약 자신만의 글쓰기를 하지 않는다면 남의 것을 그대로 베낀 것으로 전락하고 말 것이다.

라 퐁텐의 우화 작업은 이와 같은 딜레마 속에서 이루어진다. 이제 라 퐁텐은 교훈을 충실히 전달하면서도 자신만의 문체로 우화를 만들어가려는 시도를 한다. 라 퐁텐은 우화의 영혼을 교훈이라 말함과 동시에 우화의 몸통은 이야기라고 말한다. 여기서의 이야기란, 영혼에 해당하는 교훈을 어떤 식으로, 어떤 틀에 넣어서 남에게 전달하느냐를 말하는 것으로 볼 수 있다. 우화는 이야기이기 때문에 등장인물도 있고, 말하는 화자도 있고, 기승전결의 흐름도 있는 것이며 이로 인하여 듣는 즐거움이 있어야 함을 의미한다. 무미건조하게 교훈만 전달하는 것은 진정한 우화가 아니다. 재미없고 지겨운 설교에 불과하다. 라 퐁텐이 우화의 몸통을 이야기로 규정한 것은 '어떻게 글을 쓸 것인가'하는 문제를 교훈성과 더불어 우화의 가장 본질적인 두 요소로 생각하고 있음을 반증한다.

우화의 교훈, 다시 말해 우화의 결론에 초점을 맞추던 전통이 라 퐁텐에 와서는 이 교훈을 어떤 식으로 전달하느냐 하는 '어떻게'의 문제로 바뀐다는 것은 곧 우화의 위상에도 변화를 초래함을 의미한다. 이제 문학사에 온전한 모습을 드러내지 못했던 우화는 글 쓰는 방식에 대한 라 퐁텐의 실천적 성찰에 의하여 문학의 한 장르로 자리 잡는다. 라 퐁텐은 교훈성이 강조되어 오던 우화에 문학적 가치, 문학적 재미를 부여함으로써 우화를 문학 장르로 승격시킨 장본인이며, 바로 이 때문에 그는 프랑스 고전주의 시대의 가장 탁월한 시인으로 인정받는다.

2. 흥겨움, 혹은 즐거움의 글쓰기

라 퐁텐의 우화 작업, 즉 기존의 여러 우화들을 운문으로 바꾸는 작업이 갑작스레 이루어진 것은 아니다. 그의 첫『우화시집』이 나온 것은 1668년이지만 실제로 라 퐁텐이 우화에 손을 댄 것은 이미 1650년대 후반 혹은 1660년대 초반으로 알려져 있다. 따라서 라 퐁텐의 첫 번째『우화시집』은 결코 짧지 않은 준비 기간을 거친 것임을 알 수 있다. 게다가 라 퐁텐이 본격적인 우화 작가로서의 길을 걷는 데에는 우화 이전의 여러 작품들이 밑거름이 된다. 그 중에서도 콩트의 성공은 그가 자신감을 갖고 우화에 발을 들여 놓게 되는 결정적 요인이 된다. 콩트 역시 대부분 다른 사람의 작품에 기대어 쓴 것으로 라 퐁텐은 우화에서와 마찬가지로 글쓰기의 독창성으로 창작의 결핍을 메우고자 하였다.

그런데 콩트는 상대적으로 우화보다는 교훈성이 덜 강조되는 장르이다. 이 때문에 라 퐁텐은 콩트에서 좀 더 자유롭게 글쓰기의 새로움에 매달릴 수 있게 된다. 결국 콩트에서 보여준 라 퐁텐의 재미있는 글쓰기는 그의 콩트가 대중적 성공을 거두는 데 본질적인 요소가 되고, 라 퐁텐은 이를 바탕으로 우화에 도전장을 던진다. 콩트에서 이미 라 퐁텐은 철저한 이야기꾼이 되기를 자처한다. 1665년에 발표된『콩트와 누벨집』서문에서 그는 콩트에 우아함과 아름다움을 부여하는 것은 이야기하는 방식임을 역설한다. 또한 1671년에 나온「필립 형제의 거위들」이란 작품에서는 "이야기하자, 그러나 잘 이야기하자, 이것이 요점이다." 라고 이야기 하는 방식의 중요성을 힘주어, 그리고 직설적으로 강조한다.

이야기꾼으로서의 라 퐁텐은 이제 우화에 눈을 돌린다. 비록 우화는 교훈성이 강하긴 하지만 그는 콩트에서의 글쓰기를 우화에도 도입한다. 라 퐁텐은 잘 이야기하자고 말하는데 과연 잘 이야기하는 것은 어떻게 이야기하는 것일까. 라 퐁텐이 지향하는 글쓰기 혹은 문체는 무엇인가. 이러한 질문에 답하기는 쉽지 않다. 다만 우리는 라 퐁텐의 여러 글들과 작품을 통해서 해답을 유추해내고자 할 뿐이다. 비록 라 퐁텐은 별도의 문학 이론서를 남기지는 않았지만 그의 우화는 때로는 서문에, 혹은 헌사에, 경우에 따라서는 작품 속에 자신의 문학관이나 사상을 집어넣고 있음을 기억할 필요가 있다.

라 퐁텐 우화의 글쓰기의 가장 중요한 이론적 토대를 제공하고 있는 글은 그의 첫 번째 『우화시집』의 서문이다. 라 퐁텐은 자신이 우화를 운문으로 만드는 것에 대한 변명 내지는 그 의도를 기술하면서 로마 시대 우화 작가인 파이드루스를 인용한다. 우화를 운문으로 만드는 것에 대하여 부담을 느끼고 있던 라 퐁텐에게 이미 운문화 작업의 선례를 남긴 파이드루스는 대단히 적절한 모델로 여겨졌기 때문이다. 그런데 라 퐁텐은 파이드루스 우화의 장점으로 극단적인 간결성과 우아함을 언급하면서 본인은 이러한 재주가 없기 때문에 대신 자신의 작품을 흥겨운 것으로 만들겠노라고 말한다. 이야기를 아무리 즐겁고 흥겹게 할지라도 결코 지나치지 않는다는 쿠인틸리아누스(Quintilianus)의 말을 인용하면서 라 퐁텐은 새로움과 흥겨움이 시대의 취향임을 지적한다. 그리고는 다음과 같이 흥겨움의 정의를 내린다.

> 나는 웃음을 불러일으키는 것을 홍겨움(gaieté)이라 일컫지 않는다. 홍겨움은 어떤 매력, 기분 좋은 분위기인데 모든 종류의 주제, 심지어 아주 진지한 주제에도 부여할 수 있는 것을 말한다.

위 인용문에 따르면 라 퐁텐이 이상적으로 생각하는 글쓰기는 홍겨움을 바탕으로 하여야 한다. 프랑스어의 gaieté라는 단어를 적절한 우리말로 옮기는 일은 쉽지 않다. 굳이 찾자면, '홍겨움', '즐거움', '쾌활함' 정도가 되겠는데 여기서는 '홍겨움' 혹은 '즐거움'이란 단어로 대체하고자 한다. 그렇다면 라 퐁텐이 말하는 홍겨움이란 무엇인가. 이는 결국 읽는 사람으로 하여금 독서의 매력에 빠지게 하는 라 퐁텐 글쓰기의 근본 원칙이라 할 수 있다. 그렇다면 이제 이 홍겨움의 글쓰기가 무엇인지 조금 더 구체적으로 알아보기로 하자.

비록 라 퐁텐이 자신의 글쓰기에 대해 비교적 상세하게 설명을 하고는 있지만 그의 홍겨움에 대한 정의는 상당히 추상적이라고 말하지 않을 수 없다. 홍겨움을 가장 단적으로 설명하고 있는 "어떤 매력", "기분 좋은 분위기" 등의 용어 자체가 또한 추상적이고 주관적이기 때문이다. 반면, 라 퐁텐이 홍겨움을 정의하면서 우선적으로 "웃음을 불러일으키는 것"을 배제한 것은 곱씹어 볼 만하다. 굳이 라 퐁텐이 이렇게 말하는 것은 홍겨움이 웃음을 불러일으키는 것과 동일시되기 쉽기 때문일 것이다. 사실 이 둘이 완전히 대척점에 있는 것은 아니다. 홍겨움이 웃음을 주는 것은 어쩌면 당연한 일인지도 모른다.

이미 라 퐁텐의 우화에는 웃음이 있다. 많은 그의 우화에는 동물들이 등장하는데 이 동물들은 인간처럼 생각하고 행동한다.

의인화는 친근감과 더불어 웃음을 자아내기 십상이다. 게다가 동물들의 호칭에는 유쾌하고 흥겨운 분위기로 가득 차 있다. 예를 들어 우화「고양이와 쥐(VIII-22)」에 나오는 네 마리 동물들의 호칭을 보면, "치즈를 채가는 고양이(le Chat Grippe-fromage)", "슬픈 새 올빼미(Triste-oiseau le Hibou)", "그물을 갉아먹는 쥐(Ronge-maille le Rat)", "긴 블라우스를 입은 족제비 부인(Dame Belette au long corsage)"으로 되어 있다. 동물들을 의인화하면서도 각기 동물들의 특성을 잘 살린 작가의 솜씨는 가히 웃음을 불러일으키기 충분하고, 이는 흥겨움과 상통한다고 볼 수 있다.

그러나 라 퐁텐은 흥겨움을 단순히 웃기는 것과는 구분을 하고 싶어 한다. 남을 웃기게 하는 것에 급급하여 속되고 저급한 표현이나 기법으로 글을 쓰는 것은 진정한 흥겨움이 아니기 때문이다. 당시 17세기 작가들을 인용하면, 게 드 발자크(Guez de Balzac)는 흥겨움은 슬픔과 거리를 두는 것과 마찬가지로 우스꽝스러움과도 거리를 둔다고 말한다. 라 퐁텐이 두려워하는 것은 흥겨움이 바로 이처럼 우스꽝스러운 광대놀이와 동일시되는 것이다. 스퀴데리(Madeleine de Scudéry) 역시 뷔를레스크(burlesque)시와 즐거운, 혹은 흥겨운 시를 구분해야 한다고 말하는데 여기서의 뷔를레스크는 우스꽝스러운 것을 뜻한다.

라 퐁텐이 흥겨움과 웃음을 구별하고자 한 이유를 좀 더 정확히 말하자면 작위적이고 어색한 웃음과의 변별성을 두기 위한 것이다. 흥겨움은 자연스레 사람의 마음을 파고드는 것으로 독자와의 공감을 형성한다. 이는 마치 몰리에르의 희극에서 단순한 웃음이 아니라 영혼을 울리는 웃음을 발견하는 것과 같은 이치이다.

라 퐁텐은 홍겨움이 경박함, 저급함, 강요된 웃음과 결부되는 것을 꺼려한다. 그가 홍겨움이 모든 주제, 심지어는 진지한 주제에도 적용될 수 있다고 하는 것은 바로 이 때문이다. 특히 홍겨움이 진지한 주제와도 어울릴 수 있다는 것은 홍겨움의 본질이 무엇인지를 알 수 있는 단서가 된다. 흔히 홍겨움의 글쓰기는 독자로 하여금 무겁고 심각한 이야기마저도 관심과 홍미를 갖고 들을 수 있게 해 준다. 홍겨움은 작가와 독자와의 교감을 형성해 주는 소통의 끈이 되고 이야기를 이끌어가는 힘이 된다. 아무리 이야기의 내용이 중요하다 할지라도 듣는 사람이 싫증을 낸다면 그 내용은 아무 소용이 없다.

라 퐁텐은 홍겨움에 대한 정의를 마치고 우화의 예를 든다. 우화는 무엇보다 교훈 전달이 생명이다. 그런데 그 교훈을 마치 훈육 선생님이 설교하듯 그대로 전달한다면 과연 효과적으로 전달될 수 있겠는가. 라 퐁텐은 우화 「사자와 사냥꾼 (VI-1)에서 아무런 치장이 없는 교훈은 지루함을 안겨준다고 말한다. 우화에 즐거움과 홍겨움이 필요한 것은 바로 이 때문이다. 이러한 것들이 있다면 듣는 사람은 싫증을 내지 않고 이야기의 결말까지 귀를 기울일 것이며, 이럴 때 교훈 전달의 효과는 극대화된다. 우리는 교훈이 우화의 영혼이고, 이야기가 몸통이라고 라 퐁텐이 정의한 것을 기억한다. 우화는 이야기의 옷을 입고 교훈을 전달하는데, 바로 이 이야기가 즐거움과 홍겨움으로 잘 치장하고 있을 때 우화의 교훈은 빛을 발하는 법이다.

홍겨움은 단순한 웃음이나 재미가 아니다. 이야기를 이끌어가는 힘이다. 홍겨움이 없다면 이야기는 단순한 설교나 보고서가 될 것이다. 그러나 홍겨움의 실체는 아직 정확하지 않다. 라 퐁텐이 홍겨움을 "어떤 매력", "기분 좋은 분위기"와 같은 애매한 용어로 정의하고 있는 것은 아직도 홍겨움이란 단어의 개념이 추상적이라는 사실을 말해주는 증거가 된다. 그럼에도 불구하고 라 퐁텐이 "어떤 매력"과 같은 모호한 표현을 사용한 것은 한편으로는 참으로 정확한 정의이기도 하다. 홍겨움은 절대적인 아름다움의 문제가 아니라 주관적이며 말로 표현하기 어려운 호감, 매력, 그리고 공감이다. 홍겨움이나 즐거움은 설명할 수 없는 매력으로 상대방을 사로잡아 저자와 독자의 공감대를 형성해가면서 유쾌한 독서로의 여행을 안내한다.

2-1. 다양함

라 퐁텐에 따르면 홍겨움의 정의는 추상적이긴 하지만 독서의 끈을 유지시키는 어떤 매력이라 할 수 있다. 홍겨움이 무엇인지 아직 구체화되지 않았다면 홍겨움의 반대 개념, 즉 홍겨움을 저해하는 것이 무엇인지를 생각해보자. 즐거움이나 홍겨움의 가장 큰 적은 아마도 지루함이라 할 수 있다. 그렇다면 이 지루함을 제거할 수 있는 가장 좋은 방법은 무엇일까. 우리는 이를 다양함에서 찾고자 한다. 홍겨움을 글쓰기의 기본으로 하고 있는 라 퐁텐에게 다양함은 지루함을 제거하고 홍겨움을 유지하는 가장 효과적인 무기가 된다. 이미 그의 콩트 「뱀장어 파테」에서 반복해서 "다양함은 자신의 좌우명"이라고 선언했던 라 퐁텐은 우화에 있어서도 같은 입장을 견지한다.

다양함은 특히 라 퐁텐의 두 번째 『우화시집』부터 더욱 본격화된다. 첫 번째 『우화시집』의 경우, 라 퐁텐은 상대적으로 전통적 우화에 충실했지만, 이제 대중적 인기를 얻음과 동시에 다양함에 기초하여 기존 우화의 전통을 흔들어댄다. 라 퐁텐의 다양함은 문체적인 측면 이전에 우선 우화의 제재를 더욱 다양한 데에서 취함으로써 이루어진다. 라 퐁텐이 동양으로 눈을 돌려 인도의 비드파이 같은 작가의 작품에서도 제재를 취하는 것이 그 단적인 예가 된다. 이제 라 퐁텐은 자신이 할 수 있는 모든 다양함을 펼치겠다고 선언한다.

라 퐁텐은 단조로움을 거부한다. 간단히 몇 가지 예를 들어 보자. 우선 우화의 구성 측면을 보면, 아이소포스의 우화는 항상 먼저 이야기가 나오고 마지막에 교훈이 나오는 형식을 취하지만 라 퐁텐은 이러한 일률적인 구성에 별로 구애받지 않는다. 아이소포스의 경우는 교훈을 뚜렷하게 전달할 수 있는 장점이 있지만 라 퐁텐은 교훈보다는 다양함에 더 관심을 둔다. 물론 라 퐁텐의 경우에도 교훈이 우화의 결론에 위치하는 경우가 가장 많기는 하지만 때로는 우화의 맨 앞에 있기도 하고, 때로는 우화 중간, 혹은 아예 교훈이 없는 경우도 있고, 교훈을 두 번 삽입하는 경우도 있다.

라 퐁텐의 우화는 때로는 헌사를 동반하는 형태를 취하기도 한다. 그런가 하면 서로 관련 있는 두 작품을 하나로 묶어서 '이중 우화 (fable double)'라는 독특한 형식도 선보인다.[2] 라 퐁텐의 이중 우화를 연구한 콜리네(J. P. Collinet)에 따르면, 이중 우화는 변

---

2) 예를 들면, 우화 I-15는「죽음과 불행한 자」, I-16은「죽음과 나무꾼」인데 이 두 우화는 등장인물은 다르지만 서로 유사한 이야기 구조를 지니고 있다. 또한「사자와 쥐(II-11)」는「비둘기와 개미(II-12)」와 쌍을 이루고 있다.

화와 다양함에 능란한 라 퐁텐의 재주를 보여주는 것만 아니라, 마치 확대경처럼 대조와 대립의 유희를 통해서 시적 창작의 섬세한 작업을 더욱 쉽게 감지할 수 있게 만든다고 한다.[3]

우화의 길이 역시 다양하다. 가장 짧은 길이로 8행으로 된 우화「여우와 포도(III-11)」가 있는가 하면 가장 긴 우화「미니아스의 딸들(XII-28)」은 562행에 이른다. 전체 240개 우화 중 31행부터 40행 사이에 있는 우화가 71개로 가장 많고 이를 중심으로 우화의 길이는 다양하게 펼쳐 있다.

운율의 문제는 특히 주목할 만하다. 라 퐁텐의 우화는 흔히 시의 장르로 구분되는데 라 퐁텐만큼 운율에 있어서 다양함을 과시한 시인도 드물다. 2음절부터 12음절의 알렉상드랭까지 라 퐁텐의 운율은 자유자재로 변하는데, 240개 우화 중 223개의 우화가 자유 운율로 되어 있다. 단일 운율로 되어 있는 것은 17개에 불과한데 이 숫자가 많지 않은 만큼 단일 운율로 되어 있는 우화조차도 단일성을 보여 준다기보다는 다양함의 스펙트럼에서 함께 어울리는 인상을 준다. 그의 다양함은 주제와 형식 모든 면에서 광범위하게 펼쳐진다. 라 퐁텐은 스스로를 마치 한 마리 나비처럼, 모든 주제를 건드리며. 이 꽃 저 꽃, 여기 저기 날아다니는 가벼운 존재로 비유한다.

라 퐁텐의 이러한 다양함을 여기서 모두 다룬다는 것은 불가능한 일이다. 다만 라 퐁텐의 다양함은 지루함을 제거하는 데 가장 효과적인 장치임을 다시 한 번 강조할 뿐이다. 또한 다양

---

3) Jean Pierre Collinet, *Le Monde littéraire de La Fontaine*, Paris, PUF, 1970, p. 163.

함은 상대성을 인정함으로써 얻어지는 미덕임을 기억할 필요가 있다. 이런 점에서 라 퐁텐의 우화 「양초(IX-12)」는 음미할 만하다. 흙이 불 속에서 단단한 벽돌이 되는 것을 보고, 벌이 자신도 불 속에 들어가면 강한 존재가 되리라 믿고 불 속에 뛰어 들었다가 죽는다는 것이 우화의 주된 내용이다. 작가는 이 우화를 통해 "모든 것은 모든 경우에 있어서 다양하다."라고 다양함의 속성을 갈파한다. 이어서 라 퐁텐은 다른 사람이 당신과 같을 것이라는 생각을 버리라고 충고한다. 다양함은 상대방, 즉 독자를 의식한 행위이다. 상대방을 무시하는 글쓰기가 아니라 상대방의 취향을 고려한, 그리하여 독서의 즐거움이나 흥겨움을 도모하는 행위이다.

라 퐁텐의 다양함은 자아도취에 의한 외형적인 것이 아니다. 라 퐁텐의 다양함은 글쓰기의 내면세계를 지배한다. 그의 우화 「원숭이와 표범(IX-3)」은 이 점에 있어 좋은 사례를 제공한다. 두 동물은 각기 시장에서 자기 자랑을 통해 돈을 벌고 있었는데 표범은 자기의 가죽이 얼마나 다양한 색깔을 지니고 있는지를 뽐낸다. 그러나 표범의 가죽은 순간적으로 사람들의 시선을 사로잡지만 사람들은 곧 싫증을 낸다. 반면 원숭이는 표범은 다양함을 외모에만 지니고 있지만 자신은 머릿속에 가지고 있음을 내세운다. 원숭이는 재미있는 이야기를 할 줄도 알고, 춤도 출 줄 안다. 이제 작가는 원숭이의 편을 들면서 이렇게 말한다.

> 원숭이가 옳다. 다양함이 맘에 드는 것은 외모의 다양함이 아니라
> 정신의 다양함이다.
> 정신의 다양함은 항상 유쾌함을 주지만

외모의 다양함은 보는 사람을 곧 싫증나게 만든다.

라 퐁텐이 이 우화를 통해 말하고자 하는 교훈은, 겉치레만 신경 쓰는 신분 높은 귀족들을 비웃는 데 있지만, 다른 한 편으로 이 우화는 다양함의 성격과 기능을 잘 말해준다. 다양함은 내적 깊이를 지녀야 한다는 것, 그래야만 사람들의 관심을 끌 수 있다는 것이다. 외적으로만 다양함을 내세우는 것은 사람들의 지루함만을 유발하고 결국은 진정한 흥겨움을 만들어내지 못함을 말한다.

라 퐁텐의 다양함에 대한 관심은 스스로를 "파르나스의 나비(Papillon du Parnasse)"라고 칭하는 그의 성격과 무관하지 않다. 또한 라 퐁텐의 다양한 글쓰기는 그의 실험 정신과도 호응한다. 교훈 전달을 주된 목적으로 하는 우화를 전통의 틀에서 끄집어내어 문학의 드넓은 창공으로 날려 보내기 위한 라 퐁텐의 야심찬 시도이기도 하다. 게다가 다양함은 독자를 즐겁게 해 주는 것, 취향을 따르는 것에 다름 아니다. 일률적인 것, 단조로움은 결국 독자를 싫증나게 한다. 이미 들은 것, 이미 본 것을 다시 되풀이한다는 것은 짜증만 불러일으킨다. 새로운 것에 대한 추구, 흥겨움이 시대의 취향이라고 말한 것을 기억한다. 그렇다면 다양함은 바로 이 두 가지 명제를 하나로 연결시키는 역할을 한다. 즉 다양함으로 새로움을 추구하고 이는 곧 흥겨움과 즐거움으로 나아간다는 공식이다.

2-2. 간결함

다양함은 흥겨움의 가장 큰 무기이다. 그러나 다양함에도 위험은 있다. 때로는 과도한 다양함이 흥을 깨뜨리는 수가 있다. 이야기는 너무도 장황해지고, 독자는 대체 작가가 무슨 이야기를 하는지, 혼돈에 빠지는 수가 있다. 이는 또 다른 지루함으로 귀결되기 십상이다. 간결함은 이런 점에서 글쓰기의 또 다른 미덕으로 존재한다.

특히 간결함은 논리성과 명확함을 강조하는 고전주의 작가들에게는 지극히 소중한 명제로 자리 잡는다. "글을 쓰면서 끊임없이 말에 변화를 주라 / 너무 균질하고 늘 한결같은 문체는 / 우리의 눈에 아무런 빛을 발하지 못하며, 우리를 졸게 만든다."라고 다양함을 강조하는 부알로도 "불필요한 세부적인 사항에 너무 매달리지 말라 / 너무 많은 것을 말하는 것은 멋없고 따분한 일이다 / 너무 많이 먹은 사람은 먹은 것을 토해내는 법이니 / 자제할 줄 모르는 사람은 글을 쓸 줄 모르는 사람이다."[4]라고 간결함의 필요성을 역설한다.

사실 간결함은 다른 어떤 장르보다 우화에 더욱 요구된다. 교훈의 전달을 주목적으로 하는 우화에 있어서 너무도 지나친 치장은 교훈을 흐리게 하기 쉽다. 아이소포스 우화의 가장 큰 장점은 간결함 속에 교훈을 담고 있는 것이다. 라 퐁텐 역시 간결함의 중요성을 너무도 잘 알고 있기 때문에 첫 번째 『우화시집』의 서문에서 다음과 같이 말한다.

---

4) 부알로의 『시학』, 첫 번째 노래(*Chant I*)』, 60행-64행. 앞의 인용문은 70행-72행

> 간결함, 이는 이야기(conte)의 영혼이라 불릴 수 있다. 왜냐하면 간결함이 없다면 이야기는 필연적으로 시들해지기 때문이다.

간결함은 많은 작가들이 오랫동안 지켜 온 미덕이다. 라 퐁텐은 간결함이 우화의 오랜 전통임을 「목동과 사자(VI-1)」에서 밝힌다.

> 이런 이유로 사람들의 마음을 홍겹게 하며
> 많은 유명한 사람들이 우화를 써 왔다.
> 그들 모두는 장식과 너무 긴 글을 피했다.
> 그들에게는 불필요한 말을 찾아 볼 수 없다.
> 파이드루스는 너무도 간결하게 글을 썼지만 그 어느 누구도 이를 비난하지 않았다.
> 아이소포스는 더 짧은 말로 표현했다.

간결함은 라 퐁텐의 작품에서 계속해서 언급된다. 그는 첫 번째 『우화시집』의 후기에서는 "긴 작품은 나를 두렵게 한다."라고 말하는가 하면, 「라 로쉬푸코에게 바치는 글(X-14)」에서는 "가장 짧은 작품이 가장 좋은 작품이다."라고 강조한다.

문제는 라 퐁텐이 아이소포스의 간결함을 그대로 답습할 수 없다는 데 있다. 이미 라 퐁텐은 이야기의 제재를 다른 사람에게 빚지고 있는데, 간결함마저도 모방한다면 그의 작품은 아무런 의미를 갖지 못한다. 우화에 있어서 간결함은 필수적인 요소인데 아이소포스의 간결함을 유지할 수 없다는 것이 라 퐁텐에게는 커다란 숙제로 남는다. 이제 라 퐁텐은 간결함을 언급하면서 아이소포스 대신 파이드루스를 인용한다. 라 퐁텐이 파이드루스에게 기대는 것은 이미 언급한대로 파이드루스가 우화를 운문으로 만들었기 때문이다. 대신 그는 파이드루스의 우아함과 극단적인 간결함을 가질 수 없기 때문에 흥겨움으로 이를 대신한다고 말한다. 이 말을 그대로 받아들인다면 간결함과 흥겨움은 서로 어긋나는 위치에 있을 수도 있다는 셈이다. 조금 과장해서 말하면 간결함으로는 즐거움이나 흥겨움을 줄 수 없다는 말로도 해석할 수 있다. 그런데 묘한 것은 라 퐁텐이 파이드루스의 간결함에 "극단적"이라는 수식어를 붙이고 있다는 점이다. 그렇다면 극단적이지 않은 간결함은 어떠한가. 너무 극단적인 간결함이 아니라면 혹 흥겨움과 함께 어울릴 수도 있지 않을까.

여기서 눈여겨보아야 할 점은 비록 라 퐁텐이 파이드루스의 글쓰기를 극단적 간결함이라고 했지만 이는 상대적이라는 사실이다. 파이드루스의 우화가 간결하기는 하지만 아이소포스의 우화에 비하면 상대적으로 덜 간결하고 오히려 장식과 꾸밈이 많은 편이다. 그럼에도 불구하고 라 퐁텐이 파이드루스의 글쓰기를 극단적으로 간결하다고 평가하고 이를 따라갈 수 없다고 말하는 것은, 적어도 자신은 파이드루스보다는 덜 간결하게 글을 쓴다는 것을 의미한다. 덜 간결하다는 것은 치장을 더 한다는 것이며 이는 글쓰기에 다양함을 도입한다는 뜻으로 확대해석되고, 이렇게 함으로써 라 퐁텐은 흥겨움을 추구한다.

결론적으로 라 퐁텐은 극단적이지 않은 간결함, 그러면서도 이야기를 흥겹게 해 줄 수 있는 간결함을 지향한다. 그러나 이는 논리적으로는 쉬울지 몰라도 실제적으로는 지극히 어려운 일이다. 이야기를 진정 즐겁게 하기 위해서는 무언가 다양함과 장식이 필요하다. 라 퐁텐에 따르면 이야기에 있어서 장식은 필수불가결한 요소가 된다. 라 퐁텐은 좋은 이야기라고 불리는 것은 반드시 새로운 치장이 필요하다고 말한다. 그런데 이는 자칫 간결함의 원칙을 해치기 쉽다. 라 퐁텐 스스로가 이러한 어려움을 잘 알고 있다. 그는 과도한 다양함이나 불필요한 장식이 아니라 이야기를 재미있게 하는 데 필요한 꾸밈을 이야기한다. 바꾸어 말하면 무미건조한 간결함이 아니라 장식적이고 화려하지만 재미있는 간결함의 필요성을 의미한다. 라 퐁텐이 생각하는 간결함은 파이드루스보다는 덜 간결할지 몰라도 이야기를 흥겹게 만들기 위한 간결함이다. 얼핏 보면 다양함과 간결함은 서로 모순되는 개념으로 여겨질 수 있지만 라 퐁텐에게 있어서 이는 즐거움을 얻기 위한 상호보완적 의미를 지닌다. 간결함에 대한 라 퐁텐의 이러한 생각은 흥겨움과 마찬가지로 쿠인틸리아누스에 빚지고 있다. 쿠인틸리아누스는 간결함은 원칙적으로 짧아야하고, 불필요한 것을 제거해야 한다고 하지만, 이것이 건조하고 애매모호함으로 전락해서는 안 된다고 말한다.

VI

우화의 힘

VI. 우화의 힘

애초부터 우화는 교훈성이 전통이 강한 장르로서 자칫하면 건조하고 도식적인 훈계조의 설교가 되기 쉬운 단점을 지니고 있다. 그러나 이러한 단점 자체가 우화에는 그리 중요한 문제로 인식되지 못한 것이 라 퐁텐 당시의 상황이기도 하였다. 왜냐하면 라 퐁텐 당시 우화는 비록 유행은 하고 있을지언정 독립된 문학의 한 장르로 인정받지 못하고 있었고 이로 인해 우화에 대한 이론적 성찰이나 논쟁이 거의 없었기 때문이다. 우화가 교훈성 이외의 다른 기능을 가질 수 있다는 자체에 대해서 사람들이 그다지 진지하게 생각하는 분위기는 아니었다.

이런 상황에서 라 퐁텐이 흥겨움을 우화에 불어 넣고자 한 것은 우화의 본질에 대한 인식을 바꾸는 계기가 된다. 이제 우화는 단순한 교훈 전달의 장르가 아니라 문학적 흥미와 가치를 지닌 장르로 새롭게 탈바꿈한다. "즐겁게 하면서 교훈을 주라."는 호라티우스의 명제가 고전주의 미학의 가장 큰 원칙이라고 한다면 라 퐁텐은 우화를 통해 이를 가장 이상적으로 구현하고자 한 작가로 인정받을 수 있다. 라 퐁텐의 30년에 걸친 우화 작업은 우화의 교훈성을 어떻게 하면 흥겨움으로 치장할 수 있는가에 대한 다양한 시도라고 해도 무방하기 때문이다.

그러나 라 퐁텐의 작업이 순탄한 것만은 아니었다. 그가 우화를 선택한 것은 분명 모험이라 할 수 있다. 이미 말한 대로 우화는 다른 어떤 장르보다도 오랜 세월을 교훈성을 바탕으로 유지되었기에 이를 새롭게 하는 것이 결코 쉬운 일이 아니기 때문이다. 자칫 잘못하면 라 퐁텐은 평범한 우화작가, 혹은 우화를 단지 운문으로 만든 작시가(versificateur)로 남아 있을 수 있다. 라 퐁텐의 초기 우화들은 상당히 조심스레 이루어진다. 그의 초기 작품이 비교적 분량도 많지 않고, 내용면에서도 메시지가 뚜렷한 반면, 후반으로 갈수록 대담해지고 파격적이 된다. 후반부의 그의 작업은 우화를 새롭게 하는 수준을 넘어서 우화의 정의와 본질에 대한 새로운 성찰을 하게 만든다. 우화는 이제 교훈의 무거운 전통에서 벗어나 이야기라는 가볍고도 화사한 옷을 입는다. 흥겨움과 즐거움이 우화의 이러한 변신에 가장 큰 역할을 한 것은 두 말할 나위가 없다.

이제 라 퐁텐의 우화 한 편을 감상하도록 하자. 이 우화는 과연 라 퐁텐이 말하는 이야기의 흥겨움이 무엇인지를 잘 보여주는 실증적 예가 될 것이다. 또한 이 우화는 라 퐁텐이 우화 장르에서 거둔 성과가 대체 무엇인지를 밝혀주는 작품이기도 하다. 처음에는 아이소포스와 같은 선배 작가들의 작품을 바탕으로 소박하게 시작한 작업이지만 라 퐁텐의 우화는 그 어느 누구와도 비교할 수 없는 거대한 산봉우리를 이루며 끝을 맺는다. 비록 분량도 짧고, 혹자는 어린아이들을 위한 장르라고 폄하하기도 하고, 때로는 문학 장르로 간주하지도 않던 우화이지만 라 퐁텐은 이 우화를 문학의 위치로 끌어올린다. 라 퐁텐에 의하면 교훈 전달은 그야말로 우화의 가장 초보적인 정의에 불과하다. 그는 우화를 통해 더 야심찬 목표로 향한다. 그는 이제 우화란 무엇인지, 이야기란 무엇인지, 문학이란 무엇인지를 되묻고자 한다. 그에게 우화는 글쓰기의 본질을 캐묻는 작업이 된다.

이제 그의 『우화시집』중 제 8권 네 번째 작품인 「우화의 힘」으로 라 퐁텐 우화 작업의 결론을 내리고자 한다. 이 우화는 그 현란하고 복잡한 이야기 구조, 그리고 제목 자체가 가리키는 것처럼 우화가 얼마나 역동적인 힘을 지니고 있는가를 보여주는 작품으로 알려져 있다. 이 우화를 통하여 우리는 우화가 단순히 교훈 전달을 위한 장르가 아니라는 것을 알 수 있을뿐더러, 과연 우화가 무엇인지, 그리고 라 퐁텐의 우화가 지니는 자유분방함과 깊이, 나아가 라 퐁텐이 우화에 지니는 강한 자부심을 함께 맛볼 수 있다.

라 퐁텐의 「우화의 힘」에서 우선 눈에 띄는 것은 라 퐁텐이 이 우화를 당시 영국 주재 프랑스 대사인 바리옹(Barillon)에게 바치고 있음을 전면에 내세우고 있다는 점이다. 라 퐁텐이 다른 사람도 아닌 외교관에게 이 우화를 바치고 있다는 사실은 이 우화가 외교적, 정치적 메시지를 담고 있을 가능성을 강하게 암시한다. 이는 라 퐁텐이 동시대의 어떤 작가들보다도 당시 현실을 그리는 데 게으르지 않았으며, 특히 정치적인 면에 대하여 민감하게 반응하였음을 상기한다면 더욱 설득력 있는 추측이라 할 수 있다.

이러한 가정에 확신을 갖기 위해서는 라 퐁텐이 이 작품을 쓴 시점, 즉 그가 바리옹에게 이 우화를 헌정한 시대적 상황을 살펴보는 것이 필요하다. 바리옹이 영국 주재 대사로 있던 사실을 근거로 라 퐁텐이 이 우화를 쓴 시기를 추측해 보면 대략 1677년 후반이 된다. 그런데 이 시기는 네덜란드를 중심으로 유럽 여러 나라들이 프랑스에 대하여 공동 전선을 형성하고 있던 터라 프랑스로서는 외교적으로 상당히 곤란한 처지에 놓여 있었다. 이러한 외교 상황에서 가장 중요한 것은 바로 영국의 태도였다. 영국은 그 때까지는 중립적인 입장을 견지하고 있었지만 만약 영국이 유럽 제국과 손을 잡는다면 프랑스가 크나큰 외교적 어려움에 봉착하리라는 것은 명약관화한 일에 틀림없다.

이 상황에서 바리옹의 역할은 막중하기 그지없다. 그에게는 영국이 프랑스와 적대 관계가 되는 것을 막아야 하는 의무가 있다. 라 퐁텐이 그의 우화를 바리옹에게 바친 것은 둘 사이의 친분이 있기도 하지만 바로 이와 같은 상황에서 영국이 프랑스와 등을 돌리지 않도록 하라는 메시지를 바리옹에게 전달하기 위해서이다. 이는 라 퐁텐 스스로가 작품 속에서 명확히 하고 있는 부분이기도 하다. 라 퐁텐은 이제 프랑스가 평화를 누려야 할 때임을 강조하고 그러기 위해서는 영국과 프랑스가 우호 관계를 유지해야 함을 역설한다. 그리고 이 임무가 바로 바리옹에게 있음을 주지시키고, 나아가 어떻게 하면 바리옹이 이 임무를 성공적으로 마칠 수 있을지를 자신의 우화를 통하여 말해준다.

결국 「우화의 힘」은 당시 국제 정세를 환기시킴과 동시에 프랑스의 외교적 승리를 기원하는 바람을 담고 있는 셈이다. 그리고 나아가 우화가 이와 같은 외교적 승리에 나름대로의 역할을 할 수 있음을 라 퐁텐은 말하고 있다. 그가 굳이 이 작품의 제목을 「우화의 힘」이라고 부친 것은 바로 이 때문이다. 게다가 이 우화는 비록 바리옹이라는 한 개인에게 바쳐진 글이지만 실제로는 프랑스 국민을 향한 강력한 호소이기도 하다. 즉, 우화는 조국이 위험에 처해 있는 것을 망각하고 안일함에 빠져 있는 프랑스 국민을 일깨우는 교훈을 담고 있다. 따라서 이 우화를 정치적, 외교적인 측면에서 해석하는 것은 너무도 당연하다.

그러나 「우화의 힘」을 이처럼 정치적, 외교적인 맥락으로만 이해한다는 것은 우화의 진정한 힘을 간과하는 것이다. 비록 이 우화가 정치적 메시지를 담고 있기는 하지만 라 퐁텐이 궁극적으로 말하고자 하는 것은 지극히 문학적인 범주에 속해 있다.

그렇다면 문학적 범주란 무엇인가. 라 퐁텐은 이 작품을 통하여 우화라는 장르의 본질을 규명하고자 한다. 라 퐁텐은 우화가 교훈적인 장르, 혹은 어린아이들을 대상으로 한 장르라고 말하는 전통적인 생각에 대하여 이의를 제기한다. 교훈이나 메시지의 전달도 중요하지만 그에 못지않게 중요한 것은 우화는 하나의 이야기이며, 이야기에 중요한 것은 흥겨움, 혹은 즐거움이라는 사실이다. 그런데 이 흥겨움은 작가와 독자 사이의 긴장과 도발에 의하여 창출되고, 바로 이러한 과정을 통하여 이야기는 그 끈을 이어간다는 것이다. 라 퐁텐은 바로 이 과정을 「우화의 힘」을 통하여 실증적으로 보여줌으로써 우화의 진정한 힘이 무엇이며, 우화의 본질이 무엇인지, 나아가 문학이란 무엇인지에 대한 성찰을 시도한다.

1. 우화의 모자이크 구조

메슐랑(Méchoulan)은 「우화의 힘」을 "기묘한 우화(curieuse fable)"라고 정의하는데[1] 여기서 "기묘하다"라는 형용사를 쓴 것은 일견 추상적인 것 같지만 이 우화의 성격을 가장 적절하게 표현하는 말이기도 하다. 이는 「우화의 힘」이 우화는 우화지만 그렇다고 우화라고 단정적으로 말하기 어려운, 즉 단선적이고 간단명료한 이야기 구조를 통하여 교훈을 강조하는 전통적 우화와는 판이하게 다른 성격의 우화임을 말한다. 메슐랑은 이 우화가 거울과 같은 특징을 지니고 있다고 부연 설명한다. 이 말은 우리가 거울을 통해 우리 자신의 모습을 살펴보듯, 이 우화를 통하여 우화가 무엇인지를 알 수 있음을 뜻한다. 결국 이 우화는 우화에 대한 우화로서 라 퐁텐은 자신의 우화에 대한 생각을 이 우화 속에 담고 있는 셈이다.

우화가 무엇인지를 말하기 위한 시인의 전략은 우선 우화의 구조에서 찾아 볼 수 있다. 전통적인 우화는 주로 하나의 에피소드만을 이용하여 교훈을 이끌어낸다. 그러나 라 퐁텐은 이와는 달리 몇 개의 이야기를 이용하여 「우화의 힘」을 구축해나간다. 이는 필경 작가가 우화의 정의를 새롭게 하고 싶은 욕망에서 나온 것임에 틀림없다. 즉, 우화의 이야기 구조는 지극히 단순하다는 기존 통설을 무너뜨리고, 우화도 다른 문학 장르, 예를 들면 소설과 같은 복잡한 구조를 지닐 수 있음을 보여주는 것이다. 우

1) Eric Méchulan, "Pour une rhétorique de l'effet. *La Fontaine et Le Pouvoir des fables", Littérature*, n.84, déc., 1991, p. 23.

선 이해를 돕기 위하여 「우화의 힘」 전체를 인용해보자.[2]

대사의 신분으로
저속한 이야기에 몸을 낮출 수가 있겠습니까?
제가 당신에게 저의 시와 그 경박한 매력을 바칠 수 있겠습니까?
만약 저의 시가 때로 장엄함을 보인다면
당신은 이를 무모하다고 비난하실 건가요?
당신은 토끼와 족제비의
다툼 외에도
해결해야 할 일이 참으로 많지요
그들의 이야기를 읽거나 아니면 읽지 마세요.
다만 온 유럽이 우리를
적으로 대하지는 말게 하세요.
세상 도처에서
적들이 우리에게 몰려온다는 것,
저는 그건 인정합니다. 그러나 영국이
우리의 두 왕이[3] 서로 친구가 되지 않기를 바란다는 것,
저는 그것은 참기 어렵답니다.

---

2) 우리는 이 우화를 번역함에 있어서 어투를 두 부분으로 나누어 보았다. 즉, 웅변가가 나오는 부분을 기준으로 이전 부분은 겸손한 어투로, 웅변가 이야기부터는 일반 어투로 번역을 하였다. 따라서 프랑스어 원문에는 일인칭 단수형 주어 'je'로 되어 있지만 우리는 이를 앞부분에서는 '저'로, 후반부에서는 '나'로 번역하였다. 이는 비록 이 우화가 바리옹에게 헌정된 것이지만, 앞부분은 직접적으로 바리옹을 듣는 당사자로, 후반부는 일반 독자를 대상으로 하는 것으로 가정함을 뜻한다. 이렇게 함으로써 시인의 겸손함과 자긍심이 좀 더 실감나게 드러나기를 바란다.
3) 영국의 찰스 2세와 프랑스의 루이 14세를 말한다.

루이가 이젠 쉬어야 할 때가 아닌가요?
대체 그 어떤 헤라클레스가 이 히드라와
싸우는 데 지겨워하지 않을까요?
히드라가 또 새로운 머리를 내밀고 헤라클레스의 용맹함에 맞서는 건가요?
만약 당신이 융통성을 맘껏 발휘해서
웅변과 기지로
사람들의 마음을 부드럽게 하고 이 위험을 피할 수 있게 한다면
저는 당신에게 100마리의 양을 바치겠습니다. 그것은 엄청난 것이지요.
파르나스의 시인에게는 말입니다.
비록 보잘 것 없는 작품이지만
당신에게 바칠 수 있게 해 주세요.
기꺼이 받아주시길, 제가 열렬히 바라는 소망과
제가 당신에게 바치는 운문으로 된 이 글을.
제 글의 주제는 당신에게 잘 맞습니다. 이에 대해서는 더 이상 말하지 않겠지만.
당신은 바라지 않겠지요,
당신이 마땅히 누려야 할
당신에 대한 이 찬사를.

예전에 허영심 많고 경박한 아테네 시민들이 있었는데
한 웅변가가 조국이 위험에 처한 것을 보고는
연단으로 달려왔다. 그는 사람들의 마음을
국가로 돌리게 하기 위하여, 강력한 화법으로,
공동의 안위 문제에 대하여 힘주어 이야기하였다.
그러나 아무도 그의 말에 귀를 기울이지 않았고, 웅변가는
아무리 굼뜬 영혼이라 할지라도 깨울 수 있는

강렬한 비유법을 사용하였다.
그는 죽은 자도 말하게 하였고, 천둥처럼 외치기도 하고. 할 수 있는 것은 다 하였다.
그러나 바람이 모든 것을 앗아가고, 그 어느 누구도 감동하지 않았다.
경박한 머리의 동물들은
이리 생겨먹은지라, 그의 이야기는 전혀 들을 마음도 없었다.
그들은 다른 곳을 바라보고, 웅변가는
사람들이 아이들이 노는 것만 신경 쓰고 자기의 이야기에는 전혀 관심이 없음을 알아채었다.
이 웅변가는 어떻게 하였을까? 그는 방법을 바꾸었다.
그는 이야기를 시작하였다. 케레스[4]는 어느 날
뱀장어와 제비와 더불어 여행을 하였다.
그런데 큰 강물이 그들의 길을 가로막자, 뱀장어는 헤엄을 치고,
제비는 날아가서
곧 강을 건너갔다. 군중들은 곧
한 소리로 외쳤다. 케레스는, 그녀는 어떻게 되었지요?
그녀가 무엇을 했냐고? 웅변가의 즉각적인 분노가
군중들을 향해 폭발했다.
무어라고? 아이들 얘기에는 귀를 기울이면서
그리스에 닥쳐 온 위험에는
신경을 쓰지 않다니!
필립이 무얼 했는지는 왜 묻지 않는단 말인가?
이 꾸짖음에 군중들은

4) Ceres 혹은 Keres, 그리스 신화에 나오는 곡물 혹은 대지의 여신. 프랑스어는 세레스(Cérès). 로마신화의 데메테르에 해당된다.

우화에 의해 정신을 차리고는
웅변가의 말을 전적으로 경청하였다.
우화 한 편이 군중들을 일깨우는 영광을 누린 셈이다.
이 점에 있어 우리는 아테네 시민과 같다. 그리고 나 자신,
내가 이런 교훈을 말할 때에도,
만약 누군가 내게 당나귀 가죽(*Peau d'âne*)의 동화를 들려준다면,
나는 무한한 기쁨을 얻을 텐데,
사람들은 세상은 참으로 오래되었다고 말한다. 나도 그 사실을 믿지만,
아이들을 즐겁게 하듯 여전히 세상을 즐겁게 해주어야 한다.

위에 인용한 「우화의 힘」은 전체가 70행으로 이루어져 있는데 여기에는 몇 개의 이야기가 마치 모자이크처럼 얽혀 있다. 먼저 간단하게나마 우화의 구조를 살펴보면, 우화는 대략 세 부분으로 나누어진다. 우선 1행부터 33행까지는 바리옹에 대한 헌사라고 말 할 수 있는데, 바리옹에 대한 존경과 자신의 시에 대한 겸양, 그리고 당시의 국제 정세와 외교관으로서의 바리옹의 막중한 임무 등이 언급된다. 두 번째 부분은 34행부터 64행까지로, 한 웅변가가 위기에 처한 아테네를 구하고자 군중들에게 호소하는 에피소드이다. 마지막으로 65행부터 70행까지는 동화와 같은 옛날이야기에 대한 찬사로 끝을 맺는다.

이처럼 「우화의 힘」은 크게 보아 세 부분으로 나뉠 수 있지만 두 번째 에피소드, 즉 아테네 웅변가의 이야기는 그 안에 다른 에피소드를 품고 있기 때문에 우리는 「우화의 힘」을 네 부분으로 나누어도 큰 무리는 없을 것이다. 이 경우 세 번째 에피소드는 49행부터 60행까지로 케레스, 뱀장어, 제비의 이야기를 가리

키는데, 이는 아테네의 웅변가가 군중들이 자기의 이야기에 귀를 기울이지 않자 군중들의 관심을 끌기 위하여 들려주는 이야기이다.

「우화의 힘」이 헌시(獻詩)의 형태를 취하고 있다는 점은 눈여겨보아야 한다. 물론 라 퐁텐이 자신의 작품을 당시의 권력가나 저명인사에게 바치는 것은 그다지 드문 일이 아니고 또한 이는 라 퐁텐만이 아니라 당시 작가들에게서 흔히 볼 수 있는 수법이기도 하다. 그럼에도 불구하고 라 퐁텐이 이 우화를 당시 영국 대사로 있던 바리옹에게 헌정한 것은 관례의 수준을 넘어서 시인의 고차원적 글쓰기 전략을 반영한다. 라 퐁텐이 외교관을 작품에 끌어 들인 것은 작가가 우화를 통하여 당시 프랑스를 에워싸고 있는 국제 정세, 특히 영국과의 관계를 부각시키고자 하는 의도에서 나온 것임은 이미 언급한 바 있다. 이는 우화가 능히 정치적 현실을 반영하고 더 나아가 정치 외교적인 발언을 할 수 있음을 보여주는 셈이다.

라 퐁텐은 바리옹에게 프랑스가 유럽 전체와 적대 관계를 형성하지 않도록 해야 한다고 요구한다. 라 퐁텐은 세상 도처에서 적군이 프랑스를 노리는 현실은 잘 알지만, 영국과 프랑스의 우호적 관계가 깨지는 것은 참을 수 없다고 말한다. 라 퐁텐은 이제 평화가 필요함을 역설한다.

루이가 이젠 쉬어야 할 때가 아닌가요?
대체 그 어떤 헤라클레스가 이 히드라와
싸우는 데 지겨워하지 않을까요?
히드라가 또 새로운 머리를 내밀고 헤라클레스의 용맹함에 맞서는 건가요?

상투적인 비유이긴 하지만, 히드라는 프랑스와 맞서고 있는 네덜란드와 유럽 여러 나라를, 헤라클레스는 루이, 즉 루이 14세를 가리킨다. 라 퐁텐이 루이 왕을 헤라클레스에 비교한 것은 루이 14세가 초인간적 존재로서 그 누구와 싸우더라도 반드시 이길 수 있음을 암시한다. 그러나 라 퐁텐은 전쟁보다는 평화를 원한다. 아무리 루이 왕이 헤라클레스와 같은 존재라 하더라도 싸우지 않고 평화를 얻을 수 있다면 이보다 더 바람직한 일은 없다. 그리고 이 평화를 얻기 위해서는 영국을 프랑스 편으로 잡아 두어야 하고, 그렇게 하기 위해서는 영국 주재 프랑스 대사인 바리옹의 외교적 수완이 절대적으로 중요하다. 이제 필요한 것은 헤라클레스의 강함이 아니라, 남을 설득할 수 있는 부드러움이 필요하다. 라 퐁텐은 바리옹에게 이 부드러움을 요구한다.

만약 당신이 융통성을 맘껏 발휘해서
웅변과 기지로
사람들의 마음을 부드럽게 하고 이 위험을 피할 수 있게 한다면
저는 당신에게 100마리의 양을 바치겠습니다. [...]

라 퐁텐은 바리옹에게 구체적인 예를 들어서 부드러움의 힘을 보여주고자 한다. 라 퐁텐은 이제 새로운 이야기를 시작하는데 이 이야기는 아테네의 웅변가 데마데스를 주인공으로 하는 아이소포스의 우화 「웅변가 데마데스」에 그 뿌리를 두고 있다. 라 퐁텐은 데마데스라는 구체적인 인물 대신, 이름을 모르는 한 웅변가를 등장시켜 이야기를 시작한다. 아테네의 한 웅변가는 조

국 아테네가 위험에 처해도 사람들이 전혀 신경을 쓰지 않자 웅변으로 군중들에게 조국을 구할 것을 호소한다. 라 퐁텐이 이 우화를 여기서 거론하는 것은 일견 적절해 보인다. 위기에 처한 아테나는 결국 프랑스를 가리키며, 바리옹은 웅변가와 마찬가지로 무기가 아닌 세 치 혀로 조국을 구해야 하는 임무를 지니고 있음을 쉽게 연상할 수 있기 때문이다.

웅변가는 카리스마가 넘치는 웅변술로 사람들의 마음을 사로잡고자 한다. 그는 굼뜬 영혼을 지닌 사람들을 일깨울 만한 격렬한 비유를 사용하기도 하고, 천둥 치듯 고함을 치기도 한다. 그는 자신이 할 수 있는 모든 힘을 다하여 사람들의 관심을 끌고자 한다. 그러나 이러한 노력에도 불구하고 사람들은 그의 이야기에 귀를 기울이지 않는다. 사람들은 아예 그를 외면하고 아이들이 싸우는 것만 바라보고 있을 뿐이다. 웅변가는 이제 다른 방법에 기댈 수밖에 없는 상황에 다다른다. 다른 방법이란 우화를 들려주는 것, 그는 별안간 화제를 바꾸어 "어느 날, 케레스가 뱀장어와 제비와 함께 여행을 하였지요." 하고 이야기를 시작한다. 그의 이야기는 계속된다.

> 그런데 큰 강물이 그들의 길을 가로막자, 뱀장어는 헤엄을 치고,
> 제비는 날아가서
> 곧 강을 건너갔다.

순간 사람들은 하나가 되어 "그렇다면 케레스는 어떻게 되었죠?" 하고 소리친다. 그러자 웅변가는 케레스의 다음 행동에 대해서는 아무런 언급도 하지 않고 군중들을 꾸짖는다.

무어라고? 아이들 얘기에는 귀를 기울이면서
그리스에 닥쳐 온 위험에는
신경을 쓰지 않다니!
필립이 무얼 했는지는 왜 묻지 않는단 말인가?

웅변가의 호통에 사람들은 자신들의 어리석음을 뉘우치고 웅변가의 말을 경청한다. 우화는 웅변가의 말대로 아이들의 이야기이지만 그 힘은 그 어떤 뜨거운 웅변보다 강력하고 호소력이 있다는 사실이 여기서 증명된다.

라 퐁텐의 우화는 웅변가의 에피소드 이후 결론 부분에 도달한다. 65행부터 마지막 행인 70행에 이르기까지, 라 퐁텐은 현재 우리 모두가 아테네 사람들과 같은 상황임을 강조하고는 다음과 같이 우화를 끝맺는다.

내가 이런 교훈을 말할 때에도,
만약 누군가 내게 당나귀 가죽(*Peau d'âne*)의 동화를 들려준다면,
나는 무한한 기쁨을 얻을 텐데,
사람들은 세상은 참으로 오래되었다고 말한다. 나도 그 사실을 믿지만,
아이들을 즐겁게 하듯 여전히 세상을 즐겁게 해주어야 한다.

라 퐁텐은 「우화의 힘」을 통하여 바리옹에게 영국과의 우호적인 외교 관계에 필요한 기법을 전달한다. 중요한 것은 목소리를 높이고, 힘찬 웅변술을 발휘하는 것이 아니라, 대화 상대의 호기심을 유발하고 즐거움을 주는 것이 필요함을 역설한다. 라 퐁텐은 우화가 이러한 즐거움을 주는 도구가 될 수 있음을 우화를 통

하여 보여준다. 나아가 라 퐁텐은 남에게 즐거움을 주는 것이 얼마나 중요한 것인지는 비단 외교적 위기에 처해 있는 현 상황에만 적용되는 것이 아니라고 말한다. 그는 결론 부분에서 이 진리는 고금을 통해서 유효함을 강조한다.

라 퐁텐에게 중요한 것은 남을 홍겹고 즐겁게 해 주는 것, 그리고 우화가 이 명제를 수행하는 힘을 지니고 있음을 보여주는 데 있다. 이는 아이소포스의 교훈과는 상당한 거리가 있다. 아이소포스는 「웅변가 데마데스」라는 우화에서 인간의 어리석음을 꾸짖는다. 데마데스는 사람들이 자신의 말에 신경을 쓰지 않자 여신과 제비, 그리고 뱀장어의 우화를 들려준다. 이에 사람들이 흥미를 느끼고 귀를 기울이자 데마데스는 우화에 빠져서 나라의 안위를 돌보지 않는다고 군중을 질타한다. 그리고 결론 부분에서 아이소포스는 인간은 즐거움만 추구하느라 정작 중요하고 본질적인 것을 무시하는 경향이 있다고 지적한다.

라 퐁텐과 아이소포스는 모두 자신들의 우화에 웅변가의 에피소드를 끼워 넣고 있다. 그러나 이를 해석하는 것은 정반대이다. 아이소포스가 이 우화를 통해 인간의 경박함을 고발하는 반면, 라 퐁텐은 가벼운 것을 추구하는 인간의 본성을 인정하고 있기 때문이다. 라 퐁텐은 도덕 선생처럼 인간의 결점을 지적하고 이를 교정하라고 외치지 않는다. 그는 인간의 본성에 관심을 갖고 이를 탐구하지만 본성을 바꾸라고 하기보다는 이에 순응할 것을 주장한다. 라 퐁텐은 쾌락에 대한 인간의 본성을 당연하다고 생각하고, 우화가 바로 이러한 인간 본성을 일깨울 수 있는 장르라고 생각한다.

결론적으로, 아이소포스가 인간의 결점을 고발하기 위하여 우화를 사용했다면 라 퐁텐은 우화의 힘을 증명하기 위하여 우화를 사용한다. 이 과정에 있어서 라 퐁텐의 작업은 아이소포스의 작업보다 훨씬 복잡하다. 엄밀히 말하자면 아이소포스의 우화도 그리 단순한 구조는 아니다. 아이소포스는 웅변가 데마데스의 이야기에 여신과 제비, 뱀장어의 우화를 삽입하고 있는데 이는 우화치고는 나름대로 파격적인 형태라고 말할 수 있다. 반면, 라 퐁텐의 경우, 일단은 아이소포스의 우화를 차용하여 바리옹에 대한 헌사와 합친 것이라고 생각할 수도 있다. 하지만 이는 너무도 단순한 생각이다. 바리옹에 대한 헌사 부분 속에도 헤라클레스의 신화 이야기, 그리고 토끼와 족제비의 이야기가 인용되는 등, 라 퐁텐의 우화에는 다양한 에피소드들이 모자이크처럼 서로 얽혀 있다.

게다가 「우화의 힘」은 애초에 헌사로 출발하여 외교적 난국을 타개하기 위한 교훈을 전하려는 목적을 보이더니 궁극적으로는 동화와 같은 옛날이야기를 찬양하는 방향으로 선회한다. 「우화의 힘」은 우화가 짧고 단순해야 하며, 그리고 교훈에 있어 명료함을 유지해야 한다는 통념을 여지없이 무너뜨린다.

2. 단절과 도발

「우화의 힘」은 일견 난삽해 보인다. 작가가 무슨 말을 하려는 것인지, 진정으로 하고자 하는 말이 무엇인지, 독자는 이야기의 흐름을 제대로 파악하기 힘들다. 이러한 독서의 어려움은「우화의 힘」을 구성하는 여러 이야기들의 연결 상태가 일관성 있는 하나의 끈으로 연결되어 있지 못하고 단절과 간극으로 이루어져 있기 때문이다.

33행까지 진행되던 바리옹에 대한 헌사는 34행에 이르러 별안간 아테네의 한 웅변가 이야기로 넘어가는데 이러한 진행에 대해서 작가는 아무런 설명이 없다. 게다가 33행까지의 헌사 부분에도 여러 이야기들이 섞여 있음을 볼 수 있다. 토끼와 족제비의 우화가 인용되는가 하면 헤라클레스의 모험도 등장하는 등, 헌사라고 보기에는 너무도 다양한 요소들이 혼재되어 있어서 이야기의 전개가 연속성을 지닌다고 말하기 힘들 정도이다. 실제적으로 작가가 바리옹에게 찬사를 보내는 부분은 28행부터 33행까지의 여섯 행에 불과하다.

기꺼이 받아주시길, 제가 열렬히 바라는 소망과
제가 당신에게 바치는 운문으로 된 이 글을.
제 글의 주제는 당신에게 잘 맞습니다. 이에 대해서는 더 이상 말하지 않겠지만.
당신은 바라지 않겠지요,
당신이 마땅히 누려야 할
당신에 대한 이 찬사를.

이야기의 단절은 아테네의 웅변가가 등장하는 에피소드에서 가장 뚜렷하게, 그리고 직접적으로 나타난다. 웅변가는 아테네의 위기를 많은 사람들에게 알리고자 열변을 토한다. 그러나 그의 이야기는 아무런 성과를 거두지 못한다. 그는 하던 이야기를 멈추고 부득이 다른 이야기로 넘어간다. 이야기의 단절이 노골적으로 생기는 순간이다. 이야기의 단절은 다시 일어나는데 이번에는 웅변가가 들려주는 여신과 제비, 뱀장어의 우화에서 더욱 강렬하게 드러난다. 웅변가는 제비와 뱀장어가 강을 건넌 이야기까지만 하고 여신의 경우에는 아무 말도 하지 않는다. 이야기의 완벽한 단절이 이루어진다. 끊어진 이야기의 흐름을 이어달라는 청중들의 고함이 있을 뿐이다.

게다가 웅변가가 들려주는 우화에는 단절 현상이 중첩되어 나타남에 주목할 필요가 있다. 즉, 웅변가의 이야기가 끊기는 시점은 그가 전해 주는 이야기에서도 등장인물들의 행보에 끊김이 생기는 순간이다. 제비와 뱀장어, 그리고 여신은 여행을 하다가 강을 만나서 그 행보를 멈추게 된다. 그들은 강물에 막혀 걸음을 멈추게 된다. 두 동물은 강을 건넜지만 웅변가는 여신에 대해서는 아무 말도 하지 않는다. 웅변가의 이야기는 여기서 단절되고 만다. 결국 우화에 나오는 강은 등장인물들의 걸음을 멈추게 할 뿐 아니라 이야기의 흐름도 막아버리는 이중의 역할을 하는 셈이다. 웅변가가 들려주는 우화의 결말은 결국 아무도 알지 못한다. 아테네 시민을 향한 웅변가의 질책이 뒤따르면서 웅변가의 에피소드는 끝난다.

이야기의 단절은 독자를 불편하게 만든다. 독서를 편하게 하려면 하나의 이야기가 논리적으로 부드럽게 연결되어 있어야 한다. 그런데 라 퐁텐의 우화에는 이러한 독서의 안락함이 없다. 게다가 「우화의 힘」은 외교관, 즉 시인보다 정치적 힘이 우위에 있는 사람에게 바치는 글이다. 이런 점을 볼 때, 이는 불편함을 넘어 하나의 결례로 여겨지기 십상이다.

사실 「우화의 힘」은 헌사임에도 공손함이 결여되어 있다. 일반적으로 작품을 헌정할 경우 헌정 대상자에 대한 존경과 예의가 한껏 드러나는 법이지만 라 퐁텐의 작품에는 겸손 대신에 도발과 긴장이 도사리고 있다. 우화의 첫 부분부터 라 퐁텐의 도발은 시작된다.

> 대사의 신분으로
> 저속한 이야기에 몸을 낮출 수가 있겠습니까?
> 제가 당신에게 저의 시와 그 경박한 매력을 바칠 수 있겠습니까?
> 만약 저의 시가 때로 장엄함을 보인다면
> 당신은 이를 무모하다고 비난하실 건가요?

일견 라 퐁텐은 겸손하게 보인다. 라 퐁텐이 저속한 이야기(contes vulgaires)라고 말하는 것은 필경 우화를 말하는 것이며 이는 곧 자신의 작품을 의미한다. 그는 자신의 작품이 지닌 매력이 경박한 것이라고 평가한다. 반면 라 퐁텐은 시인이라는 자신의 지위와는 비교도 할 수 없을 정도의 권력을 지니고 있는 상대방의 신분을 확실히 인정한다. 그토록 높은 지위에 있는 사람에게 우화라는 소(小)장르를 바쳐도 되겠냐고 묻는 것은 분명 예의 바른 겸손함의 발로라고 할 수 있다.

그러나 라 퐁텐의 이러한 예의 바름을 그대로 받아들이기는 힘들다. 노골적으로 자신과 상대방의 수직 관계를 설정하고, 너무 깍듯하게 예의를 갖추는 것은 오히려 겸손이 아니라 자기 과시, 혹은 상대방에 대한 자극으로 해석될 수 있다. 무엇보다 라 퐁텐은 자신의 시가 가볍다 하면서도 때로 장엄함을 보일 수 있다는 사실과, 또한 이를 상대방이 무모한 것이라고 비난할 수 있는 가능성을 언급함으로써 자신의 작품에 무언가 도발적인 내용이 있을 것임을 미리 암시한다.

도발은 상대방의 노여움과 분노를 유발하기 마련이다. 그렇지만 라 퐁텐의 도발은 상대방의 반발보다는 호기심을 자극하는 방향으로 나아간다. 라 퐁텐의 도발은 상대방을 자극하되, 그 자극이 외면으로 격하게 표출되게 하는 것이 아니라, 좀 더 참고 이야기를 더 듣도록 하는 힘을 지닌다. 그의 도발, 즉 상대방의 호기심을 유발시키는 라 퐁텐의 글쓰기는 그가 바리옹에 대한 헌사를 이야기 하는 중간에 토끼와 족제비의 우화를 인용하는 데에서도 적나라하게 드러난다.

라 퐁텐이 토끼와 족제비의 우화를 인용하는 목적은 바리옹이 외교관으로서 얼마나 바쁜지를 말하는 데 있다. 라 퐁텐은 바리옹이 토끼와 족제비의 논쟁보다 더 복잡한 일에 얽매여 있음을 지적한다. 그런데 라 퐁텐은 이 우화의 내용에 대해서는 언급을 하지 않는다. 그렇다면 상대방이 이 우화의 내용을 잘 알고 있다는 뜻일까? 이는 우리로서는 정확히 알 수 없다. 그렇다면 라 퐁텐은 바리옹에게 이 우화의 내용을 설명해주어야 한다. 그런데 라 퐁텐은 여기서 묘한 태도를 취한다. 그는 바리옹에게 이 작품을 "읽거나 혹은 읽지 말거나"라는 애매모호한 주문을 한다. 왜 굳이 이러한 어정쩡한 요구를 하는 것일까. 라 퐁텐의 말은 처음에는 읽으라고 했다가 다음에는 읽지 말라는 의미를 담고 있다. 이는 라 퐁텐의 입장에서는 바리옹이 이 우화를 읽기를 바라지만 부득이한 경우에는 굳이 읽지 않아도 된다는 의미로도 해석할 수 있다. 그렇다면 부득이한 경우란 무엇을 의미하는 것일까. 이는 아마도 라 퐁텐이 바리옹이 너무도 바쁜 것을 알기 때문에 굳이 읽으라고 요구하지 않는 것으로 추측할 수 있다. 마치 라 퐁텐은 외교관으로서 바쁜 일정을 보내고 있는 바리옹의 입장을 충분히 고려하는 듯한 인상을 준다.

그러나 과연 라 퐁텐은 바리옹이 토끼와 족제비의 우화를 읽지 않기를 바라는 것일까. 오로지 바리옹의 바쁜 일정만을 말하기 위해서 이 우화를 인용한 것일까. 그렇지는 않다. 필경 라 퐁텐이 이 우화를 인용한 것은 까닭이 있다. 라 퐁텐은 토끼와 족제비의 우화를 거론하면서 이미 바리옹의 호기심을 자극한다. 읽거나 혹은 읽지 말라고 하는 말 자체는 듣는 사람의 귀를 쫑긋하게 만드는 어법이기도 하다. 바리옹은 이 부분에서 토끼와 족제비의 논쟁이 무엇인지 관심을 갖기 마련이다. 게다가 라 퐁텐은 곧 이어 유럽 여러 국가들이 프랑스를 적대시 하지 않도록 조치를 취해야 한다는 말을 덧붙이는데 이는 이 우화의 내용이 당시 국제 정세와 모종의 관계가 있음을 강력하게 암시한다.

어쩌면 바리옹은 이 우화를 알고 있는지도 모른다. 누구보다 라 퐁텐이 이 사실을 알고 있을 가능성이 크다. 그러나 이와 관계없이 라 퐁텐은 만약 바리옹이 이 우화의 내용을 모른다면 반드시 읽을 것이라 확신한다. 이미 충분히 바리옹의 호기심을 자극해 놓은 상태이기 때문이다. 그리고 실제로 이 우화는 바리옹의 호기심을 충족시킬 만한 내용을 담고 있다. 우화는 두 동물간의 영토 분쟁을 주제로 한다. 즉, 토끼가 집을 비운 사이 족제비는 토끼의 집을 차지하고 난 다음 이를 자기 것이라 주장을 하고, 토끼는 왜 남의 집을 가로 채냐고 따지면서 분쟁이 생긴다. 비록 동물들 간의 문제이긴 하지만 이는 국가 사이의 영토 분쟁으로 충분히 해석될 수 있는 법이다. 두 동물은 이 분쟁을 해결하고자 고양이를 찾아간다. 고양이는 두 동물들의 말을 잘 들어주는 척하며 그들을 가깝게 하더니만 갑자기 달려들어 차례로 그들을 잡아먹는다. 결국 고양이는 소송 당사자 둘을 죽임으로써 소송을 해결한 셈이다. 라 퐁텐의 이 우화는 마치 작은 군주들이 자신들에게 닥쳐 올 위험은 모르고 큰 나라의 왕에게 찾아가는 상황을 빗대어 말한다.

우화에 나오는 세 동물들이 현실 상황에서 각기 어느 나라를 말하는지는 확실하지 않다. 그러나 중요한 것은 이는 모종의 국제 정세를 암시하며 무언가의 외교적 교훈을 주고 있다는 사실이다. 구체적이진 않지만 이 정도의 암시로도 외교관인 바리옹이 관심을 갖기에는 충분한 우화이다. 오히려 구체적이지 않은 것, 즉 다양한 해석과 추측이 가능한 것이 듣는 사람의 호기심을 더 자극하는 법이다. 결국 라 퐁텐은 바리옹이 족제비와 토끼의 논쟁보다도 더 많은 일을 맡고 있다고 말함으로써 바리옹이 매우 바쁘다는 사실을 강조하지만, 영토 분쟁이라는 외교 문제를 다루는 토끼와 족제비의 우화를 인용함으로써 바리옹이 어디에 관심을 두어야 할 것인가를 일깨워준다. 그렇다면 바리옹에게 이 우화는 대단히 중요한 의미를 지닌다. 라 퐁텐은 마치 바리옹이 족제비와 토끼의 우화를 읽든 말든 큰 신경을 쓰지 않는 것처럼 말하고 있지만, 실제로는 바리옹이 이미 알고 있음을 확신하고 있거나, 혹은 만약 모른다면 읽어야 한다는 것을, 그리고 읽을 것이라는 자신감을 드러낸다. 결국 작가는 족제비와 토끼의 에피소드를 미끼로 하여 바리옹에게 자신의 이야기에 더욱 적극적으로 동참할 것을 요구한다.

3. 이야기의 덫, 이야기의 흥겨움

단순한 이야기 구조와 명쾌한 교훈, 이러한 것이 우화의 기본 덕목임에 틀림없지만 라 퐁텐의 우화는 기존 우화의 개념을 파괴한다. 난삽하기까지 한 에피소드들의 조합, 그리고 에피소드들의 무질서한 연결 상태는 독해의 어려움을 야기한다. 특히 이 우화가 바리옹이라는 인물에게 헌정한 것이라면, 그리하여 특정인을 듣는 사람으로 하는 경우, 과연 듣는 사람이 이 우화를 쉽게 이해할 수 있을까 하는 의문이 드는 것이 당연하다.

그런데 라 퐁텐의 우화가 지니는 이러한 독해의 난해함은 이 우화의 특징이자 장점으로 승화된다. 라 퐁텐에게 중요한 것은, 아니 라 퐁텐이 노리고자 한 것은 이야기를 쉽게 이해시키는 것이 아니라, 듣는 사람에게 끊임없는 긴장감과 주의를 유도해서 이야기를 재미있게 끌어가는 것이기 때문이다.

앞에서 살펴 본 도발과 단절은 바로 이러한 라 퐁텐의 목적을 가장 효과적으로 구현할 수 있는 장치로 작동한다. 라 퐁텐의 겸손 속에 감추어진 도발은 듣는 사람으로 하여금 듣는 행위를 포기하게 하는 것이 아니라 그를 자극, 긴장시켜서 이야기에 더욱 귀를 기울이게 만든다. 이는 바로 듣는 사람의 호기심을 계속해서 유발시키기 때문이다. 이런 점에서 라 퐁텐의 도발 행위는 교묘하게 설치되어 있는 하나의 덫이라고 볼 수 있다. 이미 이 우화의 첫 부분, 즉 높은 지위에 있는 대사가 라 퐁텐과 같은 낮은 신분의 시인의 글을 읽을 수 있겠냐고 반문하는 우화의 시작부터가 도발이며 덫일 수 있다. 메슐랑은 이 우화의 제목이 「우화의 힘」이라고 되어 있는 것 자체에 주목한다. 당시 절대 군주 체제에서 정치권력의 대변자에게 바치는 우화의 제목에 감히 "우화의 힘"이라는 제목을 붙인 것이 이미 도발적인 행위라는 것이다. 이는 당시 사람들이 문학이라는 것, 그 중에서도 우화라는 장르가 그리 대단한 존재가 아니라고 생각하는 분위기에서 절대 권력의 대변자에게 바치는 제목에 '힘'이라는 단어를 선택한 것이 무모할 정도의 도발적 행위라는 것을 의미한다.

라 퐁텐이 작품의 처음 부분부터, 아니 그 제목부터 "우화의 힘"이라 칭하고 작가, 혹은 문학의 힘을 과시하는 것은 무엇일까. 라 퐁텐의『우화시집』에는 시인, 즉 문학가에 대한 자부심이 곳곳에 배여 있다. 정치권력에 대한 아부를 일삼는 사람들에 대한 비판과 풍자를 그의 작품에서 찾는 것은 그다지 어려운 일이 아니다. 문학이나 예술을 하는 사람들의 정신적 위치가 얼마나 고고한 것인가는 이미 우리가 앞에서 살펴 본 그의 초기 작품인 「신들의 보호를 받는 시모니데스(I-14)」에서도 적나라하게 드러나 있다. 그는 이 작품에서 문학과 예술가의 위치가 결코 세속 권력에 뒤지지 않을뿐더러 올림포스 산의 신들과도 대등함을 보여준다. 물론 라 퐁텐이 권력에서 완전히 자유로운 것은 아니다. 그 역시 권력의 주변을 맴돌며 속물적인 성향을 보인 적도 있다. 하지만 그가 동시대의 다른 작가들에 비해서 권력과는 어는 정도 거리를 두고 지낸 것만은 부정할 수 없는 사실이다.

그러나 우리가 여기서 더 큰 관심을 갖는 것은 라 퐁텐의 도발에는 잘 계산된 고도의 수사학적 장치가 숨겨져 있다는 점이다. 그의 도발에는 독서에 대한 강한 부추김, 즉 듣는 사람으로 하여금 이야기에 귀를 기울이게 하는 의도가 있음에 주목할 필요가 있다. 라 퐁텐의 글쓰기 전략은 이미 언급한대로 도발과 자극을 통하여 듣는 사람의 호기심을 유발시키는 데 있다. 그런데 호기심이란, 무언가를 계속 말하되 끝까지 말하지 않음으로써 더욱 증폭된다. 예를 들어 이미 살펴 본대로 라 퐁텐은 토끼와 족제비의 우화를 인용은 하되 내용은 설명하지 않는다. 슬쩍 제목만 던져 놓고 넘어가는 것은 곧 상대방으로 하여금 그 내용에 호기심을 갖게 하는 방법이다. 게다가 원래 이 우화의 제목은 「고양이, 족제비 그리고 새끼 토끼」인데 라 퐁텐은 고양이를 빼 놓고 토끼와 족제비만 언급한다. 나머지는 공란으로 남김으로써 상대방이 이를 채우도록 만드는 것이다.

라 퐁텐은 이야기의 결론을 쉽사리 내리지 않는다. 그는 무언가 문제를 제기하고는 답을 주지 않는다. 계속해서 다른 이야기를 하고 화제를 바꿔버린다. 이로 인해 이야기의 단절이 생기고, 이야기는 도발적 성격을 띠게 된다. 그러나 상대방은 호기심을 갖게 되고, 무엇인가 답을 스스로 찾고자 한다. 바로 이것이 라 퐁텐이 노리는 효과이다. 그에게 단절된 이야기는 이야기를 이끌어가는 교묘한 덫이 된다. 상대방은 자기도 모르게 이 덫에 걸려 이야기를 만들어가는 공범자가 된다.

라 퐁텐은 비록 자신의 작품이 바리옹에게 바치는 헌사이지만 바리옹에게 쉽사리 찬사의 말을 건네지 않는다. 라 퐁텐의 헌사는 28행에 가서야 비로소 등장한다. 만약 헌사를 받는 사람이 자신에 대한 찬사의 말을 듣기 위해서는 어느 정도의 시간을 기다려야 한다. 시인은 헌사를 받는 사람에게 자신의 작품 주제가 상대방에게 잘 맞을 것이라 하면서도 그것이 무엇인지는 말하지 않겠노라고 슬쩍 덧붙인다. 작가는 그 주제가 무엇인지는 상대방이 스스로 찾기를 원할 뿐이다.

작가는 그리고 아테네 웅변가의 에피소드를 불쑥 끄집어낸다. 바리옹은 아테네의 웅변가가 누구인지 곧 짐작한다. 위기에 빠진 아테네를 구하려는 웅변가와 외교적인 어려움에 봉착한 프랑스를 구해야 하는 자신의 입장을 동일시하는 것은 그다지 어려운 일이 아니다. 이미 라 퐁텐이 자신에게 프랑스의 외교적 고립을 막아야 하는 임무를 상기시킨 바가 있기 때문에 바리옹은 라 퐁텐의 이야기에 집중하지 않을 수 없다. 그러나 라 퐁텐의 이야기를 해석하는 것은 그리 쉬운 일이 아니다. 아테네의 웅변가가 군중의 관심을 끌기 위해 또 다른 우화를 이야기하는 것도 당혹스럽지만, 그 이야기에 나오는 케레스나 뱀장어, 그리고 제비가 과연 무엇을 가리키는 것인지 알 수가 없다. 게다가 두 동물들은 강을 건넜지만 케레스는 과연 어떻게 되었을까. 군중은 이를 궁금해 하지만 이야기는 여기서 끊어진다. 케레스는 어떻게 되었냐고 반문하는 군중의 목소리는 결말을 알고 싶어 하는 바리옹의 입장을 대변하기도 한다. 군중이나 바리옹, 그들의 알고자 하는 욕망, 지식에 대한 열망은 난관에 부딪힌다.

케레스의 운명에 대한 군중의 질문은 이야기의 결말을 알고 싶어 하는 독자의 갈망이기도 하다. 그러나 이야기는 곳곳에 함정을 만들어서 이야기를 끊고, 독자의 욕망을 채우기를 거부한다. 그런데 바로 이 채워지지 않는 욕망은 다시금 이야기를 진행시키는 힘이 된다. 케레스가 어떻게 되었느냐고 외치는 군중에 대하여 웅변가는 답을 하지 않는다. 그는 오히려 필립이 한 일에 대해서는 왜 묻지 않느냐고 반문한다. 다시금 듣는 사람은 독서의 어려움에 봉착한다. 필립은 여기서 누구를 가리키는가. 현 국제 정세에서 필립은 누구인가. 영국인가, 아니면 어떤 다른 나라인가. 우화는 그 답을 주지 않는다. 다만 이 우화로 인해 군중이 조국의 위험을 깨달았다는 사실만을 확인할 뿐이다.

우화는 작품 전체에 걸쳐 끊임없이 독자에게 미끼를 제공하고, 독자는 이 미끼에 이끌려 독서를 계속해나간다. 이는 위험한 게임이기도 하다. 독자가 독서를 포기할 수도 있기 때문이다. 그러나 우화가 설치해 놓은 덫은 도발적이면서도 정교하게 독자의 호기심을 자극하기 때문에 독자는 쉽사리 독서를 포기할 수 없다. 독자는 이제 이야기의 덫에 빠지는데 이는 돌려 말하면 이야기의 흥겨운 게임에 몰입됨을 의미한다.

「우화의 힘」이 이야기의 흥겨움, 혹은 즐거움에 초점을 맞추고 있다는 것은 우화의 결론 부분에서 좀 더 확연히 드러난다. 「우화의 힘」의 결론 부분은 65행부터 70행까지라고 할 수 있는데 여기서 작가는 본격적으로 이야기의 즐거움에 대하여 말한다. 사실 이 결론 부분으로의 전환도 돌발적으로 이루어진다. 라퐁텐은 아테네 웅변가의 에피소드를 마치고 우리들 모두가 이 시점에서 아테네 시민과 같은 입장이라는 말과 더불어 느닷없이 『당나귀 가죽』의 동화를 인용한다. 그리고는 이 동화에서 무한한 즐거움(un plaisir extrême)을 얻는다는 말을 덧붙인다. 대체 아테네 웅변가의 에피소드와 『당나귀 가죽』과는 어떤 관계가 있는 것인지, 작가는 아무런 설명을 해주지 않는다. 독자는 다시금 당혹할 수밖에 없다.

그러나 분명한 것은 작가는 결론 부분에서 동화와 즐거움, 이 둘의 관계에 주목하고 있다는 사실이다. 동화란 흔히 어린아이들을 대상으로 한 장르로 아이들을 즐겁게 해준다는 점에서 동화와 즐거움의 관계는 불가분의 관계라 할 수 있다. 그런데 작가가 자신의 우화 속에서 『당나귀 가죽』이라는 동화를 인용한 것은 바로 우화가 동화와 같은 성격임을 밝히는 것이다. 즉, 우화 역시 동화와 마찬가지로 아이들을 즐겁게 해주는 장르라는 의미이다. 특히 "세상은 오래되었다고 흔히 이야기 한다. 나도 그리 생각 한다 / 그러나 세상 역시 어린아이처럼 즐겁게 해주어야만 한다."라는 대목은 즐거움이라는 것이 이야기가 반드시 지녀야 할 덕목임을 강조한 것으로 볼 수 있다.

4. 우화의 힘

「우화의 힘」이 지니는 복잡한 구성, 그리고 이야기의 단절과 도발은 결국 하나의 큰 흐름 속에 흡수된다. 이는 바로 이야기가 독자에게 부여하는 흥겨움과 즐거움이다. 이야기는 독자의 호기심을 끊임없이 자극하고, 긴장감을 유도함으로써 독자에게 독서의 즐거움을 제공해야 한다는 것이다. 이야기는 바로 이러한 흥겨움의 매력, 즐거움의 힘을 지니고 있어야 하는데 바로 우화가 그 힘을 지니고 있다는 것이 라 퐁텐의 주장이다.

그러나 라 퐁텐이 즐거움만을 이야기하는 것은 아니다. 마렝(Marin)은 「우화의 힘」의 마지막 두 행, 즉 "세상은 오래되었다고 흔히 이야기 한다. 나도 그리 생각 한다 / 그러나 세상 역시 어린아이처럼 즐겁게 해주어야만 한다."라는 구절을 수수께끼 같다고 말한다.[5)]

이는 라 퐁텐의 우화가 단순한 즐거움을 넘어 다른 의미를 전달하고 있음을 뜻한다. 세상이 오래되었다는 것, 즉 나이가 들었다고 말하는 것은 여기에 노년의 지혜가 담겨 있음을 뜻한다. 노년의 지혜는 경험에서 우러나온 삶의 지혜이다. 또한 라 퐁텐은 세상이 오래되었다고 말하는 것을 자신의 주관성에 의거하지 않고, 흔히 사람들이 그렇게 말한다는 의미의 "dit-on"을 사용한다. 이는 노년의 지혜란, 많은 사람들이 동의하고 오래 전부터 그렇게 믿어 온 진리임을 간접적으로 표현한 것이다.

그런데 마치 어린아이들을 즐겁게 해주듯이 바로 이 나이 든

---

5) Louis Marin, *Le récit est un piège*, 1978, p.29.

세상을 즐겁게 해 주어야 한다는 것은 무슨 뜻일까. 이는 바로 노년의 지혜에도 비록 유치하지만 어린아이의 즐거움이 필요하다는 의미이다. 아무리 귀중한 삶의 진리를 담고 있는 말이라도 재미가 없다면 누구도 귀를 기울이지 않는다. 진리와 즐거움, 이야기는 바로 이 두 가지를 공유하고 있어야만 비로소 진정한 이야기의 역할을 하는 법이다. 이런 점에서 우화, 혹은 동화는 가장 효과적인 이야기의 형태가 된다. 흔히 우화나 동화와 같은 옛날이야기는 할머니나 할아버지가 어린 손자에게 담뿍 정을 담아 이야기해주는 이미지로 떠오른다. 이 옛날이야기는 너무도 재미있어서 아이들은 귀를 기울이고 듣는데 바로 이 이야기에는 노년의 지혜, 즉 오래 전부터 내려오는 삶의 실천적 지혜가 담겨져 있다. 노인은 어린 손자에게 앞으로 어떻게 살아가야 하는지 인생의 교훈을 말하고 싶어 한다. 그러나 어린아이들에게 이를 현학적으로, 혹은 강압적으로 이야기해서는 그 효과를 기대하기 어렵다. 참으로 부드럽게, 무엇보다 재미있게 이야기를 해야만 아이들은 싫증을 내지 않는다. 결국 우화와 같은 옛날이야기는 삶의 실천적 지혜와 즐거움을 동시에 지니고 있는 장르라고 말 할 수 있다.

그러나 「우화의 힘」에는 모순되게도 우화가 얼마나 유치한 장르인지를 인정하는 부분도 있다. 아테네의 웅변가는 조국의 위기를 구하여 아무리 열변을 토해도 군중들의 관심을 끌지 못하자 케레스의 우화를 인용한다. 그러자 사람들은 웅변가의 이야기에 귀를 기울인다. 우화의 힘이 일단 효과를 본 경우이다. 그러나 정작 사람들이 웅변가의 말에 관심을 갖자 웅변가는 군중들을 꾸짖는다. 그가 군중들을 나무라는 이유는 군중들이 어린아이들의 유치한 이야기에만 관심을 갖는다는 것이다. 사람들의 흥미를 끌었던 우화는 이번에는 유치한 어린아이의 이야기로 전락하고 만다. 무엇보다 우리는 라 퐁텐이 자신의 우화를 저속한 이야기로 폄하하고 이를 고귀한 외교관 신분인 바리옹에게 바쳐도 되겠냐고 반문하는 우화의 첫 부분을 기억한다. 이는 필경 라 퐁텐 자신도 우화가 어린아이에게 적합한 유치한 장르임을 의식하고 있음을 말해준다.

그러나 라 퐁텐의 「우화의 힘」은 바로 이와 같은 우화에 대한 편견, 즉 어린아이에게나 걸맞은 장르라는 통설에 대한 도전적인 반론이다. 그가 서두에서 바리옹에게 격이 낮은 자신의 이야기가 위대한 내용을 담고 있어도 무모하다고 생각하지 않겠냐고 반문하는 것은 이미 우화가 단지 어린아이용의 유치한 장르가 아님을 선포한 것과 다름없다. 이는 결론에서 극명하게 증명된다. 라 퐁텐은 서두에서 헌시의 형태를 빌어 정치 권력자 앞에서 자신의 우화를 낮추고 있지만 결론에 이르러서는 우화에 대한 찬사로 이를 바꾸고 때문이다.

우화는 실로 세상사의 다양함을 담고 있다. 단순히 어린아이들의 취향만을 겨냥한 그런 장르가 아니다. 라 퐁텐의 「우화의 힘」만 보더라도 이를 어린아이들을 위한 작품이라고 말할 수는 없는 일이다. 그런데 중요한 것은 라 퐁텐이 우화가 유치하다고 하면서도 그 유치함을 찬양하고 있다는 사실이다. 비록 아테네 웅변가의 에피소드에서 군중들이 유치한 우화에 시선을 돌린다고 비난을 받기는 하지만 결국 군중들을 일깨운 것은 다름 아닌 그 유치한 우화임에 다름 아니다.

라 퐁텐은 유치한 우화를 찬양한다. 우리는 여기서 다시 우화가 지니는 힘, 흥겨움과 즐거움의 힘에 대해서 말하지 않을 수 없다. 어린아이들이 왜 옛날이야기에 귀를 기울이는가. 이는 바로 그 유치한 이야기가 끊임없이 독자의 호기심을 자극하며, 이야기의 끈을 풀어나가기 때문이다. 이야기의 흥겨움은 작가나 독자 어느 한 편에 의해서만 만들어지는 것이 아니다. 작가와 독자는 공범자가 되어 이야기를 만들어 나간다. 이야기의 흥겨움에 몰입하여 두 당사자가 이야기를 이끌어 나가는 것, 우화는 바로 이 힘을 지니고 있다. 이것이 라 퐁텐의 「우화의 힘」이 보여주는 진정한 우화의 힘, 곧 문학의 힘이다.

그림출처

1. https://commons.wikimedia.org/wiki/File:Grandville_leLoup_Et_Le_Chien.jpg
2. https://commons.wikimedia.org/wiki/File:1_Epitaphe.jpg
3. https://commons.wikimedia.org/wiki/File:1-9-Le-rat-de-ville.jpg
4. https://commons.wikimedia.org/wiki/File:1-2_Le-corbeau-et-le-renard.jpg?uselang=ko
5. https://commons.wikimedia.org/wiki/File:Le_lion_devenu_vieux.jpg
6. https://commons.wikimedia.org/wiki/File:Grandville_Frogs_%26_Sun.jpg
7. https://commons.wikimedia.org/wiki/File:La_laitiere_et_le_pot_au_lait.jpg

우화의 힘,
문학의 힘

초판 인쇄	2017년 1월 25일
초판 발행	2017년 1월 31일
지은이	원종익
발행인	김인철
편집총괄·기획	가정준 Director, University Knowledge Press
편집장	신선호 Executive Knowledge Contents Creator
도서편집	김민정 Contents Creator
	진수연 Contents Creator
전자책편집	최인우 Chief e-Contents Creator
마케팅	곽용창 Chief Marketing Creator
재무관리	김은혜 Managing Creator
발행처	한국외국어대학교 지식출판원 02450 서울특별시 동대문구 이문로 107 전화 02)2173-2493~7 팩스 02)2173-3363 홈페이지 http://press.hufs.ac.kr 전자우편 press@hufs.ac.kr 출판등록 제6-6호(1969. 4. 30)
디자인 · 편집	디자인 퍼브 02)2254-4308
인쇄 · 제본	네오프린텍(주) 02)718-3111

ISBN 979-11-5901-165-8 03860 정가 18,000원

*잘못된 책은 교환하여 드립니다.

HUEBOOKs는 한국외국어대학교 지식출판원의 인문학도서 Sub Brand이다. 한국외대의 영문명인 HUFS, 사람을 위하는 Humanism, 교육의 Education, 색조의 Hue의 다의적인 뜻으로 해석할 수 있으며, 인문학도서 출판에 대한 의지가 담겨있다.

우화의 힘,
문학의 힘

라 퐁텐(Jean de La Fontaine) 우화 연구